5 ESTRATEGIAS PARA INCREMENTAR LA CREATIVIDAD Y LOS RESULTADOS DE SU EQUIPO

LIDERANDO DESDE EL CORAZÓN

JOHN BAIRD   EDWARD SULLIVAN

TALLER DEL ÉXITO

Publicado por:
Taller del Éxito, Inc.
Sunrise, Florida 33323
Estados Unidos
www.tallerdelexito.com

Editorial dedicada a la difusión de libros y audiolibros de desarrollo y crecimiento personal, liderazgo y motivación.

Traducción y corrección de estilo: Isabela Cantos
Diagramación: María Alexandra Rodríguez

ISBN: 9781607388067

25 26 27 28 29 R | GIN 07 06 05 04 03

Este libro está dedicado a las almas valientes que empezaron a ir al trabajo mostrándose tal como son, con autenticidad, curiosidad y corazones abiertos, mucho antes de que hacerlo fuera una tendencia o siquiera seguro. Ustedes hicieron que las conversaciones que, humildemente, tratamos de transmitir en estas páginas fueran posibles.

Y a nuestros clientes, quienes nos han permitido ser testigos de su genialidad, su coraje y su crecimiento durante los últimos veinte años. Ustedes son los líderes de nuestro hoy y los creadores de nuestro mañana.

Contenido

INTRODUCCIÓN

«Es solo con el corazón que uno puede ver correctamente;
lo esencial es invisible a los ojos»

—Antoine de Saint-Exupéry, *El principito*.

Escondida entre el Old Town Bar y el restaurante ABC Kitchen, en el distrito del Flatiron de Nueva York, está una puerta común, blanca y marcada con el número 37. Cuando toca el timbre, la puerta se abre sola y un ascensor lo lleva hasta el cuarto piso. Ahora está dentro de Hive, un espacio de oficinas abiertas con techos altísimos, colores pasteles tranquilizantes, docenas de plantas y unos cien seres humanos yendo de un lado a otro, de edades entre los veintidós y los sesenta y dos años.

Algunos empleados teclean en sus computadores. Otros se ríen y conversan en voz alta… Hive puede ser un lugar bastante ruidoso. Justo por fuera de la cocina hay unas cuantas personas que están armando un rompecabezas juntas. Y al lado de las ventanas de piso a techo, otros miembros de Hive se inclinan alrededor de las mesas de dibujo, rodeados de pilas de muestras de ropa: medias, ropa interior, camisetas.

Telas mullidas. Gente feliz. Pueden servirse cafés infusionados y kombucha directo de un dispensador. Probablemente usted tenga una vida por fuera de Hive, pero sería muy fácil quedarse allí para siempre.

En Nueva York, a menudo son las puertas más comunes las que llevan a los interiores más espectaculares y el hombre al que fue allí a conocer encaja en esa categoría también. Si lo juzga por su suéter suelto, los pantalones caqui y los tenis cómodos, podría confundir a Dave Heath con un programador o un diseñador. Pensaría cualquier cosa menos que es el director ejecutivo de una marca de ropa multimillonaria.

La compañía de Dave, Bombas, empezó a vender medias en línea hace casi diez años. Hoy, además de las medias, tienen un gran negocio montado con camisetas y ropa interior. Podría preguntarse: «¿millones de dólares? Esas son muchas medias». Sí, lo son. Pero Dave lo plantea de otra manera: «estamos acaparando el mercado del confort». Y por si eso no fuera suficiente, Bombas dona un artículo a un refugio para personas sin hogar por cada uno que venden.

Ver a Dave moverse por Hive es un poco como ver a un jardinero dedicado moviéndose por un invernadero lleno de rosas. Un jardinero ve y estudia cada flor, mirando y apreciando sus cualidades únicas. Esa rosa damascena puede necesitar más agua, esa rosa de Julieta, algo más de luz y aquel grupo de bellezas negras quizás un poco más de fertilizante. Justo como un jardinero que se asegura de que cada flor tenga lo que necesita para prosperar, Dave hace lo mismo con todos y cada uno de los miembros de su equipo, de manera que puedan alcanzar su mejor potencial.

Cada persona con la que se encuentra parece emocionada de verdad por parar un momento para charlar. Nadie se ve intimidado. Nadie se reúne en un semicírculo tenso para competir por su atención. Y, lo que es más importante, Dave parece genuinamente interesado en todos ellos. A medida que avanza por la oficina, parece dejar detrás de él alguna especie de polvo de hadas de director ejecutivo que hace que las personas se sientan validadas, motivadas y, si es posible, aún más comprometidas con la compañía que antes.

Dave hace una pausa para espolvorearle algo de ese polvo de hadas a su jefa de Mercadeo, Kate Huyett. Kate era una banquera de inversión de Goldman Sachs que se convirtió en una gurú de la publicidad digital. Unos años antes, cuando dejó Wall Street para empezar a usar su mente cuantitativa en análisis de mercado, Dave vio algo especial en ella. Kate es reservada, pero muy perspicaz. Cuando habla, todo el mundo se acerca para escuchar qué tiene en mente.

«¿Cuál es la mejor manera de manejar una situación con un empleado que tiene una actitud cada vez más negativa?», le pregunta a Dave.

Él le responde la pregunta con unas propias. «Bueno, ¿qué es lo que ese empleado en realidad necesita en este momento? ¿Qué hay detrás de su actitud negativa? ¿No se siente escuchado? ¿Cree que está en el rol adecuado?».

Eso es típico de Dave. En lugar de precipitarse con respuestas, siempre busca descubrir qué hay detrás. Siempre siente curiosidad por lo que no se está diciendo y responde con una serie de preguntas precisas y astutas. Preguntas que dan pie a una conversación.

- ¿Qué necesidad no se está satisfaciendo?
- ¿Qué miedo está estancando a la persona?
- ¿Qué es lo que de verdad está impulsando a esa persona?
- ¿Qué don no está expresando?
- ¿Cuál es el propósito real de esa persona?

Son esa curiosidad sobrenatural y esa empatía a las que responde su equipo y son, en parte, responsables por la lealtad y la dedicación que sienten los empleados de Bombas. Dave no solo hace esto por su propio equipo, sino que también es *coach* de ejecutivos para que usen los mismos métodos con quienes dependen directamente de ellos.

En un corto período de tiempo, Bombas se ha convertido en un éxito sin precedentes en la categoría de venta directa al consumidor, mientras que muchos de sus pares han hecho grandes despliegues que no funcionan mucho al final. Bombas lo ha logrado al tiempo que ha ganado varios premios como el Mejor Lugar para Trabajar y preciándose de tener una de las menores tasas de rotación de empleados de la industria.

Creemos que esto se da porque el director ejecutivo Dave Heath *lidera desde el corazón.*

Comparemos a Dave con otro de nuestros clientes. Como no es la historia más halagadora, lo llamaremos Joe por respeto a su confidencialidad.

Cuando lo conocimos, Joe estaba a la cabeza de una pequeña compañía de atención médica pública. Viendo a Joe, hablando con Joe y pasando tiempo con Joe, usted pensaría que este hombre tenía todo lo necesario para ser un director ejecutivo exitoso.

Título de Stanford. Presentación profesional. Experticia profunda. Contactos superconectados. Mentalidad orientada al proceso. La determinación y el coraje de un *border collie* escocés.

Nombre alguna habilidad o característica clásica de un líder exitoso, de esas que se encuentran en todos los libros de negocios… Joe la tenía. Y, operativamente, Joe había implementado muchas de las mejores prácticas más actualizadas para organizar al equipo y sus tiempos. Tenían tanto momentos de pausa como de actividad frenética. Poseían valores que incluían palabras como *candor, empoderar* y *celebrar.* Incluso tenían un dispensador de kombucha.

Pero después de unos cuantos éxitos introduciendo al mercado algunos tratamientos nuevos para el cáncer y el Párkinson, la compañía de Joe empezó a pasar por un mal momento. La moral estaba más baja que nunca, la rotación de empleados bordeaba el 50% y la mayoría de quienes sí se quedaban allí solo cumplían con sus horarios.

Los empleados se sentían frustrados. Pocos se sentían «vistos» o «empoderados», en sus propias palabras. En lugar de trabajar colaborando, la mayoría se sentaban solos en sus escritorios, escribiendo correos largos o intercambiando mensajes rápidos por Slack con sus colegas, algunos de los cuales estaban sentados solo a un metro. Las reuniones a menudo acababan sin decisiones claras o tareas pendientes. Los miembros más desvinculados del equipo se tomaban dos horas para almorzar. Y, como resultado, las ventas siguieron bajando.

Joe nos llamó para que lo ayudáramos con «el problema de la moral y el rendimiento». Estaba frustrado por «tener que hacerlo todo». De acuerdo con Joe, nadie veía el negocio como él lo veía. Nadie tenía la visión de calidad que él tenía. Sin importar cuánto tiempo dedicara su equipo a escribir un comunicado, Joe tenía que reescribirlo. En esencia, sin importar qué sucediera, Joe encontraba algún error.

Cuando hablamos con su equipo, nos quedó claro cuán dedicados estaban con la visión de la compañía y con sus pacientes. Muchos de ellos se tornaron emotivos cuando hablaron sobre su sentido del servicio y del propósito. Algunos tenían familiares que habían muerto de cáncer. Otros tenían padres o abuelos con Párkinson.

También compartieron que Joe era una de las personas más inteligentes y carismáticas que jamás habían conocido (literalmente, ¡lo era!), pero también se aseguraba de que todo el mundo lo supiera. En lugar de demostrar algo de curiosidad por su equipo (en qué eran buenos, qué los motivaba, qué necesitaban para progresar), y de hacerles entender que los valoraba como personas, Joe solo iba por allí, pensando en grandes ideas y lanzándoles órdenes.

Y cuando los miembros de su equipo se apartaron a discreción, dejaron de proponer grandes ideas o se fueron de la compañía, Joe aún no tenía idea de que él era parte del problema.

Según nuestra humilde opinión, Joe no lideraba desde el corazón.

La compañía de Dave es una de las mejores historias de éxito en la tan difícil categoría de venta directa al consumidor. La compañía de Joe se está muriendo en un mercado con márgenes altos y demanda casi ilimitada. La compañía de Dave tiene una tasa de rotación voluntaria de empleados en niveles récord por lo baja si se la compara con la de sus pares. La rotación de empleados en la compañía de Joe bordea el 50%. Dave cada vez se encuentra menos en el centro de las decisiones importantes, lo que le da más tiempo para pensar estratégicamente en el largo plazo. Joe se enreda con los detalles porque nadie se siente empoderado para tomar ninguna decisión sin él.

¿Qué hace que una persona sin entrenamiento formal o experiencia sea un líder tan ejemplar, mientras que otra con todas las habilidades clásicas de liderazgo resulte ser un líder tan pobre?

Responder esa pregunta es el propósito de este libro. Y jamás ha llegado en un momento más importante.

La crisis de liderazgo que va en aumento hoy en día

No se puede argumentar que no estamos en medio de una crisis de liderazgo. Y no solo en la política, sino también en el mundo empresarial. Sabemos esto, primero, porque las personas no están emocionadas con sus trabajos. De acuerdo con Gallup, dos de cada tres estadounidenses no están «involucrados y emocionados por sus trabajos y lugares de trabajo» y el 50% están buscando activamente un nuevo trabajo. Otro reporte de la Sociedad para la Gestión de Recursos Humanos indica que el 25% de los trabajadores estadounidenses en realidad «temen ir a trabajar» porque «no se sienten seguros dando sus opiniones sobre problemas relacionados con el trabajo y no se sienten respetados ni valorados en el trabajo». En el mismo reporte, el 84% de los empleados dijo que los malos gerentes les crean estrés innecesario.

Y aunque es difícil cuantificar con exactitud cuánto cuestan estos sentimientos de temor y desinterés, Gallup estima que la rotación voluntaria (que la gente renuncie) le cuesta a la economía, en total, un billón de dólares cada año… y estos datos fueron de *antes* de «la Gran Renuncia» del 2021. Es más, los empleados poco interesados que sí se quedan lo hacen con una productividad baja.

Cuando investigamos por qué tantas personas se sienten ansiosas, poco interesadas e irrespetadas, el problema queda claro: demasiadas personas trabajan para líderes como Joe, líderes que no empoderan, a los que les falta curiosidad y que, sencillamente, no están dispuestos o no son capaces de establecer conexiones emocionales reales con sus equipos.

Los empleados quieren sentirse vistos y apreciados por quienes son y por las cosas únicas con las que pueden contribuir. Sin embargo, demasiados líderes tratan a sus equipos como poco más que engranajes de una máquina.

Como *coaches* que hemos estado trabajando en las primeras líneas de los negocios y de la política durante décadas, decidimos que era hora de descifrar con exactitud por qué algunos líderes son capaces de hacer conexiones desde el corazón y por qué otros no.

Sobre nosotros y nuestro trabajo

Pero antes de ir más allá, sería buena idea presentarnos. Somos John y Edward. A John lo reclutaron como *coach* hace más de treinta años, cuando dejó de ser profesor de Administración en la Universidad Estatal de San José para ayudar a la Universidad de Apple a desarrollar un currículo de liderazgo. Su primera empresa de *coaching* nació por esta experiencia con Apple. Es un amante de la fotografía que valora su tiempo con su familia y sus nietos.

Edward entró al mundo del *coaching* de liderazgo hace casi quince años, primero aconsejando a candidatos políticos locales y alrededor del mundo junto con James Carville y luego pasando cerca de una década trabajando con fundadores de emprendimientos y ejecutivos de compañías Fortune 500 en Silicon Valley y Nueva York.

John es el académico que se impulsa por los datos y Edward es el que ejecuta basándose en sus instintos. Y, a pesar de nuestras diferencias, los dos tenemos al menos una cosa importante en común: ambos sentimos pasión por desbloquear el potencial y la creatividad de los líderes. Aunque jamás diríamos que lo sabemos todo sobre el liderazgo, hemos sido lo suficientemente afortunados como para haber pasado la mayor parte de nuestras carreras trabajando junto a algunos líderes muy excepcionales, desde gigantes como Tim Cook, Steve Jobs y Phil Knight hasta Valerie Ashby, Justin McLeod y Tony Xu, que pronto serán nombres reconocidos.

Nuestro camino con este libro empezó, como muchos caminos, con una pregunta: ¿qué diferencia a los líderes transformacionales del resto?

Cada año, miles de libros, artículos y blogs se publican y promulgan la técnica comprobada para todo, desde liderar compañías y criar a los hijos hasta jugar golf y asar un pollo. Legiones de expertos autoproclamados nos han hecho creer que existe una manera correcta e incorrecta de hacer casi todo. Sin embargo, como lo planteó Phil Rosenzweig, autor y profesor retirado de Harvard, «a pesar de todos los secretos y las fórmulas, a pesar del autoproclamado liderazgo de pensamiento, el éxito en los negocios es tan esquivo como nunca… probablemente *más* esquivo que nunca».

Con tantos consejos allá afuera, ¿por qué es el buen liderazgo tan escaso?

Impulsados por esa pregunta, decidimos poner a prueba algunas de esas guías sobre cómo liderar y esas listas de trucos simples para ser un líder. Examinamos a profundidad los volúmenes de notas y datos que hemos recolectado en nuestros cuarenta años combinados de trabajar con muchos de los líderes más prominentes del mundo en negocios y política para buscar tendencias. Si había puntos en común en el comportamiento y los hábitos entre nuestros clientes más exitosos, los encontraríamos.

Pero después de examinar los datos, observamos que los líderes con las mejores bases de negocio y los mejores resultados organizacionales (es decir, en términos de crecimiento, salidas, retención y satisfacción de los empleados) variaban mucho en cuanto a lo que pensábamos que eran los comportamientos o hábitos normales de liderazgo. Si reúne a una docena de buenos líderes, se dará cuenta de que lideran con una gran variedad de técnicas.

- Algunos son oradores extrovertidos e inspiracionales y otros son introvertidos que se sienten más cómodos comunicándose a través de memorandos escritos o conversaciones privadas.

- Algunos plantean visiones muy claras para el futuro y planean un camino audaz hacia adelante, mientras que otros hacen observaciones generales sobre un área problemática o un perfil de cliente y dejan que sus equipos resuelvan aquello con soluciones innovadoras.

- Algunos tienen rutinas matutinas fijas, despertándose a las 5:00 a. m. a meditar, subirse a sus Peloton o hacer saludos al sol. Otros se paran de la cama cuando quieren y aparecen en la oficina con demasiada cafeína en el sistema y aturdidos.

Miráramos por donde miráramos los datos en busca de características o comportamientos comunes entre nuestros clientes (lo tradicional que se debe hacer, o no, en el liderazgo y la presencia ejecutiva), encontrábamos más variedad que cualquier otra cosa.

¿Qué no estábamos *viendo*?

Redoblando nuestros esfuerzos, nos sumergimos más profundo en nuestros archivos de *coaching* (más documentos, más papeles), pero esta vez nos hicimos una pregunta diferente: ¿qué dicen los equipos de los grandes líderes (esto es, las personas más cercanas a ellos, las personas a quienes inspiran todos los días) sobre dichos líderes?

Nos dimos cuenta de que la respuesta estuvo justo frente a nosotros todo el tiempo, escondiéndose a simple vista:

- «Es muy consciente de sí mismo y no le tiene miedo a examinarse con dureza».

- «Vio un potencial en mí que ni yo misma había visto».

- «Siempre sabe lo que necesito escuchar para motivarme de nuevo».

- «Me ayudó a superar mis dudas y empezar a creer en mí misma».

- «Es capaz de hacerme preguntas y darme retroalimentación de una forma que me ayuda a crecer como persona y como profesional».

No importaba si esos líderes eran buenos oradores en público, invitaban a almorzar a un empleado diferente cada día o ubicaban su escritorio en medio de la oficina para mostrar cuán accesibles eran. No se trataba de sus tácticas, hábitos o trucos.

En su lugar, nuestros datos nos mostraron que los grandes líderes tienen cinco características clave que los ayudan a *conectar a un nivel humano auténtico con sus empleados*:

1. **Son conscientes de las necesidades de su gente.** Sienten curiosidad por lo que ellos y sus equipos necesitan para sentirse creativos y recursivos. Tener satisfechas nuestras necesidades es la base para poder pensar más en grande y trabajar. Cuando usted no se está cuidando o no se siente seguro, no puede actuar de acuerdo con su potencial. No va a hacer las preguntas difíciles ni a plantear sugerencias arriesgadas.

2. **Confrontan los miedos de su gente.** Hablan directamente de los miedos que están estancando a las personas. El miedo evita que tomemos riesgos, nos obliga a hacer cosas dañinas y a tomar malas decisiones. Si los miembros de su equipo no se sienten seguros diciendo algo cuando huelen humo, usted siempre estará apagando incendios.

3. **Entienden sus propios deseos y lo que impulsa a su gente.** Son muy honestos con sus deseos más importantes y los que los impulsan, así como con los de su equipo. Es más, se aseguran de tener controlados esos deseos, no sea que ellos o su equipo se desvíen por esa causa.

4. **Se aprovechan de sus dones.** Buscan en lo profundo de ellos mismos y de sus equipos los dones que no se han exteriorizado. A menudo, unos talentos y habilidades de clase mundial se desperdician porque nadie los descubre. Liderar desde el corazón requiere de renuncie a la idea de aquello en lo que es bueno para desenterrar aquello en lo que puede ser genial.

5. **Conectan con propósito.** Finalmente, conectan con su propio sentido interno del propósito y ayudan a sus equipos a conectarse con los suyos. El mejor trabajo lo hacen los equipos que creen que están trabajando para un bien mayor. El error más fácil de cometer es asumir que a todo su equipo le importa el dinero o el prestigio.

Armados con este conjunto único de habilidades, los grandes líderes con los que hemos trabajado hacen que las personas se sientan vistas, inspiran el pensamiento creativo, desbloquean los propósitos y, a la larga, tienen un negocio base con buenos resultados. Tenemos a la directora ejecutiva de una empresa de tecnología con una habilidad increíble para ver talentos y dones en su gente (que ellos mismos no veían), lo que le permitía ubicar a las personas en nuevas posiciones y desbloquearles un potencial nuevo y poderoso. O al director ejecutivo de una aplicación de citas que, viendo que su estrategia de verticalidad estaba matando la moral y la creatividad, empezó a pasarles todas las preguntas sobre producto y diseño a su equipo, dándoles una libertad y autoridad que necesitaban bastante. O el fundador de una red social, quien se dio cuenta de que su miedo al fracaso les estaba impidiendo a él y a su equipo tomar riesgos, hacer contrataciones audaces y aprender de la retroalimentación de los clientes.

Había, hablando de forma literal, cientos de ejemplos.

Lo que aprendimos es que, más que seguir fórmulas o guías, los grandes líderes de nuestro tiempo son solo los más curiosos, cuidadosos y perspicaces con respecto a ellos mismos y a su gente. Tienen el coraje y el interés para involucrarse en conversaciones que se consideran tabú en el espacio de trabajo. Conversaciones sobre lo que realmente necesitamos para sentirnos seguros y creativos, a qué le tememos, qué deseamos con más ahínco, en qué somos mejores y cuál es nuestro propósito mayor. Conversaciones que les permiten transformarse a ellos, a sus equipos y a sus organizaciones.

A eso nos referimos con liderar desde el corazón.

Un poco de corazón hace una gran diferencia

Liderar desde el corazón no se trata solo de ser cursi o hacer que la gente se sienta bien. Se trata de crear un entorno de seguridad y conexión, en contraposición a uno de miedo y aislamiento. Y para que no piense que todo esto es una banalidad, veamos cuál es la diferencia que liderar desde el corazón crea en la cultura de una compañía y en los resultados empresariales en comparación con lo que produce liderar a través del miedo.

CARACTERÍSTICAS Y RESULTADOS

COMPAÑÍAS LIDERADAS DESDE EL CORAZÓN	COMPAÑÍAS LIDERADAS A TRAVÉS DEL MIEDO
Tasa de rotación de empleados más baja	Tasa de rotación de empleados más alta
Toma de decisiones descentralizada	Dependencia excesiva e ineficiente de la autoridad
Los empleados se sienten empoderados para asumir riesgos inteligentes y experimentar	Se evitan los riesgos y hay poca experimentación e innovación
Conflictos creativos, constructivos y saludables	Ausencia de conflictos y/o comportamientos tóxicos y de secretismo
Debates rigurosos y búsquedas de la verdad en las reuniones	Silencios incómodos y búsqueda de aprobación en reuniones
Alineación estratégica	Competencia de prioridades
Compartir recursos para apoyar los objetivos de la compañía	Acumular los recursos para apoyar los objetivos departamentales
Flujo ininterrumpido de información crucial, lo que lleva a una detección temprana de problemas	Ocultar información crucial, lo que causa crisis innecesarias

Como ve, liderar desde el corazón no se trata de crear un entorno de permisividad, pereza o bajo rendimiento. Se trata de quitar los filtros del miedo, la escasez y el ego, y de conectar con las personas. Se trata de crear avances para nosotros mismos y nuestras organizaciones. Se trata de dejar de lado todas las reuniones y las listas de pendientes por unos minutos para conectar a un nivel más profundo, a un nivel más real y auténtico. Cosa que, irónicamente, hace que el proceso de completar todas las tareas en esas listas de pendientes sea mucho más fácil.

Las conversaciones que desbloquean la creatividad, el propósito y los resultados

Cuando nos enfrentamos a una crisis, la mayoría de nosotros queremos saber qué hacer. Queremos respuestas. Pero, como *coaches*, nuestro trabajo no es dar respuestas. Nuestro trabajo es sostener un espejo, hacer las preguntas correctas y ayudarles a nuestros clientes a encontrar las respuestas en ellos mismos a través del poder de la conversación. Entonces, en esos momentos en los que solo quiere una respuesta simple o un truco sencillo, nuestra respuesta para usted siempre será la misma que le damos a nuestros clientes: ¿qué es lo que no está viendo ahora mismo? ¿Qué conversaciones necesita tener para liderar desde el corazón?

Piense en este libro como en una sesión privada de *coaching*. En los próximos capítulos, lo guiaremos a través del mismo proceso que les pedimos a los líderes que entrenamos que sigan. Lo invitaremos a unirse a conversaciones diseñadas para ayudarlo a entender valiosas perspectivas sobre usted mismo y sobre su equipo.

Aunque existe un número infinito de conversaciones que podríamos tener para ayudarlo a sentir curiosidad y obtener nuevas perspectivas sobre usted y su equipo, nos hemos dado cuenta de que hay cinco que son las que más lejos llegan a la hora de desbloquear nuevas formas de vernos a nosotros mismos y a otros. Estas conversaciones se corresponden directamente con las cinco características principales de los líderes más exitosos con los que hemos trabajado.

Quizás algunas personas nacieron con la habilidad natural para entenderse por completo a ellas mismas y a los demás, pero no las hemos conocido aún. El resto de nosotros necesitamos de un proceso de preguntas para alcanzar esa perspectiva… y las conversaciones que hemos detallado más adelante y explorado con minuciosidad a lo largo de este libro son ese proceso.

Las *cinco conversaciones que desbloquean la creatividad, el propósito y los resultados* comienzan con preguntas simples en apariencia, pero que no lo engañen. Cada pregunta está diseñada para penetrar la superficie y atravesar varias capas. Es probable que cada pregunta lo lleve a otra y luego a otra más, desplegando una conversación provechosa que lo ayudará a verse a usted mismo y a sus equipos bajo una luz más honesta. A medida que ahonde en cada área, esperamos que entienda unas perspectivas mejores y más grandes que lo ayuden a desbloquear un nuevo potencial para usted y sus equipos, y a remover las barreras que quizás han evitado que lidere desde el corazón.

¿QUÉ NECESITA PARA ESTAR EN SU MÁXIMO POTENCIAL?

Cuando una planta de hogar se marchita, no le gritamos, no le ofrecemos más dinero y tampoco la ponemos en el plan de mejora del rendimiento. Le damos más agua, la movemos a donde haya más luz solar y nos aseguramos de que esté obteniendo los nutrientes que necesita hasta que las hojas resurgen y recuperan el color.

Lo mismo pasa con las personas. Liderar desde el corazón es un trabajo duro. El tener coraje, ser curioso y ser vulnerable, así como tener conversaciones duras, requiere de mucha energía. Por esta razón necesitamos ser muy conscientes de que estemos satisfaciendo nuestras necesidades físicas, emocionales y del entorno, no sea que caigamos en comportamientos improductivos.

Cuando nos enfrentemos a una dificultad con un colega, en lugar de asignar culpas, ¿qué pasaría si nos diera curiosidad ver si las necesidades de cada uno están satisfechas? ¿Qué pasaría si nos preguntáramos a nosotros mismos, de una manera regular, qué es lo que nosotros y nuestros equipos necesitamos para tener éxito? ¿Para prosperar?

¿Estamos comiendo y durmiendo bien? ¿Cuándo fue la última vez que hicimos ejercicio? ¿Necesitamos más tiempo desestructurado juntos? ¿Y si hacemos menos llamadas de Zoom? ¿Almuerzos más largos? ¿Y si usamos menos Slack? ¿Y si damos más indicaciones? ¿O proponemos caminatas de una hora por la tarde? ¿O veinte minutos de meditación? ¿O dispensadores de cafés destilados y kombucha?

Para ayudarlo a contemplar la pregunta de «¿qué necesita para tener éxito?», le ofreceremos varias herramientas diseñadas para permitirle discernir sus necesidades más profundas y las de sus colegas. Y, lo que es más importante, pasaremos algo de tiempo explorando por qué no satisfacemos nuestras necesidades aun cuando sabemos cómo hacerlo. ¿Cuáles son los compromisos que compiten y que sabotean nuestros mejores esfuerzos para descansar más, rodearnos de gente que nos apoye o vivir en un lugar que nos inspire?

Tener conversaciones honestas sobre lo que de verdad necesitamos hace que podamos entablar conversaciones más ricas sobre nuestros miedos, deseos, dones y propósitos.

¿QUÉ MIEDOS LO ESTÁN ESTANCANDO?

De vez en cuando, el miedo nos estanca a *todos*. Nos creamos historias negativas o limitantes sobre nosotros mismos. Al descubrir lo que nos asusta y al sentir bastante curiosidad por los miedos de nuestros equipos, podemos empezar a librarnos de esos bloqueos, mentiras e historias derrotistas que nos pesan, así como de todos los comportamientos poco útiles que adoptamos cuando el miedo desencadena esas respuestas en nosotros.

En un nivel organizacional, los miedos no reconocidos de los ejecutivos a menudo crean aversión al conflicto, perfeccionismo, suficiencia moral, incapacidad de pedir ayuda y síndrome del impostor. Con frecuencia, esto aparece en las normas culturales de una organización y hace que se esparza una actitud de evitar los riesgos, la inhabilidad para dar y recibir retroalimentación y la falta de debates constructivos.

En este capítulo, exploraremos tres respuestas fundamentales al miedo y sus indicadores distintivos (en póquer, un indicador es una señal visual que permite saber cuando el otro jugador está aparentando). Al explorar las historias de cómo algunos de nuestros clientes han lidiado con el miedo gracias al *coaching*, usted descubrirá cuáles son las diferencias entre los líderes que se desvían por el miedo y aquellos que aprenden a lidiar e incluso a sobreponerse a ello.

También le pediremos que reflexione sobre unas pocas cuestiones duras: ¿qué miedos lo están estancando? ¿De qué formas está asustado por que otros lo juzguen? ¿Qué historias se cuenta sobre usted mismo y tiene miedo de dejar ir? ¿Cuáles son los mecanismos en los que se apoya y que podrían ser buenas señales para que usted mismo o los demás se den cuenta de que algo lo afectó?

También discutiremos cómo reconocer cuando alguien más está siendo afectado por el miedo y cómo podría lidiar usted con eso. ¿Cuáles son las señales reveladoras? ¿Cómo podemos calmar a alguien y conectar con esa persona de nuevo desde una posición de curiosidad y franqueza?

¿QUÉ DESEOS LO IMPULSAN Y CUÁLES PODRÍAN DESVIARLO?

Nuestros deseos más profundos pueden ser unas fuentes increíbles de motivación. Sentir como que estamos ganando, contribuyendo, teniendo influencia… todo eso puede hacer que nos levantemos de la cama por la mañana. Pero si dejamos que nuestros deseos se salgan de control, podemos desviarnos.

En este capítulo, exploraremos los cinco deseos clave que motivan gran parte de nuestro comportamiento. Estos incluyen el deseo de pertenecer, de tener influencia, de ganar, de crecer y aprender y de ser útiles. Al tener conversaciones sobre sus deseos y los de su equipo, accederá a una fuente mucho más profunda de inspiración. Y al entender la línea que divide las expresiones saludables y dañinas de sus deseos, aprenderá cómo tener límites y evitar caer en patrones tóxicos.

Este capítulo no estaría completo si no aludiéramos a algunos relatos de advertencia de Silicon Valley, los cuales muestran cómo avivar las llamas del deseo (de agradar, de estar en lo correcto, de tomar riesgos alocados, de dominar a otras personas) puede desembocar en un autosabotaje.

¿CUÁLES SON SUS MEJORES DONES?

Los mejores líderes con los que hemos trabajado han tenido una habilidad impresionante de encontrar los dones no reconocidos en las personas. Ven más allá de aquello en lo que las personas piensan que son buenas y encuentran algo en lo que son *extraordinarias*. Y cuando su gente está adoptando creencias autolimitantes o voces de dudas, estos líderes los ayudan a superar esos miedos al fracaso y a obtener el coraje para dar el paso.

A veces nuestros dones vienen de lugares curiosos. De nuestro dolor, nuestras imperfecciones e incluso de nuestros momentos más oscuros. Aprenderemos por qué, con frecuencia, descontamos el valor de nuestros propios dones y exploraremos cómo quitar los filtros y vernos a nosotros mismos y a nuestros colegas con más claridad.

Tener conversaciones sobre nuestros dones puede parecer pretencioso. Nombrar los dones de otras personas puede sentirse como una adulación.

Por esa razón es que, muchas veces, evitamos tener esas conversaciones. En este capítulo, le daremos las herramientas para que tenga conversaciones ricas que vayan más allá de las pretensiones y los halagos, y para que acepte sus dones y los de los demás sin ego de por medio.

¿CUÁL ES SU PROPÓSITO?

Las personas que experimentan un sentido más grande del «significado y el propósito» en sus trabajos están, por lo general, más comprometidas y satisfechas con dichos trabajos. También viven vidas más largas y felices. La cuestión es, en primer lugar, ¿qué crea ese sentido del significado y el propósito?

Las conversaciones sobre el propósito son, en realidad, acerca de qué impacto queremos tener en el mundo. *¿Para qué estoy aquí? ¿Para qué estamos aquí? ¿A quién le voy a ser útil? ¿A quiénes les vamos a ser útiles?*

En este capítulo, conocerá a directores ejecutivos de compañías que buscan crear un impacto en una comunidad con necesidades y a otros cuyas misiones son el mejoramiento de toda la humanidad. También exploraremos cómo una amplia variedad de personas (artistas, actores, gestores de fondos de cobertura, científicos de computación y otros) descubre el significado en sus trabajos y cómo enciende de nuevo la chispa cuando se apaga.

Juntas, estas cinco conversaciones, que en apariencia son simples, están diseñadas para darle a usted y a su equipo una perspectiva sobre qué es lo que lo motiva tanto a *usted* como a *ellos*. Al examinarse profundamente a usted y a su gente, descubrir su propósito mayor, sus dones, sus deseos clave, sus miedos y sus necesidades, quedará equipado con una nueva colección de herramientas que lo ayudarán a enfocar su estrategia, su energía e incluso su carrera.

Cerraremos el libro con una exploración de lo que se necesita para liderar a toda una compañía desde el corazón: las aplicaciones a nivel organizacional de nuestras cinco conversaciones esenciales. Aprenderá de nuestros clientes cómo usar este marco para gestionar y resolver los conflictos, mejorar la diversidad y la inclusión, crear un rendimiento más alto y elevar la moral en tiempos de crisis, estrés y ambigüedad. Este capítulo se centrará en una cantidad de ejercicios poderosos que lo ayudarán a aplicar los principios de *Liderando desde el corazón* en toda su empresa.

¿POR QUÉ LIDERAR DESDE EL CORAZÓN ES DIFÍCIL?

Liderar desde el corazón no es algo que le salga naturalmente a la mayoría de las personas por dos razones: (1) el mito del trabajo/vida y (2) las mentalidades ciegas.

EL MITO DEL TRABAJO/VIDA

Primero, liderar desde el corazón va en contra de aquello que a la mayoría de nosotros nos han enseñado y que llamamos «el mito del trabajo/vida». A todos nos han hecho creer que deberíamos tener un yo del trabajo y un yo de la casa y que los dos jamás deben coincidir.

Durante más de un siglo, ha existido una distinción muy clara entre nuestra vida de trabajo y nuestra vida real. Alrededor de la mesa o en vacaciones, nuestra vida real puede verse interrumpida por la temida «llamada de trabajo». O si un familiar o un amigo lo llama a la oficina con algo que no es urgente, usted quizás le susurre al teléfono: «le dije que no me llamara cuando estoy en el trabajo».

De una forma similar, hasta hace unas pocas décadas, casi todos los trabajadores debían vestirse de alguna manera antes de ir a trabajar. Tanto hombres como mujeres se ponían uniformes específicos para demostrar que estaban en modo de trabajo. En la década de 1950 fue cuando vimos la llegada del traje de negocios. En la década de 1980 retornamos a la vestimenta casual para los negocios. En los últimos tiempos, en Silicon Valley, las sudaderas de cachemira, los jeans negros y unos tenis de 200 dólares se han convertido en el conjunto del día.

Aunque estas divisiones psicológicas entre el trabajo y la casa pueden crear una atmósfera de enfoque, disciplina y productividad (razón por la cual las Fuerzas Armadas tienen uniformes), también envían un mensaje general: no está bien ser usted mismo en el trabajo. Como resultado, la mayoría de nosotros también nos vestimos psicológicamente antes de ir a trabajar.

Los clientes nos dicen todo el tiempo: «siento que necesito ponerme una armadura antes de ir a trabajar», «cuando entro a esa oficina, tengo que ponerme en modo guerra» o tan solo «estoy haciendo todo lo posible para mantener una fachada profesional dados todos los problemas que estoy teniendo en casa». Sin importar qué ropa estemos usando, todos nos estamos vistiendo psicológicamente.

La pandemia del 2020 aceleró la disolución del mito del trabajo/vida para muchos. Por primera vez, empezamos a ver el interior de las casas de otras personas en Zoom. Los directores ejecutivos daban actualizaciones para los inversionistas desde sus habitaciones. Los presentadores de televisión tenían a niños y gatos que se les subían encima cuando estaban al aire. Muchos de nosotros no nos vestimos con algo que no fueran sudaderas durante meses.

Sin embargo, aunque muchos disfrutamos de los modelos de trabajo híbridos ahora, esa división emocional se mantiene. Aún hay algunos temas de los que se supone que no debemos hablar en el trabajo, miedos e inseguridades que se supone que no debemos compartir y necesidades que se supone que no debemos expresar.

Dado este grupo complejo de reglas que nos hemos impuesto a nosotros mismos, no es una sorpresa que liderar desde el corazón sea duro. Nuestra esperanza es que este libro le dé a usted y a sus colegas un lenguaje para intentar desmantelar esas reglas y para invitarse mutuamente a tener conversaciones de corazón a corazón.

MENTALIDADES CIEGAS

Incluso si intentamos disolver la separación imaginaria entre nuestras versiones del trabajo y nuestros verdaderos yoes, la mayoría de nosotros tenemos lo que llamamos «mentalidades ciegas», programaciones predeterminadas que evitan que nos veamos a nosotros y a los demás con claridad. En nuestro diccionario de *coaching*, una mentalidad ciega es un sistema de creencias o mentalidad que hace que sea difícil para nosotros ver con claridad las respuestas a las preguntas que hemos descrito hasta ahora en *Liderando desde el corazón*.

Algunos líderes tienen una *mentalidad ciega fantasiosa:* son demasiado optimistas y ven lo que quieren ver. Un líder que vive en un mundo de fantasía puede pensar que tiene una gran relación con todo el equipo, cuando en realidad el equipo no lo soporta y jamás le dice la verdad. Cada emprendedor debe ser un poco (bastante) optimista como para hacer algo tan irracional como empezar un negocio, dado que el 90%

de los negocios nuevos fracasan, pero la fantasía puede significar la ruina cuando ignoramos fundamentalmente la realidad.

Otros líderes tienen una *mentalidad ciega paranoide:* son pesimistas, temerosos y ven amenazas en donde no hay ninguna. Un líder que vive con paranoia no confía en los datos o en los reportes de su equipo. Está preocupado porque la competencia siempre les está ganando o piensa que su junta directiva está siempre a punto de despedirlo. Experimentar un poco de paranoia puede ser bueno porque nos vuelve cautos. Pero experimentar demasiada paranoia puede tener un efecto paralizante.

Cuando los líderes no son capaces de ver o aceptar alguna verdad dolorosa, tienen una *mentalidad ciega de negación.* Los líderes que viven en negación no pueden ver que el mundo los está sobrepasando y que necesitan innovar. La negación al gestionar puede hacer que un líder no vea que ha perdido la confianza de su equipo o que él y su equipo no están a la altura del reto que supone escalar la compañía.

Para terminar, algunos líderes tienen una *mentalidad ciega escéptica:* son pesimistas y no ven cuán buenas son las cosas de verdad. Un líder que es demasiado escéptico microgestiona todo el tiempo. Intenta controlar cómo la gente hace su trabajo y no siente curiosidad por lo que quizás podría aprender de su equipo.

A lo largo del libro, exploraremos historias de líderes que se vieron asediados por una mentalidad ciega u otra y le permitiremos entrar a nuestras sesiones de *coaching* con ellos, cuando intentamos levantar los velos que les cubrían la visión y ayudarlos a liderar desde el corazón. Nuestra esperanza es que usted se verá reflejado en esas historias, sentirá curiosidad y será honesto acerca de las mentalidades ciegas que tiene.

¿Cómo sacarle el mayor provecho a este libro?

La mejor manera de leer este libro es lenta y cuidadosamente. Este no es un libro que deba pasar rápido para extraer algunos marcos de referencia o ideas. Es un libro que usará para hacerse a usted mismo y a otros algunas preguntas difíciles. Es más un proceso que experimenta que un producto que consume.

Para hacerle más fácil extraer algunas perspectivas prácticas para usted y sus equipos, hemos resaltado varios principios clave y enseñanzas al final de cada capítulo. También hemos planteado varias «ideas para iniciar conversaciones» en cada capítulo, las cuales están diseñadas para que lo que ha aprendido cale aún más hondo. El capítulo final le dará ejercicios de equipo para que los explore con sus colegas.

En nuestra comunidad en línea, también encontrará varias autoevaluaciones, las mismas que usamos con nuestros clientes de *coaching* todos los días. Estas pueden ayudarlo a descubrir en dónde se encuentra hoy y cuán listo está para descubrir perspectivas sobre usted y otros. Encontrará recursos, herramientas e historias de éxito adicionales de otros miembros de la comunidad de *Liderando desde el corazón* en nuestra página web: www.leadingwithheartbook.com.

Este es un libro sobre desarrollar su propia marca auténtica de liderazgo al mirar a través del lente de sus propias experiencias y preferencias. Sin importar en dónde esté en su carrera, ya sea un director ejecutivo o un estudiante, pasar por este proceso de introspección puede transformarlo de maneras que irán más allá de cualquier biografía, historia de éxito o lista de «trucos de liderazgo».

Nuestro proceso de *coaching* se trata de tener conversaciones que nos ayuden a sentir curiosidad y a aclararnos. Conversaciones que sean honestas y reales. Se trata de abrirnos. Y aunque puede sentirse retador y como una confrontación por momentos, le prometemos que también se sentirá satisfactorio e inspirador.

Gracias por confiar en nosotros para ser sus *coaches* en este camino.

CAPÍTULO 1

¿QUÉ NECESITA PARA ESTAR EN SU MÁXIMO POTENCIAL?

«Cuando una flor no florece, usted arregla
el ambiente en el que crece, no la flor»

—Alexander den Heijer.

Ernest Hemingway y Virginia Woolf lo hacían de pie. Mark Twain y Truman Capote preferían hacerlo acostados. A Ben Franklin y a Victor Hugo les gustaba hacerlo desnudos y se dice que Thomas Edison lo hacía mejor después de una siesta corta. Maya Angelou disfrutaba haciéndolo a primera hora de la mañana y Barack Obama dice que lo hace mejor entre las 10:00 p. m. y las 2:00 a. m. Keith Richard, de los Rolling Stones, solo lo hace después de comer algo de pastel de carne y a Eddie Van Halen le gustaba tener un bol de M&M a mano mientras lo hacía…, pero solo si habían removido antes todos los marrones.

A lo largo de la historia, los artistas más prolíficos, pensadores y emprendedores han descubierto que hacen sus trabajos más creativos e innovadores bajo unas condiciones específicas. Es algo único para cada individuo, algo que la mayoría de nosotros solo descifra gracias a la experimentación y la observación. Si es que alguna vez lo desciframos.

Es muy probable que usted y sus equipos tengan sus propias preferencias o requerimientos para sentirse creativos, efectivos y resilientes al máximo, ya sea que alguna vez se hayan sentado a pensar al respecto o no. Algunas de sus necesidades pueden sentirse únicas y extrañas, así como otras más típicas. Pero, sin importar nada, mirarse con dureza y ser honesto con usted mismo sobre lo que *realmente* necesita para sentirse en su mejor momento (y aprender por qué, a menudo, no satisface sus necesidades) es la base para un desempeño excepcional. Y aprender cómo ayudar a sus equipos a suplir sus necesidades para que puedan florecer es la clave de un liderazgo excepcional.

De acuerdo con Abraham Maslow, el abuelo de todas las investigaciones sobre necesidades, nuestras necesidades caen en dos grandes categorías: necesidades de deficiencia y necesidades de crecimiento. Las necesidades de deficiencia son aquellas cosas cuya ausencia nos hace sufrir: comida, sueño, agua, refugio y conexiones humanas básicas. Las necesidades de crecimiento son aquellas cosas que necesitamos para sentir que estamos viviendo con nuestro máximo potencial: sentido de pertenencia, afirmación, retos intelectuales, acceso al mundo exterior, etc.

Liderar desde el corazón es una labor emocional. No podemos empezar el proceso de aprender cómo estar presentes emocionalmente para nosotros y para nuestros equipos mientras estamos de mal humor por tener hambre, no hemos descansado bien o nos sentimos en peligro o poco inspirados. Como *coaches*, tendemos a enfocarnos primero en ayudar a nuestros clientes a entender y calibrar sus propias necesidades. Una vez que han optimizado su perfil de necesidades, se encuentran en un mejor lugar para sentir curiosidad por las necesidades de su equipo y ayudarlos a progresar también.

Nuestra meta en este primer capítulo es ayudarlo a ver con más claridad las prácticas, condiciones y factores del entorno que usted y su equipo necesitan para sentirse energizados, recursivos y resilientes. También esperamos que obtenga consciencia sobre qué cosas le roban energía, le drenan su capacidad creativa o hacen que sea más reacio a tomar riesgos.

Sin embargo, incluso más importante que obtener consciencia es tener conversaciones sobre lo que se interpone en el camino de satisfacer sus necesidades y cómo puede ayudar a que las de su equipo queden satisfechas también. A través de una serie de historias y ejercicios, intentaremos ayudarlo a comprender mejor cuáles son en realidad esas necesidades inconscientes o no expresadas y le daremos un lenguaje base para empezar a tener conversaciones sobre sus necesidades.

El sistema de necesidades: desarrollando la teoría de Maslow

Como *coaches*, pensamos en las necesidades como un sistema integrado. En contraste con la jerarquía de necesidades que Maslow desarrolló primero en 1943 y que incluía comida, agua, refugio, amor, sentido de pertenencia, estima y autoactualización, nuestro modelo del sistema de necesidades tiene tres componentes principales: necesidades físicas, necesidades emocionales y necesidades del entorno.

En nuestro trabajo con los clientes, notamos que nuestras necesidades no siempre se satisfacen en la jerarquía linear que propuso primero Maslow, en la que las necesidades físicas debían satisfacerse antes que las necesidades emocionales y así sucesivamente. Descubrimos que podemos satisfacer unas necesidades más altas mientras no satisfacemos otras más bajas. Con el paso de los años, Maslow llegó a la misma conclusión y las investigaciones recientes apoyan esta teoría.

Vemos este fenómeno en juego tanto en las compañías a las que asesoramos como en nuestros viajes. En algunas partes del mundo en desarrollo, hemos conocido a personas que apenas podían satisfacer sus necesidades básicas de alimento y refugio y, no obstante, parecían estar llenas de alegría y risas porque sus necesidades emocionales de conexión y comunidad estaban satisfechas de sobra. Además, diferentes personas tienen distintos requerimientos para varios tipos de necesidades. Descifrar ese «mapa de necesidades» único para nosotros mismos y para los demás desbloquea nuestra habilidad para ahondar más en el modelo de *Liderando desde el corazón*.

Como lo mencionamos antes, pensamos en las necesidades en tres niveles. Primero, hemos descubierto que los líderes de alto rendimiento tienen *necesidades físicas* que van más allá de lo básico que se requiere para sobrevivir. Quieren prosperar. Por lo tanto, a menudo tienen necesidades adicionales, como dietas y horarios de sueño calibrados para sus cuerpos únicos, rutinas de ejercicio personalizadas y prácticas de *mindfulness*. Hablaremos más de los temas específicos más adelante, pero por ahora digamos que usted no está loco por decir cosas como «de verdad necesito hacer ejercicio hoy». Le creemos. Esa es una necesidad real.

Segundo, las personas con altos rendimientos están en su mejor momento cuando sus *necesidades emocionales* de pertenecer, estar a salvo y tener autonomía están satisfechas, aunque todos requerimos de diferentes niveles de cada cosa. Algunas personas son como lobos solitarios, mientras que otras requieren de interacción y retroalimentación constantes. Algunas personas prosperan con mucha autonomía, mientras que a otras les gustan las indicaciones diarias. No obstante, aquello de lo que todos requerimos es seguridad psicológica y luego exploraremos cómo crearla.

Finalmente, en adición a estas necesidades físicas y emocionales, el sistema de necesidades incluye un componente importante al que aludimos antes: *necesidades del entorno*. Las charlas y los artículos de Maslow en la década de 1970 incluyeron menciones a que notó cada vez más las «necesidades estéticas», pero nuestro modelo lo lleva un poco más lejos, basándonos en investigaciones recientes y en nuestra propia experiencia.

Necesidades físicas

Operaremos bajo la suposición de que si está sosteniendo este libro con las manos, es probable que sus necesidades más básicas están satisfechas. Tiene acceso a comida y refugio, duerme bien de vez en cuando y tuvo suficientes conexiones humanas cuando era niño como para evitar que se echara a perder.

Dado eso, las grandes preguntas en nuestras mentes con respecto a las necesidades físicas son: ¿qué cosa, más allá de las necesidades básicas de deficiencia, necesita para prosperar y florecer? Y, más importante aún, si no está satisfaciendo sus necesidades a ese nivel, ¿por qué no y qué podemos hacer al respecto?

Existen cuatro componentes clave para sus necesidades físicas: qué le mete a su cuerpo, cómo le da descanso a su cuerpo, cómo mueve su cuerpo y cómo entrena su cerebro. Veamos rápido cada una de estas cuestiones a través de las experiencias de unos cuantos clientes. Nuestra esperanza es que, al aprender sobre sus experiencias, usted será capaz de ser honesto consigo mismo acerca de lo que en realidad necesita. Entonces pasaremos más tiempo descifrando por qué es posible que no estemos satisfaciendo nuestras necesidades.

DIETA: LA VARIABLE REALMENTE ALEATORIA

Dice la leyenda que una vez Elvis viajó en su avión privado de Memphis hasta Denver para comerse lo que él decía que era el mejor sándwich del país: el Fool's Gold Loaf, una pila desastrosa de mantequilla de maní, tocino y banano sobre una masa madre tostada a la perfección.

En general, los clientes con los que trabajamos tienen unas preferencias más curiosas y caprichosas con respecto a la comida. Hemos aprendido, a través de pruebas y errores, que algunas comidas y dietas les dan energía, mientras que otras los dejan noqueados. La dieta ideal debería hacerlo sentir energizado y saludable al tiempo que le da libertad y opciones. Las dietas en extremo restrictivas que se sienten como un trabajo de tiempo completo en sí mismas pueden volverse ladronas de tiempo para los ejecutivos ocupados.

No somos nutricionistas y no le empezaremos a decir a usted o a cualquier cliente lo que deben comer. Lo que haremos será animarlo a que sienta curiosidad por saber qué comidas le funcionan y cuáles no. Echémosle un vistazo a un cliente que hizo un descubrimiento sorprendente sobre su dieta.

Brian era un ejecutivo sénior con el que trabajamos en una compañía Fortune 500. Durante décadas, sufrió de migrañas casi paralizantes, que estaban afectando su rendimiento en la oficina. Ninguno de los muchos médicos y especialistas que contrató pudo descifrar qué lo estaba aquejando. Pensaron que debía ser el resultado del estrés y lo remitieron a varios psiquiatras y terapeutas. Todos los expertos encontraron que, dejando de lado las migrañas, Brian estaba muy saludable tanto mental como físicamente.

Durante una sesión de *coaching*, Edward sugirió que quizás fuera algo que Brian estaba comiendo y le recomendó que pidiera una consulta con un alergólogo (Edward ha tenido su propia batalla de décadas con las alergias). Después de un proceso laborioso, Brian descubrió que era alérgico al gluten. En lugar de que sus migrañas se las produjera alguna condición neurológica horrible, era su amor por la pizza y la pasta lo que lo afectaba. Pero, incluso armado con este conocimiento, se le dificultó muchísimo renunciar al gluten.

Otra clienta, Amanda, la consejera general de una compañía tecnológica del *top* diez, se quejó con John en una de sus sesiones de *coaching* de que se sentía lenta y con niebla mental todo el tiempo. John hizo un análisis de sus necesidades básicas y comprendió que ella estaba en su propia versión de una dieta mediterránea. Pero en lugar de consumir muchas frutas y vegetales saludables, estaba bebiéndose media botella de vino tinto cada noche para poder dormirse y tomándose tres tazas de café cada mañana para poder despertarse.

Ese ir y venir constante entre la cafeína y el alcohol estaba haciendo desastres en su metabolismo e impidiendo que descansara a la hora de dormir. Jamás bebía para emborracharse, así que no se identificaba como una alcohólica, pero aun así era incapaz de dejar el hábito de lado. Dijo que ella y su madre se actualizaban por teléfono casi todas las noches y solo disfrutaban bebiendo un poco de vino juntas.

¿Cómo podríamos ayudar a Brian y a Amanda a cambiar sus hábitos de comida y bebida?

DORMIR: LA NECESIDAD SUBESTIMADA

De las muchas fábulas de Silicon Valley, la historia de los jóvenes emprendedores que están tan comprometidos, que dejan de lado los horarios regulares de sueño y solo hacen siestas cortas debajo de sus escritorios durante semanas enteras es una de las más peligrosas. Entonces, antes de ir más lejos, déjenos afirmar de una vez por todas que los grandes líderes duermen lo suficiente.

Anecdóticamente, hemos notado, en nuestro trabajo con clientes, (y las investigaciones nos respaldan), que no dormir lo suficiente causa irritabilidad, mala toma de decisiones, ansiedad y depresión. De hecho, no dormir lo suficiente puede crear incluso problemas de salud más severos. De acuerdo con el reporte del Instituto Nacional de Salud, la privación de sueño lleva a tener un riesgo más alto de hipertensión, diabetes, obesidad, depresión, ataques cardíacos y accidentes cerebrovasculares.

Un cliente, que era el jefe de ingeniería de una prominente compañía tecnológica, nos contactó porque era incapaz de llevarse bien con los otros líderes de su equipo. Como nos lo dijo su jefe: «Doug es brillante y produce resultados como un colaborador independiente, pero nadie quiere trabajar con él y no puedo permitir eso».

John se sumergió en nuestro análisis de Liderazgo 360 normal para evaluar qué estaba pasando y, claro, los datos se alinearon con lo que estaba sintiendo el jefe: bajo coeficiente emocional, baja regulación emocional, no era un jugador de equipo y solo se preocupaba por sí mismo, no por la compañía.

John le leyó el 360 a él en una de nuestras primeras reuniones y Doug bufó: «¡venga, ya! Mi trabajo es construir un producto, no llevarme bien con las personas». El problema es que este joven estaba considerado para un ascenso y tenía que aprender a colaborar y liderar, no solo programar.

«De hecho, Doug, no estoy de acuerdo», le respondió John. «La nueva descripción de su trabajo dice explícitamente que debe aprender a llevarse bien con las personas y no solo programar, entonces quizás deberíamos descifrar qué está pasando aquí».

Nada como un buen balde de agua fría y realidad para despertar a un cliente.

Trabajando con Doug, John le pidió que describiera lo que necesitaba para pensar de la mejor manera. «Me gusta trabajar desde la medianoche hasta las 4:00 a. m. Nada de correos ni de Slack. Así por fin me puedo concentrar».

«Genial, pero ¿cuándo duerme?», inquirió John.

«¿Dormir? Tengo veintiocho. No necesito dormir. Quedo bien con cuatro horas por noche».

¿Cuatro horas por noche? Casi cualquier persona que solo duerma regularmente cuatro horas por noche será alguien terrible y desagradable.

Sin embargo, John se vio enfrentado a un dilema. El cliente necesitaba dormir más, pero también hacía su mejor trabajo cuando no lo interrumpían. Pedirle que trabajara en horas regulares y que se fuera a la cama a las diez u once como una persona normal no iba a funcionar si otros miembros del equipo lo contactaban por correo o por Slack toda la tarde.

EJERCICIO: LA CURA UNIVERSAL

Justin McLeod, el director ejecutivo de la aplicación de citas Hinge, tiene una práctica rigurosa de yoga diaria que ve como algo fundamental para poder enfrentar las dificultades constantes de ser el fundador de un emprendimiento. Cuando Justin suena un poco extraño en una llamada de *coaching*, la primera pregunta de Edward es: «¿cómo va la práctica de yoga?». Y, nueve de cada diez veces, Justin no ha logrado hacerla en los últimos días. Es como un reloj.

Aunque no somos entrenadores físicos, estar al tanto de las rutinas de ejercicio de nuestros clientes es una parte crucial de nuestra práctica porque es muy importante para el bienestar emocional y mental. ¿Qué tan importante? En un estudio de Duke, los individuos que trataban sus síntomas de depresión con medicamentos tenían cinco veces más probabilidades de caer de vuelta en la depresión después del tratamiento que aquellos que trataban su depresión con treinta minutos de ejercicio, tres días a la semana.

Como todo el mundo en la comunidad médica y de la salud mental está de acuerdo con que el ejercicio regular es un componente clave para un cuerpo y una mente sanos, ¿por qué es tan difícil desarrollar el hábito de ejercitarse regularmente?

Ahondamos en esta pregunta con Teresa, la fundadora de una marca de bienestar bien financiada de la categoría de venta directa al consumidor. Teresa acababa de lograr una segunda ronda de financiación, así que cualquiera pensaría que estaría extática, pero a Edward algo le pareció raro. Su positividad y efervescencia habían sido reemplazadas por pesimismo y pesadez. Edward revisó su inventario normal de necesidades con ella y parecía que estaba comiendo y durmiendo bien. No tenía rupturas recientes ni tampoco problemas familiares (nos adentramos bastante en las vidas personales de los clientes si eso es lo que necesitan para ser mejores líderes). Y aunque el estrés del trabajo era alto, no era peor de lo que había sido durante los primeros dos años construyendo la compañía.

¿Qué había cambiado?

Edward sabía que Teresa había sido atleta en la universidad y que tenía una rutina de ejercicio regular. La mayoría de las mañanas salía a trotar con un club de corredores. Incluso a veces aparecía en las sesiones de *coaching* con tenis y ropa deportiva. Pero, recientemente, Edward notó que parecía estar vistiéndose como los directores ejecutivos tradicionales de empresas de tecnología: pantalones negros, blusa de seda y zapatos de cuero.

Cuando Edward le preguntó cómo iba con el club de corredores, ella se rio a carcajadas. «¡Ja! ¿Cree que todavía tengo tiempo para eso? Ahora tengo un equipo de más de cincuenta personas. Estoy dando dos entrevistas a la semana y tengo reuniones todos los días a las ocho de la mañana. Apenas tengo tiempo para comer, mucho menos para correr. Ya no puedo ser la atleta de la universidad, Edward. Ahora tengo que ser una directora ejecutiva».

¿Acaso no era posible para Teresa ser la directora ejecutiva que quería ser y también mantener el hábito de correr que la hacía sentir centrada?

MEDITACIÓN: LA COSA MÍSTICA QUE FUNCIONA

Escondido en algún lugar del camino salpicado de secuoyas que separa Silicon Valley del océano Pacífico, Stillpath es un centro de retiros inspirado en la filosofía zen que, cada invierno, es en donde se lleva a cabo un fin de semana de meditación, al que solo se accede por invitación, para algunos de los pensadores y líderes más prominentes de Silicon Valley. Estos altos ejecutivos de Facebook, Twitter, Google, Apple y otra docena de empresas más se juntan para sentarse en silencio durante todo un fin de semana por una razón: eso los hace mejores líderes.

La eficacia de la meditación ha sido bastante estudiada y documentada a lo largo de los últimos treinta años. En 1990, Jon Kabat-Zinn realizó uno de los primeros estudios para demostrar que la meditación tenía un impacto clínico significativo sobre la ansiedad y la depresión. También resulta que él es quien lidera los retiros en Stillpath.

Desde entonces, cientos de estudios han replicado y expandido los hallazgos de Kabat-Zinn. Los científicos han demostrado que la meditación disminuye el estrés, aumenta la concentración, reduce el riesgo de una miríada de enfermedades crónicas y, en general, hace que las personas sean más felices.

Un estudio reciente financiado por el Ejército de los Estados Unidos demostró que los ejercicios de *mindfulness* y meditación ayudaban a los soldados a prepararse mejor para las situaciones de combate de alto estrés y mejoraban su resiliencia cognitiva y su rendimiento en general.

De hecho, la meditación es tan efectiva que ahora muchos líderes incluyen una práctica de meditación diaria en la lista de necesidades que tienen para ser lo más efectivos posible. Los directores ejecutivos Marc Benioff de Salesforce, Jack Dorsey de Twitter, Dave Heath de Bombas y Justin McLeod de Hinge, así como el director operativo Mark Williamson de MasterClass, tienen hábitos diarios de meditación.

¿Por qué? Porque liderar es difícil. No evolucionamos para estos volúmenes de estrés, información y toma de decisiones. Para nuestros sistemas nerviosos, el estrés de liderar una compañía de alto ritmo es similar al de encontrarnos en un estado permanente de guerra.

Un estudio del 2015, hecho por investigadores de Stanford, UC Berkley y UC San Francisco, descubrió que los emprendedores que participaron en el estudio tenían muchísimas más probabilidades que los no emprendedores de reportar un historial vitalicio de depresión (30% de los emprendedores del estudio vs. 15% de no emprendedores), TDAH (29% vs. 5%), uso de sustancias (12% vs. 4%) y diagnóstico bipolar (11% vs. 1%). Para presentar estas estadísticas de otra manera, cuando se comparan con la población general, los emprendedores tienen el doble de probabilidades de sufrir de depresión, seis veces más probabilidades de tener TDAH, tres veces más probabilidades de luchar contra una adicción y once veces más probabilidades de recibir un diagnóstico bipolar que los no emprendedores.

Un cliente llamado Daniel estaba teniendo muchos problemas con la irritabilidad y los cambios de humor. Aunque casi siempre les hacía sugerencias correctas a sus empleados sobre cómo mejorar sus flujos de trabajo, no expresaba sus pensamientos de la manera más positiva. Durante su estudio 360, se vio confrontado con la realidad de que a la gente, casi como regla general, no le gustaba trabajar con él en su negocio. De hecho, muchos empleados júnior le temían.

Explorando el tema, Edward le planteó varias maneras de mejorar sus cambios de humor cáusticos, pero una que lo sorprendió fue la sugerencia de que meditara. No obstante, Daniel no era el hombre más sensible y la primera vez que Edward le mencionó la meditación, bufó. Los hombres no meditaban, hasta donde él sabía.

¿POR QUÉ NO SATISFACEMOS NUESTRAS NECESIDADES BÁSICAS?

Cambiar nuestros hábitos con respecto a nuestras necesidades básicas es duro. Los carbohidratos y el alcohol son adictivos físicamente. Los niños que lloran y el estrés nos impiden dormir lo suficiente. El ejercicio, de una manera literal, duele y requiere de mucho tiempo. Y la meditación puede parecer aburrida o muy *hippie*. Lo sabemos.

Sin embargo, también sabemos que cambiar nuestros hábitos con respecto a estas necesidades básicas es por nuestro bien. Los líderes que se alimentan bien, que descansan lo suficiente, que se mantienen en forma y que están en el aquí y el ahora se encuentran mejor equipados para desempeñar la labor emocional del liderazgo (esto es, liderar desde el corazón) que aquellos que no están satisfaciendo sus necesidades. No hay discusión.

Entonces, ¿por qué desarrollar hábitos nuevos con respecto a las necesidades básicas es tan difícil?

Nuestra propia experiencia y una cantidad de investigaciones científicas demuestran que la inhabilidad para cambiar nuestros hábitos, incluso cuando la salud o el trabajo dependen de ello, tiene más que ver con nuestros sistemas de creencias que con la fuerza de voluntad. Robert Kegan, psicólogo del desarrollo, cuyo innovador trabajo sobre la formación de los hábitos quedó consignado en el libro *Immunity to Change*[1], describió los sistemas de creencias de base que evitan que hagamos cosas que sabemos que son buenas para nosotros como «compromisos en competencia».

Recordando a los clientes de los que acaba de aprender, veamos cuáles son los compromisos en competencia que pueden tener:

- Brian estaba comprometido con ser «uno más de los hombres» y pensaba que era muy afeminado ser el único de la mesa que pedía una ensalada o una pizza sin gluten.

- Amanda estaba comprometida con tener una llamada cada noche con su madre y estaba convencida de que compartir con ella una copa de vino (o tres) era «clave para establecer una conexión».

1 No está en español, pero el título sería *Inmunidad al cambio*.

- Doug estaba comprometido con no ser el único empleado que pidiera un «tiempo libre de Slack», que significa básicamente apagar Slack durante ciertos períodos para concentrarse durante el día de trabajo.

- Teresa estaba comprometida con ser la «directora ejecutiva seria» que no tenía tiempo para algo que le daba alegría y la hacía sentir parte de una comunidad.

- Daniel estaba comprometido con ser «todo un hombre», no un meditador *hippie*.

Cada uno de estos clientes estaba comprometido con la historia de que mantener una imagen de ellos era más importante que satisfacer sus necesidades básicas. Pero estas historias les estaban haciendo daño, se estaban interponiendo en su camino para sentirse óptimos y su rendimiento como líderes estaba sufriendo.

Tener conversaciones sobre los compromisos en competencia puede ser un trabajo delicado. Detrás de cada compromiso, a menudo hay una suposición sobre la persona que está dedicada a ello:

- Brian: asumo que no me verán como alguien tan masculino si tengo ciertas necesidades alimenticias.

- Amanda: asumo que mi mamá y yo perderemos la conexión si no nos desahogamos juntas con una copa de vino.

- Doug: asumo que la gente pensará que soy débil si tengo que pedirles que no me distraigan.

- Teresa: asumo que solo puedo hacer que la gente me respete si constantemente estoy disponible y bien presentada.

- Daniel: asumo que mis amigos que ven fútbol me dirán que soy un *hippie* de California si medito.

Esas grandes suposiciones, también llamadas creencias autolimitantes, casi siempre están en el núcleo de nuestra toma de decisiones, en especial cuando nos encontramos a nosotros mismos haciendo cosas que no son por nuestro bien en vez de satisfacer de una forma activa nuestras necesidades.

RETANDO LA GRAN SUPOSICIÓN

Viendo las suposiciones que nuestros clientes tenían sobre ellos mismos, ¿qué nota? Cada una de esas suposiciones tiene que ver con mantener su estatus ante los ojos de otras personas. Como lo veremos en la siguiente sección, todos tenemos una necesidad psicológica poderosa por ser aceptados y pertenecer, así que no debe sorprendernos que esas necesidades puedan entrar en conflicto con satisfacer nuestras necesidades básicas.

El problema es que nuestras suposiciones de que tenemos que hacer X para ser aceptados o amados por Y son, por lo general, reliquias de historias viejas que nos hemos estado contando a nosotros mismos durante décadas. Quizás Brian, el alérgico al gluten, escuchó a su padre muy masculino criticar a su tía después de Acción de Gracias por ser una «vegetariana fastidiosa». Quizás Amanda creció en un viñedo y el vino ha sido una parte de su familia durante generaciones. O quizás vio que su madre conectaba con su propia madre con una copa de vino en las reuniones familiares.

Sea cual sea la historia de fondo, nuestras creencias autolimitantes casi siempre tienen su raíz en una historia vieja que nos aprendimos en la infancia sobre lo que necesitábamos para que nos aceptaran. Nuestra tarea como *coaches*, y su tarea como líder, es ayudar a las personas a cambiar esas suposiciones, a menudo animándolas a tener conversaciones directas con quienes aman, apoyan o con camaradas que tienen miedo de perder.

- Brian podría decir: «eh, chicos, resulta que soy alérgico al gluten y no quiero críticas cuando no coma pan si salimos».

- Amanda podría intentar esto: «mamá, me estoy dando cuenta de que beber vino por teléfono todas las noches no me está dejando dormir muy bien, pero aún amo hablar contigo, entonces solo tomaré algo de té».

- Doug le podría decir a su equipo: «hago mejor el trabajo sin distracciones, entonces voy a desconectarme de Slack desde las 2 hasta las 6 p. m. cada día».

- Teresa podría compartir: «el bienestar es uno de nuestros valores centrales aquí y animo a todos en este equipo a ejercitarse en un horario que les funcione».

- Daniel podría recordarse: «Arnold Schwarzenegger y Clint Eastwood meditan ¡y no son ningunos *hippies*!».

Aquí es cuando aludimos a usted. ¿Qué necesidad básica se le está dificultando satisfacer? ¿Cuál es el compromiso en competencia que evita que lo haga? Y, yendo un poco más profundo, ¿cuál es la Gran Suposición detrás de ese compromiso en competencia? ¿A quién tiene miedo de decepcionar o de quién teme perder el respeto o su conexión?

Al principio, estas preguntas pueden ser difíciles de responder, pero son cruciales para descubrir la verdad detrás de su comportamiento. Casi siempre hay una buena intención de ser amado detrás de nuestras acciones negativas o inhabilidad para cambiar. Nuestra tarea es desenterrar esas buenas intenciones, nombrarlas y retar las suposiciones que traen por detrás.

Con respecto a su equipo, estas son las mismas preguntas que puede hacerles para invitarlos a tener una conversación. El truco es ver más allá de lo que puede parecer un comportamiento irresponsable y satisfacer la necesidad básica que no está satisfecha. Que Amanda esté aletargada y desconcentrada en una reunión se trata menos de que necesite café, enfoque y disciplina, y más de que no está durmiendo lo suficiente debido a un compromiso en competencia bienintencionado y a una creencia autolimitante.

Cuando empezamos a ver más allá del comportamiento de la gente e intentamos analizar con más profundidad los compromisos en competencia y las suposiciones que tienen sobre ellos mismos, estamos dando el primer paso para liderar desde el corazón.

Analicemos más el sistema de necesidades y exploremos también el lado emocional de las necesidades.

Necesidades emocionales

Si satisfacer nuestras necesidades físicas nos hace sentir nutridos, descansados, sanos y centrados, satisfacer nuestras necesidades emocionales nos ayuda a sentir seguros, implicados y resilientes. Y tal como cada uno tiene una receta única para satisfacer sus necesidades físicas, cada uno satisface sus necesidades emocionales de diferentes maneras también.

Algunas personas aman la reclusión y la soledad, mientras que otras necesitan interacción humana constante. Algunas necesitan mucho reconocimiento y halagos, mientras que otras se ven motivadas más intrínsecamente. Algunas no pueden soportar que les digan qué hacer, mientras que otras anhelan que las guíen y les indiquen cómo actuar. Algunas necesitan mucho tiempo de ocio y vacaciones para sentirse completas, mientras que otras adoran mantenerse ocupadas y no entienden qué le ve la gente a la playa.

También hay algunas necesidades psicológicas que todos tenemos en común, en especial la necesidad de sentirnos a salvo e incluidos. Tener seguridad psicológica es saber que uno no será castigado o humillado por proponer ideas, expresar preocupaciones o cometer errores. Sin seguridad psicológica, no existen la curiosidad, la creatividad o… el actuar desde el corazón.

Nuestra tarea en esta sección es ayudarlo a entender la perspectiva de sus propias necesidades emocionales, así como de las de su equipo, de manera que pueda empezar a tener conversaciones abiertas y productivas sobre sus necesidades. El único inconveniente es que las facetas emocionales no pueden medirse como las físicas. Podemos hacer porciones correctas de nuestra comida, beber justo la cantidad adecuada de agua y usar joyería con programas digitales para asegurarnos de estar durmiendo lo necesario. Pero los aspectos emocionales son diferentes. ¿Cómo medimos qué tanto sentido de pertenencia le podemos ofrecer a alguien? ¿Cómo sabemos cuántos halagos son suficientes? ¿En dónde podemos encontrar un metro para medir cuán psicológicamente a salvo se siente un colega?

Estas cosas son imposibles de medir. En su lugar, tenemos que apoyarnos en nuestro sentido de qué es lo correcto. Debemos sentir mucha curiosidad y ser honestos sobre lo que se siente bien y lo que no, lo que nos hace sentir seguros y lo que no. Después, debemos ser capaces de comunicarles a los demás lo que necesitamos y de ayudar a nuestros equipos a sentirse lo suficientemente a salvo con nosotros para que nos digan también qué necesitan.

Esperamos que las historias que encontrará a continuación le hablen de alguna manera. Que se vea con exactitud a usted mismo o a un miembro de su equipo en estas historias es menos importante que si puede identificar las dinámicas que están en juego y las revelaciones sutiles que nuestros sujetos tuvieron sobre lo que requerían para ser lo más creativos y productivos posible.

LA NECESIDAD DE SENTIRSE VALORADO Y RESPETADO

Era un día soleado y curiosamente cálido de otoño en Nueva York cuando Victoria se dio cuenta de que estaba harta. Después de tres años intentando hacer que las cosas funcionaran como líder de ventas empresariales de una de las firmas más importantes de tecnología, Victoria estaba lista para renunciar.

Todos los negocios en los que estaba trabajando se encontraban en pausa. Sus colegas parecían excluirla de las reuniones y las actualizaciones de información. Y su jefe acababa de registrar su evaluación de rendimiento con un «no cumple con las expectativas» que podía acabar con su carrera.

Sentía que estaba fracasando y la vergüenza era abrumadora. Al crecer como la hija de dos inmigrantes chinos a las afueras de Chicago, existían ciertas expectativas que su familia tenía de ella, las cuales, por supuesto, incluían convertirse en doctora, casarse y tener hijos para cuando cumpliera treinta años. Y a medida que Victoria se acercaba a su cumpleaños número treinta y dos, soltera, sin hijos y al borde del despido, sentía que se estaba ahogando en una marea de vergüenza.

«Siento que no he cumplido con ninguna de las metas que me propuse y eso me está matando», exclamó en una de sus llamadas de *coaching* con Edward.

Ahora, si conociera a Victoria en alguna cena, pensaría algo muy diferente. Desde afuera, Victoria es la definición andante del éxito y de la buena fortuna. Se educó en una universidad de la Ivy League. Trabaja en una de las cinco compañías tecnológicas más importantes. Es dueña de un apartamento fabuloso en Manhattan. Está aprendiendo a navegar en las vacaciones que pasa en Croacia. Pero en ese momento, en ese rol, todo lo que ella veía eran una serie de fracasos y de expectativas falladas: las suyas, las de su jefe y las de sus padres.

Cuando Edward y Victoria empezaron a trabajar juntos, él notó un patrón. En todos los niveles de la organización de Victoria, los líderes se estaban yendo. Su colega más cercana se acababa de trasladar a otra división de la compañía. Una nueva directora sénior, quien había sido reclutada de Google y a quien habían contratado para ser un puente entre Victoria y su jefe, renunció tan solo después de seis semanas. Incluso los analistas que habían contratado del Boston Consulting Group se estaban yendo.

La única cosa que esta gente y Victoria tenían en común era el mismo jefe.

Tim había sido consultor y estaba a mediados de sus cuarenta. Lo habían llamado para liderar la unidad de negocios unos años antes de que Victoria llegara. Tim tenía una gran relación con su jefe y con el jefe de su jefe. Eso se debía a que siempre cumplía con los números y se mantenía en comunicación constante con sus superiores. Tim se las arreglaba muy bien. Anticipaba lo que sus superiores necesitaban y se los conseguía antes de que tuvieran que pedírselo.

Sin embargo, con quienes dependían de él, en lugar de anticipar sus necesidades, las ignoraba activamente. Tim hacía lo que llamamos «gestionar la tarea» en lugar de gestionar a las personas. Su enfoque exclusivo en cumplir con los números a cualquier costo, por desgracia, sacrificó el bienestar emocional de su equipo.

Lo que Tim y los gerentes como Tim no saben es que los estilos gerenciales como esos pueden funcionar en firmas de consultoría, en donde la mayoría de los asociados solo planean quedarse por dos años para incluir la experiencia en sus hojas de vida, pero puede crear problemas de retención en empresas de tecnología con desarrollos de producto y ciclos de venta largos, donde el conocimiento institucional está en demanda y contratar es costoso.

Para Edward, era obvio que Victoria no estaba satisfaciendo su necesidad emocional de sentirse valorada, pues sentía que ella misma era el problema. Cuando alguien está trabajando en un ambiente poco colaborativo o emocionalmente abusivo, es fácil confundir eso con otra cosa. Toda la culpa y la manipulación pueden hacer que los empleados crean que *ellos* son el problema, no al contrario. Desde fuera, estaba claro que Victoria se encontraba trabajando en un ambiente que, en su mejor momento, era poco colaborativo y, en su peor momento, era muy tóxico. Pero, desde dentro, a ella le costaba verlo.

Algunas veces, en una relación de *coaching*, las preguntas «¿qué parte de esto es su responsabilidad?» o «¿qué parte de esto puede controlar?» llevan a una conclusión clara: en este caso, la única parte que estaba bajo el control de Victoria era su decisión de continuar yendo a su trabajo y esperar que las cosas fueran diferentes.

Al principio, Victoria tuvo dificultades viendo que ella era víctima de una negligencia crónica y de abuso emocional. Era incluso más difícil que viera que ese comportamiento por parte de los hombres era algo que ella había experimentado por primera vez en su hogar de la infancia. Su padre había sido frío y muy demandante durante la mayor parte de su crianza. La habían condicionado desde una edad temprana a aceptar eso como algo normal. De una manera subconsciente, era algo que se le hacía familiar. Pero era momento de que viera que *no* era algo normal.

A veces no nos damos cuenta de lo mal que estamos satisfaciendo nuestra necesidad de sentirnos valorados y respetados hasta que tenemos una experiencia que satisface esa necesidad de una manera profunda y atrayente. A través de sus conversaciones de *coaching* con Edward, Victoria empezó a ver que los hombres *pueden* ser positivos y cuidadosos. Con el tiempo, a medida que sus conversaciones continuaron, ella comenzó a reescribir la historia que se contó a sí misma sobre lo que se merecía. Empezó a verse como alguien digna de que la trataran de una manera positiva. Y, al final, comenzó a buscar eso.

Poco después de darse cuenta de que quería trabajar en un equipo que la hiciera sentir valorada, afirmada y segura, tres cosas que jamás había sentido en ningún punto de su carrera, decidió dejar su trabajo y buscar una nueva posición. Después de que alertó a sus conexiones de que estaba buscando algo nuevo, empezaron a llegarle invitaciones. Algunas empresas líderes en tecnología la contactaron por LinkedIn para discutir posibles colaboraciones. Varios inversionistas de capital de riesgo y otras personas influyentes la quisieron reclutar. Y pronto encontró una oportunidad de trabajo en una nueva compañía.

A medida que pudo conocer a su equipo, se dio cuenta de que algo era diferente. Todo el mundo usaba un lenguaje que comunicaba una sensación de respeto y colaboración. La gente no se robaba el crédito mutuamente. Se reían y celebraban los pequeños éxitos. A pesar de lo talentosos y exitosos que eran todos, también sentían curiosidad y quedaron impresionados por la experiencia y la experticia de Victoria. Había encontrado una compañía en la que los líderes se esforzaban por hacer que cada individuo fuera exitoso y no intentaban solo que cumplieran con sus tareas.

Safi Bahcall, autor superventas de *Loonshots*[2], habla de la importancia de que los líderes piensen más en hacer que sus equipos triunfen y menos en que se hagan las tareas. En una llamada con nosotros, dijo: «a menudo, los líderes piensan en qué necesitan para lograr que sus equipos hagan cosas. Pero eso no es escalable. Es imposible monitorear cada tarea. ¿Qué pasa si, en vez de eso, pensaran en los miembros de su equipo como en flores delicadas? Suponga que su trabajo no es realizar esta tarea antes de esta fecha, sino solo lograr que esta persona se convierta en la flor más hermosa posible. Eso es escalable».

Hoy en día, habiendo sido trasplantada a una tierra más nutritiva, Victoria es una hermosa flor en su mejor momento. Por supuesto, aún tiene momentos de duda, como todos nosotros, pero atrás quedaron los días de hablarse crónicamente de una manera negativa y de sentir vergüenza.

La moraleja de esta historia puede parecer bastante directa: sálgase de las relaciones tóxicas, ya sean amistades, trabajos o romances. Pero muchos de nosotros nos quedamos en situaciones que no nos aportan nada durante demasiado tiempo.

Cuando todo lo que queremos es florecer y cuando quienes nos rodean nos están culpando por no hacerlo, es fácil pensar que nosotros somos el problema. Casi siempre es necesario que alguna persona externa, como un amigo, un *coach* o un terapeuta, nos muestre un letrero enorme y de neón que diga: ¡ESTA SITUACIÓN NO ES NORMAL! ¡NO ESTÁ SATISFACIENDO SUS NECESIDADES!

Como se lo puede estar preguntando, veamos también la historia de Tim. Podría ser satisfactorio decir que lo responsabilizaron por sus acciones, pero, a pesar del éxodo masivo de talento de su organización y de las quejas a Recursos Humanos sobre su comportamiento, los líderes no hicieron nada ni lo reprendieron. Esa falta de acción de cara a un comportamiento flagrantemente abusivo es lo que crea culturas tóxicas y está apareciendo cada vez más en los equipos ejecutivos y sus juntas directivas por todo Silicon Valley y más allá.

Solo se necesita de una Victoria que documente el abuso y que tenga el coraje para hablarle a la prensa para que una marca experimente un golpe masivo en su reputación. Incluso si las cosas no llegan tan lejos,

2 El libro no está en español, pero el título podría traducirse como *Lunáticos*.

la compañía se ganará la reputación de tener una cultura tóxica y perderá su habilidad de atraer a los más grandes talentos del mercado ultracompetitivo de hoy en día.

Como líderes, debemos preguntarnos a nosotros mismos: ¿qué clase de cultura estamos intentando construir? ¿Queremos tener un equipo de solucionadores de problemas creativos que aparecen todos los días en el trabajo con mucha energía y emocionados por ayudarnos a construir algo especial o queremos una organización llena de gente que esté comprometida con hacer lo mínimo posible solo para cumplir con sus tareas?

Bahcall lo resume de esta forma: «la base es que los líderes deben adoptar diferentes roles dependiendo de qué motivará y emocionará a distintas personas. Usted tiene una manera diferente de comunicarse que se basa en cómo responderán distintos grupos de gente. Si escucha la 'música detrás de las palabras' de su gente, se dará cuenta de que le están diciendo qué necesitan para ser exitosos».

Algunas preguntas que pueden inspirar conversaciones sobre estos temas son:

- ¿Qué relaciones o entornos no están satisfaciendo sus necesidades de afirmación y seguridad?

- ¿Ha estado aceptando comportamientos abusivos o de negligencia mientras piensa que es usted el del problema?

- ¿Cómo puede experimentar y encontrar diferentes equipos o personas con los que pasar tiempo?

- ¿Quién o qué lo hace sentir como que está floreciendo?

SEGURIDAD PSICOLÓGICA Y EL MITO DE LA PRESENCIA EJECUTIVA

Un reporte reciente de McKinsey descubrió que «cuando los empleados se sienten cómodos pidiendo ayuda, compartiendo sugerencias informalmente o retando el *statu quo* sin temer consecuencias negativas, es más probable que las organizaciones innoven rápido, desbloqueando los beneficios de la diversidad y adaptándose al cambio».

Sí, a pesar de lo fundamental que suena eso, solo el 26% de los líderes crean seguridad psicológica para sus equipos. O, por el contrario, el 74% de los líderes NO crean seguridad psicológica.

Amy Edmondson, profesora de Harvard, define la seguridad psicológica como un clima en el que las personas están cómodas expresándose y siendo ellas mismas. De acuerdo con Edmondson, crear seguridad psicológica requiere que, primero, los líderes reconozcan de una forma pública la falta de respuestas a los problemas difíciles a los que se enfrenta el grupo. Cuando los líderes resaltan que no existen respuestas fáciles y que no tienen las respuestas, envían un mensaje claro a toda la organización: está bien tener fallos.

Durante demasiado tiempo, nos han dicho que una de las claves de la excelencia en el liderazgo es tener «presencia ejecutiva», que se define a grandes rasgos como el carisma y la seriedad para comandar respeto e inspirar confianza. Aunque eso está bien, hemos observado en nuestras investigaciones, y a lo largo de nuestras carreras de *coaching*, que los líderes que intentan tener más presencia ejecutiva a menudo obtienen los peores resultados y el menor interés por parte de sus equipos. En contraste, los líderes que se sienten más cómodos siendo ellos mismos tienen mejores resultados y crean una lealtad e interés más profundos por parte de su gente.

Tomemos a Sue, por ejemplo. Sue es la nueva directora ejecutiva de una compañía pública en el ámbito de la ciberseguridad. La contrató la junta porque tiene la reputación de ser una persona decidida que obtiene resultados. Como se lo podrá imaginar, Sue tiene una presencia ejecutiva enorme. Es carismática, elegante y habla extremadamente bien.

Aunque nada de eso es un problema, una cosa sí lo es: el nuevo equipo de Sue piensa que es imposible acercarse a ella. Sue es tan perfecta que su equipo de ingenieros y comerciales en sudaderas tiene dificultades para conectar con ella. Jamás admite que cometa errores y ahora su equipo siente que tampoco puede hacerlo.

La filosofía gerencial de Sue es: «tráiganme soluciones, no problemas». Aunque es noble animar al equipo a que esté enfocado en las soluciones, lo malo de esta filosofía es que nadie se siente capaz de pedir ayuda cuando se enfrenta a un problema intratable. Vale la pena repetir: los líderes que hacen que su gente se sienta insegura diciendo que huele humo siempre estarán apagando incendios.

Y lo que hace Sue es apagar incendios. Ha construido una cultura de equipo ejecutiva en la que las personas no se sienten psicológicamente seguras, de modo que no llevan la contraria, no admiten errores y no cuestionan las normas. Como resultado, ella no se entera de los problemas pronto y no puede lidiar con ellos rápido. En vez de eso, solo se entera cuando se han convertido en emergencias reales. Razón por la cual su equipo siempre se ve acechado por interrupciones, fechas de entrega incumplidas y clientes infelices.

En sus sesiones de *coaching*, Sue se quejó con Edward de que «no estaba trabajando con gente excelente» y que no podía «inspirarles ese sentido de la excelencia». Cuando John la retó y le planteó que su estilo de liderazgo y perfeccionismo podían estar haciendo que la gente se sintiera insegura y no dispuesta a darle malas noticias, al principio se puso bastante a la defensiva. «John», le dijo, «yo no debería tener que ser la niñera de unos adultos y tampoco debería hacerles sentir que los fracasos son aceptables».

Con esa afirmación, John supo que Sue tenía un malentendido común sobre lo que es la seguridad psicológica.

Como Edmondson lo plantea, «la seguridad psicológica no se trata de ser amable o de bajar los estándares de rendimiento. Es todo lo contrario: se trata de reconocer que el alto rendimiento *requiere* de ser abiertos, tener flexibilidad y de la interdependencia que solo se puede desarrollar en un entorno seguro, en especial cuando la situación es cambiante o compleja».

Lejos de ser abierta, flexible e interdependiente, Sue estaba siendo cerrada, rígida y antagonista. Y aunque el estilo de gerencia le podría haber funcionado en Wall Street, la estaba llevando por un camino peligroso en Silicon Valley.

Sue era como muchos de nuestros clientes. Nos buscan con la pregunta de cómo pueden hacer que sus equipos suban de nivel. Se quejan de que sus empleados están entregando productos de segunda categoría, de que siempre los decepcionan. Sin embargo, esto casi siempre es una señal de que es el líder el que no se está responsabilizando por su rol de crear un ambiente de trabajo poco seguro.

Estaba claro para John que Sue no se estaba responsabilizando. Tenía mentalidades ciegas de escepticismo y negación. Era incapaz de ver cuál era su rol en todo eso. Estaba comprometida con la historia de que era una ejecutiva efectiva, pero rodeada de gente que tenía un rendimiento bajo.

A menudo, el primer paso para cambiar esta narrativa es obtener retroalimentación cruda y honesta por parte del equipo. Cuando John hizo una encuesta 360 de retroalimentación para Sue, le dio a muchas personas de su equipo la oportunidad de, por primera vez, sacarse algunas cosas que tenían entre el pecho y la espalda. Francamente, no todo fue constructivo. Algunas personas tenían unos resentimientos bastante antiguos que solo esperaban para salir a la superficie. Pero, dejando de lado eso, ahora John tenía unos datos sólidos que podía revisar con Sue.

Cuando se sentaron para analizar los datos, John se aseguró de que Sue recibiera la bomba de verdad que necesitaba. Ver palabras como *matona* haciendo referencia a ella no fue fácil, pero era importante. Gracias al *coaching* y a la retroalimentación 360, Sue fue capaz de ver, por primera vez, cómo su estilo de liderazgo estaba impactando emocionalmente a su equipo. Su propia necesidad de verse perfecta estaba creando un miedo perverso a la imperfección en su equipo. Y, como lo veremos en el siguiente capítulo, el miedo puede hacer que las personas se cierren y tomen malas decisiones.

El camino de Sue para responsabilizarse, aprender cómo liderar desde el corazón y tener conversaciones que crearan seguridad psicológica para su equipo fue uno duro. Empezó con quitarse los velos y ver por primera vez su rol en haber creado un ambiente de trabajo inseguro. Todo lo que le habían enseñado sobre gerencia durante más de quince años, que eran los que llevaba trabajando en finanzas, quedó retado por la idea de que era su trabajo crear conexiones emocionales con su equipo y no solo entregar productos perfectos a tiempo y todo el tiempo.

Cuando reflexione sobre la situación y el camino de Sue, responda usted mismo estas preguntas:

- ¿De qué maneras podría estar creando un ambiente de trabajo inseguro para sus equipos?

- ¿Con cuánta frecuencia escucha sobre los problemas demasiado tarde? ¿Podría ser esa una señal de que la gente no se siente segura contándole al respecto antes?

- ¿Cómo podría obtener una retroalimentación honesta y anónima de su equipo que le ofrezca una perspectiva directa sobre cómo los impacta a ellos su estilo de liderazgo?

- ¿Qué viejas historias sobre la presencia ejecutiva le están impidiendo bajar la guardia, estar más conectado y ser un líder auténtico?

TODO EMPIEZA CON LA CONFIANZA

Nick encontró su camino hacia el mundo de los emprendimientos a través de los fondos de cobertura. Después de diez años en el mundo de las altas finanzas (que iba de los festines hasta la hambruna y también estaba lleno de testosterona), decidió que quería algo «un poco menos estresante». No entendemos por qué pensó que dirigir un emprendimiento sería menos estresante, pero, dejando de lado eso, aquí lo tenemos: un hombre de cuarenta y ocho años, padre de dos, sentado en su escritorio en el sexto piso de un edificio de oficinas de San Francisco, intentando revolucionar la industria de los viajes.

«Me siento atrapado, Edward», se lamenta, mirando por la ventana a alguien que está en el edificio de enfrente, quien a su vez está mirando a alguien que se encuentra unos pisos más arriba que Nick. La sensación extraña de que se hallan en un acuario humano no les pasa desapercibida. «Les pido a las personas que hagan cosas simples y parece que siempre las hacen a medias, mal o ni siquiera las hacen. ¿Por qué soy el único que parece tomarse en serio lo que estamos haciendo?».

El predicamento de Nick es mucho más común de lo que uno pensaría. Quizás usted mismo ha estado en sus zapatos. En los ambientes acelerados de los emprendimientos, el líder parece ver lo que necesita hacerse y a qué nivel de calidad debe hacerse con una claridad absoluta. Es quien tiene la visión. Su equipo está haciendo lo que jamás se había hecho antes, entonces no hay ninguna definición estándar de qué está bien hecho. Y Nick, como muchos otros directores ejecutivos, tiene dificultades explicando qué es lo que quiere. Solo lo sabe cuando lo ve… y casi nunca lo ve.

En nuestro trabajo con líderes, vemos este problema una y otra vez. El director ejecutivo sabe por instinto «cómo se ve algo bien hecho», pero no sabe cómo definirlo, entonces se pasa la mayoría del tiempo señalando lo que *no* está bien. Este ciclo de ambigüedad y decepción casi nunca desemboca en buenos resultados porque todo lo que hace es erosionar uno de los ingredientes más importantes del éxito de una compañía: la confianza.

Sin saberlo y solo con las mejores intenciones, Nick ha creado una cultura que está destinada a seguir decepcionándolo, a hacer miserable a su equipo y a entregar malos resultados para la compañía en general. Aunque lo intenta, no puede entender que no le está dando a su equipo lo que más necesita de él en ese momento: confianza.

El investigador y autor Paul J. Zak ha hecho varios estudios sobre la importancia de la confianza y cómo construirla en las compañías. Se dio cuenta de que, comparadas con los empleados de compañías con puntajes bajos de confianza, las personas en compañías con alto puntaje de confianza indicaban que experimentaban 74% menos estrés, 106% más energía en el trabajo, 50% más productividad, 13% menos de bajas por enfermedad, 76% más de interacción, 29% más de satisfacción general con la vida y 40% menos de síndrome de desgaste laboral.

De vuelta en la oficina de Nick, él y Edward estaban discutiendo su estilo de liderazgo a detalle. «¿Cada cuánto felicita a sus empleados por un trabajo bien hecho?», le pregunta Edward.

«¿Felicitar? Nunca hacen las cosas bien ni a tiempo».

«Okey, ¿y cuánto los reta con metas específicas y alcanzables?».

«Estamos tratando de cambiar toda la industria de los viajes aquí. Todo lo que hacemos parece inalcanzable. Entonces les pongo metas muy ambiciosas y les pido que las cumplan en la mitad del tiempo real en el que las necesito, pues asumo que se retrasarán».

«Entiendo. ¿Y cuánta libertad le da y qué tanto le permite a su equipo descifrar la mejor manera de llegar a esas metas?».

«Edward, si no los estoy empujando y acompañándolos durante todo el camino, nunca hacen las cosas bien. Estoy intentando explicárselo...».

Cuando lo escribimos de esta manera, puede parecer absolutamente obvio que Nick está fallando como líder, pero desde la perspectiva de Nick, él está haciendo todo lo que puede para encaminar a su equipo en la dirección correcta. Lo que Nick no sabe es que dar retroalimentación solo cuando uno está decepcionado, ser vago con respecto a las metas y controlar cómo las personas hacen sus trabajos crea una espiral negativa que solo baja el nivel de la confianza y del rendimiento. De acuerdo con el autor y científico Robert Cialdini, es más probable que las personas les digan que sí a quienes les caen bien, y un ser un jefe controlador no le va a ganar simpatías.

Este escenario es bastante común. Nick ve a un equipo que no está rindiendo. El equipo ve a un líder que no confía en ellos y que está siendo casi emocionalmente abusivo. Recordando la historia de Victoria, vemos un relato similar en el de Nick, pero desde la perspectiva de un jefe despectivo.

Nick no lo sabe, pero está violando la primera de tres reglas para construir confianza, según lo reveló Zak en su investigación:

1. **Premiar la excelencia.** Todo lo que sabemos de la teoría de la motivación nos enseña que debemos premiar los comportamientos de los que queremos más y castigar aquellos que no queremos. Esto sigue siendo verdad, ya sea que estemos criando niños, entrenando perros o motivando a empleados. La investigación indica que, por cada retroalimentación negativa, debemos proveer de cinco a siete comentarios positivos.

2. **Plantear retos alcanzables.** Los empleados experimentan una producción increíble de neuroquímicos positivos cuando les dan un trabajo difícil, pero alcanzable. Entran en un flujo (el cual exploraremos más adelante) e interactúan más con sus colegas. «A menudo, las metas vagas o imposibles hacen que la gente se rinda incluso antes de empezar», comenta Zak.

3. **Dejar que las personas decidan cómo trabajar para cumplir la meta.** La libertad para decidir cómo hacer un trabajo es una de las características más clave de la confianza. Es algo que casi todos los empleados anhelan y algo que casi todos los microgestores hacen mal. De acuerdo con el autor Dan Pink, la autonomía es uno de los tres motivadores más importantes que tenemos como seres humanos. Cuando les decimos a las personas cómo hacer sus trabajos, les estamos quitando la sensación de autonomía que es crucial para que exista un pensamiento de alto orden e innovador.

Casi siempre, quienes son directores ejecutivos por primera vez tienen dificultades con estos puntos. Están nerviosos por hacerlo todo bien y sienten una necesidad particular de evitar que «sus bebés» (sus compañías) fracasen.

Volvamos a Nick. Después de un largo silencio, Edward le hace a Nick la pregunta crucial: «¿qué sería diferente si su equipo sintiera que usted confía en ellos?».

Tan pronto como Edward hace la pregunta, Nick se gira desde la ventana y lo mira directo a los ojos. Reflexionando sobre lo importante que es para él que su esposo y sus inversionistas confíen en él, tiene un momento de claridad. Puede ver claramente cómo no confiar en el equipo está perpetuando la situación. Está atrapado en una espiral negativa.

«Bueno, quizás se apersonarían más y pensarían con más creatividad».

«Exacto, ¿y qué necesita para confiar en ellos?».

«Necesitan apersonarse y pensar con más creatividad», dice con una risa baja de entendimiento.

¡Ajá! Nick ha estado esperando que su equipo se comporte de una manera que le permita confiar más en ellos. Pero esos comportamientos por parte del equipo solo estarán disponibles para ellos si han satisfecho sus necesidades de que confíen en ellos. Es el típico dilema del huevo y la gallina.

Ahora, Nick se da cuenta de que tendrá que dar un salto de fe y conferirles la confianza que no está seguro de que se merezcan. Es un salto de fe que sabe que tiene que hacer. Y, aunque es muy duro, ahora puede ver cuán importante es.

Pero ¿cómo puede demostrarles que confía en ellos? Buena pregunta.

La buena noticia es que todo lo que debe hacer es empezar a adoptar proactivamente esos comportamientos que discutimos hace unos minutos: premiar la excelencia, darles retos alcanzables y dejar que las personas descifren el *cómo* ellas mismas.

Al final de la sesión, Nick ha aceptado tomarse quince minutos cada día para buscar a alguien del equipo y felicitarlo. Lo llamaremos «encontrar a alguien que esté haciendo algo bien». Y cuando esté felicitándolos, ha aceptado usar el método comprobado y verdadero de «situación-comportamiento-impacto».

Oiga, Sally, solo quería dejarle una pequeña nota para que supiera que hoy, en la llamada con nuestro mejor cliente, respondió a todas sus objeciones muy bien y lo hizo sentir tranquilo. Parece que ha solidificado esa relación para el largo plazo. ¡Gran trabajo!

También aceptó sentarse con el equipo y desarmar sus grandes afirmaciones sobre la visión que se imagina en metas más pequeñas y realizables. Esto parece bastante obvio, pero muchos líderes con visiones enormes sienten que pierden energía cuando piensan en los detalles. Lamentamos decírselo, pero, como líder, no tiene la libertad de hacer solo las cosas que le dan energía. También necesita trabajar con su equipo para definir roles y darles metas claras y realizables.

Y, por último, Nick acepta que le pedirá a su equipo que le digan que dé un paso atrás cuando se meta demasiado en los asuntos de cómo deben ejecutar las metas. Les dirá muy transparentemente que está trabajando en confiar más en ellos y que quiere que lo apoyen avisándole cuando esté siendo demasiado controlador.

Estas no son conversaciones fáciles de tener, pero son catárticas. Muchas veces, solo decir que quiere confiar más en su equipo crea un cambio en la dinámica. Ven que está haciendo un esfuerzo y hacen lo mejor que pueden para estar a la altura y comprometerse más con el trabajo.

Hoy en día, a la compañía de Nick le está yendo mucho mejor. Después de empezar a sentir una curiosidad radical sobre la necesidad de su equipo de percibir que confiaban en ellos, ha dado unos buenos pasos para aprender a hacerlo. Como resultado, el equipo ha comenzado a trabajar más colaborativa y creativamente. Y Nick está empezando a disfrutar más de su trabajo. Se siente menos solo, menos temeroso y menos atrapado. Al darle a su equipo la confianza que necesitaba, por fin siente la paz mental que requiere para hacer el trabajo estratégico de alto nivel, incluso cuando aún trabaja en un acuario humano.

Al reflexionar sobre los esfuerzos de Nick para construir confianza en su equipo:

- ¿De qué formas está construyendo o erosionando la confianza en su equipo?

- ¿Qué más puede hacer para «encontrar a alguien haciendo algo bien»?

- ¿De qué maneras está creando metas vagas, pero al mismo tiempo esperando cosas específicas de las personas?

- ¿Cómo se ve dejar de controlar el *cómo* para usted?

Necesidades del entorno

En una tarde de septiembre de 1972, Abraham Maslow estaba sentado en las aguas termales naturales del Instituto Esalen, el legendario centro de retiro de la costa Big Sur, viendo el atardecer sobre el océano Pacífico. Estaba hablando con su nuevo amigo y filósofo, Alan Watts, sobre el impacto que pasar tiempo en Esalen había tenido sobre él. Tenía energía renovada para continuar con su investigación sobre las necesidades y motivaciones humanas. Sentía que su energía incrementaba cuando trabajaba en el huerto de vegetales que quedaba muy por encima del océano que rugía por debajo. Lo abrumaba una sensación natural de éxtasis cada vez que meditaba junto al arroyo que quedaba debajo de las enormes secuoyas.

Fue entonces cuando Maslow se dio cuenta de que había dejado por fuera a todo el mundo natural de su jerarquía original de las necesidades. Además de la comida, el agua y el refugio, todas las demás necesidades que describía quedaban satisfechas por otros humanos. Había pasado por alto el hecho de que nuestro entorno físico puede tener un impacto igual de profundo en nosotros. La luz natural, los sonidos calmantes, la proximidad a la naturaleza y un cambio de escenario refrescante… cada una de esas cosas es un ingrediente clave que nos ayuda a sentir creativos y resilientes.

En las siguientes páginas, exploraremos las diferentes maneras en las que los lugares en los que trabajamos o en donde buscamos inspiración nos afectan. A menudo damos por sentado nuestro entorno físico cuando estamos haciendo «trabajo intelectual». Pocos de nosotros tenemos trabajos que estén conectados intrínsecamente con el clima, los vientos o las mareas, así que casi no les prestamos atención.

Y, sin embargo, el aire que respiramos, los sonidos de esa catarata en nuestros oídos, la luz que nos toca el rostro… eso es lo que interactúa con nuestros sentidos un día sí y el otro no mientras intentamos construir nuestras compañías, escribir nuestros libros, estar ahí para nuestras familias o inspirar nuevos movimientos sociales. Nuestro entorno es el contexto en el que creamos. Quizás deberíamos prestarle más atención y asegurarnos de que estamos satisfaciendo nuestras necesidades del entorno.

Liderar desde el corazón requiere de tener conversaciones sobre crear un entorno de trabajo seguro y nutritivo para usted y sus empleados. No solo el entorno emocional, sino también el entorno *físico*. Esperamos que, a medida que lea estas historias, empiece a ver la relación que tanto usted como su equipo tienen con el entorno a través de unos lentes nuevos y más honestos.

DISEÑANDO ESPACIOS QUE SATISFAGAN NUESTRAS NECESIDADES

Más o menos una hora al norte de Santa Fe, Nuevo México, en una sinuosa carretera bordeada por bosques de piñoneros y enebros, así como por imponentes riscos de piedra roja, encontrará un giro que pasa desapercibido, pero que tiene un letrero que solo dice «Ghost Ranch». Fue en ese lugar, con sus atardeceres psicodélicos y sus chimeneas de hadas que parecían salidas de otros mundos, en donde Georgia O'Keffee, la famosa artista estadounidense, creó su mejor trabajo durante más de cincuenta años del siglo XX.

No es una sorpresa que los artistas visuales tengan un lazo único con los lugares que los inspiran. Claude Monet tenía los jardines y estanques serenos de Giverny. Jackson Pollock encontraba inspiración cuando se acostaba bajo las ramas angulares y las hojas que caían en East Hampton. Jean-Michel Basquiat se empapó de los grafitis y el caos en Greenwich Village.

Literalmente podemos *ver* los lugares que estos artistas crearon en su obra. Pero ¿qué pasa con los trabajadores intelectuales modernos? ¿Podemos ver las oficinas que ocupan en su trabajo?

Podríamos argumentar que es posible. Aunque más de nosotros trabajamos en casa hoy en día, gracias al nuevo modelo híbrido que muchas firmas han adoptado desde la pandemia del Coronavirus, todos tenemos que trabajar en algún lugar. Y a pesar de que los fundadores de emprendimientos que son muy conscientes del presupuesto piensan que invertir en muebles más cómodos, mejores luces y un diseño de oficina innovador es un lujo, las investigaciones dicen lo contrario.

En efecto, la productividad de los empleados se ve mucho más impactada por la luz, la temperatura y el diseño de sus espacios de trabajo de lo que uno podría asumir. Un estudio del 2017 de unos trabajadores de *software* de Pakistán demostró que, siendo todas las demás cosas iguales, los muebles y la luz de la oficina daban cuenta de unos impresionantes 64% y 45%, respectivamente, de variación en el rendimiento de los empleados.

Las investigaciones también han demostrado que la proximidad o incluso unos vistazos breves a la naturaleza tienen beneficios cognitivos positivos tanto en adultos como en niños. Los espacios verdes cerca de los colegios y las casas de los niños promueven el desarrollo cognitivo y mejoran el autocontrol.

Otro estudio demostró que los estudiantes que veían, a través de la ventana de su salón, un jardín en un techo durante unos escasos cuarenta segundos, en medio de alguna tarea retadora, cometían muchísimos menos errores que aquellos que hacían una pausa durante cuarenta segundos para mirar, por una ventana diferente, a un techo de concreto. Otro estudio más demostró que era más probable que los estudiantes universitarios que veían un corto video sobre la naturaleza cooperaban más unos con otros en tareas complejas que aquellos que no lo hacían.

Los empleados parecen saber esto por intuición. Una encuesta del 2018, que se les hizo a 1.614 empleados estadounidenses, descubrió que el acceso a la luz natural y a vistas del exterior eran los atributos más anhelados de un espacio de trabajo ideal, ganándole a otras ventajas como cafeterías internas, centros de ejercicio y guarderías. Un estudio similar del 2019 descubrió que la luz natural y el aire fresco eran las dos condiciones más deseables para trabajar entre los encuestados.

Los diseñadores de las oficinas actuales se han tomado estos estudios muy en serio. Uno de nuestros clientes, Second Home, una empresa ubicada en Londres, se ha construido una reputación por sus espacios de *coworking* que están llenos de plantas y bañados por luz natural. Su oficina de Lisboa no tiene menos de mil plantas en el área principal de *coworking*, con ventanas de piso a techo y claraboyas a juego. Otro cliente tiene unas nuevas oficinas brillantes en el Meatpacking District de Nueva York, las cuales se sienten como una jungla, como debería ser. Se han gastado más de un millón de dólares en plantas e incluso más en un diseño que permite que la luz natural permee todo el espacio.

La luz, el aire y la decoración no son las únicas características importantes de los espacios en los que usted y sus equipos trabajan. Otro factor del entorno de trabajo que ha sido bastante estudiado es cómo la disposición de la oficina impacta nuestra habilidad para colaborar.

Muchas de las oficinas de hoy en día fueron rediseñadas como resultado de un estudio emblemático de la década de 1970, conducido por Thomas Allen en la NASA, para analizar por qué algunos equipos de ingeniería eran más productivos y colaboradores que otros. Sorpresivamente, el único dato que Allen pudo encontrar que se correlacionaba con una productividad más alta fue la proximidad de los escritorios de los ingenieros. Los ingenieros que podían ver y escuchar a sus colegas a lo largo del día sin levantarse, ir a una sala de reuniones o a otro piso eran capaces de obtener respuestas a preguntas y pivotar ideas más rápido. En lugar de trabajar como una colección de individuos, funcionaban más como una colmena y enfrentaban juntos los problemas, lo que resultaba en una resolución más rápida y efectiva.

No sorprende, entonces, que los nuevos edificios de oficinas, como el de la central de Google en Mountain View, California, estén siendo diseñados para crear más «coaliciones» entre los empleados con la meta de que dos de ellos jamás estén a más de dos minutos y medio caminando del otro.

Durante las primeras sesiones de *coaching* de John en Apple, vio de primera mano cuán obsesionado estaba Steve Jobs con crear el espacio correcto para que su gente aprovechara su creatividad. Cuando Jobs volvió a Apple en 1997, después de una pausa de doce meses, trajo consigo una pasión por crear espacios en los que la gente pudiera colaborar con más facilidad.

En esos días, cuando John estaba trabajando en la Universidad de Apple, se rumoraba que Jobs tenía una habitación secreta en la central de Apple en Cupertino, en donde a veces reunía a sus diseñadores e ingenieros más importantes y los «encerraba» durante días para que resolvieran algún problema importante. Se decía que la habitación era un espacio cómodo que le permitía a la gente relajarse mientras hacían lluvias de ideas. Es probable que muchas decisiones importantes de diseño para el iPhone se hicieran en esa habitación.

Steve también estaba comprometido con sacar a su equipo al exterior para crear más oportunidades de pensar de una forma divergente, de modo que frecuentaban varios centros de retiro en el área de la Bahía, en donde podían acercarse a la naturaleza. Jobs y su amigo/*coach* Bill Campbell hacían la mayoría de sus sesiones mientras caminaban por el campus de Apple o por los espacios abiertos que rodeaban Palo Alto.

Ideas para iniciar conversaciones sobre su entorno de trabajo físico para usted y sus equipos:

- ¿En qué espacios y lugares se sienten, tanto su equipo como usted, más productivos?

- ¿Qué tan prioritario ha sido crear un lugar de trabajo inspirador para usted y su equipo?

- ¿Qué impacto tienen los muebles y la luz en su habilidad para trabajar con comodidad durante períodos de tiempo prolongados?

- Sea honesto con usted mismo: ¿la luz y el flujo de aire de su espacio de trabajo lo dejan sintiéndose energizado e inspirado o drenado y desmotivado?

- ¿Qué sería diferente si cambiara de entorno a lo largo del día?

LOS SONIDOS QUE NOS PONEN EN SINTONÍA

En *El sonido del silencio*, el fracaso de taquilla del 2019, Peter Saarsgard hace el papel del excéntrico neoyorquino Peter Lucian, un hombre tan en sintonía con los sonidos de la ciudad que lleva sus diapasones a todas partes y ha desarrollado un mapa de toda Nueva York basándose en su frecuencia tonal de fondo. ¿West Village? Un re menor melancólico. ¿Central Park? Un acorde de sol brillante. ¿El Lower East Side? Un E7#9 discordante.

En la película, el personaje de Saarsgard se gana la vida ayudando a las personas a «afinar» sus apartamentos. ¿Sufren de ansiedad aguda? Puede deberse a la combinación del zumbido de la tostadora, el silbido del radiador y los quejidos incesantes de esas luces fluorescentes compactas que tenían conectadas a un atenuador.

A pesar de lo tonto que suene, tanto la ciencia como la experiencia nos dicen que las diferencias sutiles en el paisaje auditivo que nos rodea pueden tener un impacto masivo en nuestro bienestar y habilidad para concentrarnos. Un estudio descubrió que los participantes que escuchaban sonidos naturales, como el de los grillos por la noche o el de las olas rompiendo en la costa, rendían mejor en exámenes cognitivos que aquellos que escuchaban sonidos urbanos, como los del tráfico o los de un café lleno de gente.

El sonido de un golpe repentino puede liberar cortisol en nuestra sangre, una hormona que está pensada para ayudar a que nos recuperemos más rápido de eventos estresantes. Pero cuando escuchamos el zumbido incesante de las luces del techo o el silbido de un viejo radiador, el cortisol nos produce esa sensación enfermiza de ansiedad y estrés.

En donde sea que esté ahora, deje de leer por un minuto. Cierre los ojos y solo escuche su entorno. ¿Qué sonidos le llegan a los oídos? Quizás es lo suficientemente suertudo como para estar cerca de algunos pájaros o del océano. Quizás escucha sonidos de voces joviales que vienen de un café cercano o los taladros de una construcción. Sea lo que sea, nótelo.

Ahora, cierre los ojos de nuevo y présteles atención a las sensaciones de su cuerpo a medida que esos sonidos aparecen y fluyen. ¿Son sonidos que incrementan su sensación de paz y serenidad o le envían picos y cosquilleos poco placenteros por todo el cuerpo?

Esto puede parecer un tema extraño de explorar en un libro sobre conversaciones de liderazgo, pero en realidad es bastante importante. Así como obtenemos una sensación de seguridad de las personas que nos rodean, lo que afecta nuestra habilidad de ser recursivos y creativos, nos beneficiamos cuando entendemos cuál es el entorno de sonido que nos beneficia. Muchas personas han descubierto que el ruido blanco o la música de fondo les permite pensar con creatividad. Otras dicen que los ruidos de fondo monótonos les arrebatan su capacidad para concentrarse y sentirse seguras.

Si piensa en ello, los seres humanos no habían escuchado nada más que sonidos naturales sino hasta hace unos pocos cientos de años. Imagine cómo le sonaba un violín a un granjero que visitaba Viena por primera vez en 1730. O cuán asustada podría haber estado la gente cuando escuchó un motor de combustión por primera vez. O un taladro.

Nuestro sistema nervioso no ha evolucionado para lidiar con la cacofonía de los sonidos y las frecuencias a los que se ve confrontado cada día. Por eso nos corresponde a nosotros tener conversaciones al respecto y prestarle atención a cómo nos impactan los sonidos. Armados con mejor información, podemos adaptar nuestro entorno para que encaje con nuestras necesidades.

Mientras se pone en sintonía con el paisaje de sonidos que lo rodea:

- ¿Qué tipo de sonidos de fondo están presentes en su entorno de trabajo?

- ¿Son positivos o negativos para usted? ¿Afectan de una manera diferente a las demás personas que trabajan con usted?

- ¿Qué puede hacer para gestionar los sonidos de su entorno y para maximizar la creatividad y la energía productiva suya y de su equipo?

- ¿Cómo crean armonía o disonancia en su equipo las conversaciones sobre lo que las personas necesitan en términos de sus sonidos de fondo o música?

CUANDO NECESITAMOS UN CAMBIO DE ESCENARIO

Comprométase con una rutina matutina estricta. Escoja un atuendo y compre diez del mismo para reducir la fatiga de tomar decisiones. Beba Soylent en las tres comidas diarias para ahorrar tiempo precioso que «desperdicia» cocinando.

Los hackers de la vida, los fundadores de estructuras y los estoicos querrán que creamos que la clave del éxito reside en tener hábitos estrictos y en seguir técnicas de ahorro de tiempo. Aunque estamos de acuerdo con que los hábitos saludables y el enfocarse en lo que es importante son vitales, también nos rebelamos contra lo que consideramos la tiranía de la monotonía y la rutina. Llevados a un extremo, los hábitos pueden ser la muerte de la creatividad, el bienestar y la alegría.

Para sentir que estamos floreciendo, también necesitamos desacelerar las cosas y tener un cambio de escenario de vez en cuando. Los lugares nuevos inspiran el pensamiento divergente al ayudarnos a crear nuevos caminos neurales. A veces, solo trabajar en un escritorio nuevo o tomar una ruta diferente para llegar a la oficina puede ayudarnos a ver un problema de una forma diferente. Imagínese lo que puede hacer por usted trabajar durante un mes desde Centroamérica o irse de vacaciones en un velero.

Tristemente, la mayoría de los trabajadores intelectuales estadounidenses no están variando lo suficiente las cosas y esta falta de pasar tiempo alejados de la oficina (o de la oficina en casa) está teniendo un impacto negativo en su salud mental, la moral de los empleados y, al final, en los resultados de sus compañías.

De acuerdo con una encuesta del 2018 a 1.025 adultos estadounidenses, el 55% de trabajadores estadounidenses dejaban sin usar algunos días de vacaciones. Eso sumaba una cifra exorbitante de 768 millones de días de vacaciones sin usar en el 2018, un 9% más que en el 2017. Y de los estadounidenses que sí lograban irse, una encuesta diferente del 2021 encontró que el 56% de ellos se reportaban con sus jefes o colegas al menos una vez al día durante sus vacaciones.

Pero eso está bien, pues no tomarse vacaciones significa que usted está dedicado, ¿verdad? Es más probable que lo asciendan si se toma la menor cantidad posible de días de vacaciones, ¿no es así?

Incorrecto.

De acuerdo con un estudio del 2015, las personas que se tomaban todos sus días de vacaciones tenían un 6,5% más de probabilidades de obtener un aumento o un ascenso que las personas que dejaban once o más días de vacaciones sin usar.

¿Tomarse más días de vacaciones hace que sea más probable que le den un aumento? ¿Cómo puede ser posible? ¿Acaso no son las personas que están más comprometidas, que trabajan los fines de semana y que jamás se toman un tiempo las que obtienen los ascensos?

No. Los obtienen quienes entregan resultados. Y, de acuerdo con varios estudios, las personas que se toman desde pequeños descansos a lo largo del día hasta vacaciones enormes son más productivas.

Un estudio de Cornell de 1999 demostró que los trabajadores a los que les recordaban varias veces al día que se tomaran un descanso corto eran 13% más productivos que sus colegas que no se tomaban descansos.

Y son solo descansos de diez minutos. Los empleados que *de verdad* se desconectan durante unas pocas semanas reportan que sienten más positividad, una habilidad mejorada para pensar crítica y creativamente y menos sensación de fatiga laboral. Esto ha demostrado que mejora la productividad en un 31%, aumenta las ventas en un 37% y triplica las ganancias.

Dados todos esos datos, ¿por qué no hay más empleados tomándose tiempo libre, trabajando desde otros lugares o solo escogiendo no comer en sus escritorios? Puede ser que sus líderes no se estén tomando tiempo libre tampoco. Los fundadores son famosos por trabajar demasiadas horas, no tomarse descansos y, en general, por no dar ejemplo de que el tiempo de vacaciones o los permisos de maternidad o paternidad no son solo aceptables, sino esperados.

Tony Xu, el director ejecutivo de DoorDash, le dio un ejemplo estelar al resto de su compañía cuando, en el 2020, durante la época previa a la Oferta Pública Inicial, se tomó un mes libre de permiso de paternidad después de que naciera su segundo hijo. Muy pocos directores ejecutivos dan ejemplo. No entienden que el tiempo libre para adquirir perspectiva es una necesidad muy real para ellos y sus equipos.

No se trata solo de vacaciones. A menudo les aconsejamos a nuestros clientes que también cambien de espacio de trabajo a lo largo del día. Esto es muy útil, en especial cuando hay un nivel incrementado de estrés y presión por completar un proyecto o comprender otro ángulo de un problema. Los escritores y los artistas han sabido durante años que hay mucho poder en cambiar de entorno para acelerar la creatividad.

John tenía un cliente que no estaba viendo las cosas bajo la mejor luz y que necesitaba un cambio de escenario. El cliente era director ejecutivo de un emprendimiento por primera vez y estaba desesperado porque uno de sus empleados clave se había ido y no sabía cómo manejar la situación. De inmediato, John le dijo: «¡salgamos a caminar!».

Cuando salieron del edificio, John notó que la ansiedad nerviosa de su cliente empezaba a disiparse. Comenzó a hablar más clara y lentamente y empezó a reflexionar sobre todo lo que había pasado antes de la renuncia.

Se pasaron una hora caminando y hablando; para cuando volvieron a la oficina, el cliente ya tenía un plan sobre cómo iba a hablar con este empleado. Casi siempre usamos esta técnica para calmar a la gente, bajarle el nivel de emoción y ayudarla a obtener más claridad sobre el problema al que se enfrenta. Es muy simple, pero siempre nos ayuda a ver las dificultades de una forma más lógica y racional.

A Lin-Manuel Miranda lo veían con frecuencia caminando por las calles de Nueva York para batallar con el bloqueo de escritor que a veces ralentizó el proceso de su obra maestra: *Hamilton*. Se dice que desgastó múltiples pares de zapatos en los años que dedicó a escribir el musical.

Aunque toda esta evidencia anecdótica sobre el valor de caminar para promover la energía creativa tiene sentido, ¿qué dice la ciencia? Un nuevo estudio de investigadores de Stanford sugiere que el pensamiento creativo mejora tanto durante como después de caminar.

Esto lo hemos experimentado nosotros mismos. Muchas de las ideas y conceptos de este libro fueron concebidos durante nuestras caminatas juntos en Santa Barbara, Santa Cruz y Nueva York. Y los dos hemos encontrado que nuestras conversaciones más transformativas con clientes suceden cuando estamos caminando juntos. En la era del trabajo híbrido, animamos a nuestros clientes a tener más reuniones mientras están caminando, ya sea en persona o con audífonos.

Hay algo especial en el acto de moverse por un espacio y no tener un destino particular en mente que nos calma y crea oportunidades para tener nuevas ideas. La producción sutil de endorfinas durante una caminata rápida baja el estrés, mejora el ánimo y crea momentos de claridad que no podemos lograr estando detrás de un escritorio.

Pensando en desconectarse y en cambiar de escenario:

- ¿Cuándo fue la última vez en la que *de verdad* se desconectó?

- ¿Qué ejemplo está dando en cuanto a tomarse tiempo libre, hacer pausas regulares y el ritmo general de la oficina?

- ¿Qué señales está enviando inconscientemente con respecto a cómo se ve estar «comprometido» en el trabajo?

- ¿Qué sería diferente si usted y su equipo hicieran que cambiar de ambientes fuera más una prioridad?

- ¿Qué sería diferente si usted tuviera más reuniones mientras camina?

Control: la espada de doble filo

Entre 1975 y 1978, Angus Campbell y su equipo de investigadores en el Instituto para Investigaciones Sociales se propusieron entender qué le daba a la gente la mayor sensación de bienestar. Eso fue bastante revolucionario en el momento, pues la mayor parte de las investigaciones sociales y médicas de esos días buscaban entender qué enfermaba a la gente, no qué la hacía sentirse bien. Campbell y su equipo publicaron los resultados de su arduo trabajo en 1981 bajo el título de *La sensación de bienestar en Estados Unidos.*

Aunque la mayoría de nosotros podría pensar que una de las medidas tradicionales de «estar bien», como la riqueza, la salud o fuertes conexiones sociales o familiares, habría sido un predictor de bienestar personal, estaríamos mal. En su lugar, las personas querían una cosa: control sobre sus propias vidas. «Tener una buena sensación de que uno está controlando su propia vida es un predictor más confiable de los sentimientos positivos de bienestar que cualquier otra de las condiciones objetivas de vida que hemos considerado», escribió Campbell en el reporte final.

Y en caso de que piense que las personas han cambiado muchísimo desde 1970, cuando Campbell hizo su investigación, una encuesta del 2014 de Citigroup y LinkedIn descubrió que casi la mitad de los empleados renunciaría a un aumento del 20% con tal de tener más control sobre cómo trabajaban.

Está claro que nuestros empleados están clamando por autonomía e independencia y, aun así, demasiado a menudo nuestro afán por hacer las cosas «como son» evita que les demos eso.

Veamos con más profundidad el caso de Joe, el director ejecutivo de la pequeña compañía de salud pública del que hablamos en la introducción. No hacía falta un doctorado para darse cuenta de que Joe era un maniático del control. Su necesidad personal por tener control contrastaba muchísimo con la clara necesidad de su equipo de poseer autonomía.

En una encuesta de cultura que hicimos en toda una compañía, les pedimos que describieran aquello que cambiarían. Estas fueron sus respuestas.

«Confiar en que las personas harán su trabajo».

«Dejar de interferir y complicar las cosas. ¡Lo simple a veces está bien!».

«Empoderar a las personas para que tomen decisiones».

Ya se hace una idea…

Cuando se vio confrontado con los datos de la encuesta, Joe quedó sorprendido y se sintió un poco victimizado. «¿Cómo pueden decir que soy controlador? Solo estoy viviendo según nuestros valores de 'retar las suposiciones' y de 'buscar la verdad a través de la transparencia'».

Cuando la compañía era joven, Joe había escrito un conjunto de valores clave sobre la transparencia y el candor, pero, en años recientes, esos valores se habían convertido en armas que usaba para controlar al equipo.

Joe profesaba que solo estaba siendo honesto con su equipo, pero, en realidad, estaba siendo controlador. El control excesivo es una de las características más dañinas que puede tener un líder. Impacta la moral, hace que se tomen malas decisiones, aumenta la rotación de empleados y, en últimas, evita que la compañía crezca. Como lo aprenderemos en el siguiente capítulo, la «necesidad» de controlar no es una necesidad legítima en lo absoluto. A decir verdad, es solo miedo, el cual por lo general es el resultado de un trauma de la infancia que no se ha resuelto.

En este punto, algunos lectores discernientes podrán protestar y decir: «Pero Steve Jobs era el maníaco del control más absoluto y *vean* el legado que dejó». Es verdad, a Jobs se lo conocía por ser bastante demandante. Pero existe una gran diferencia en el uso del control de Steve Jobs antes y después de que lo despidieran de Apple a finales de los 80. El Jobs antes del despido era insoportable, según muchas fuentes. Era duro y arrogante. Pero cuando Jobs volvió a Apple en 1997, había aprendido cuándo ser demandante y cuándo dejar ir las cosas. También había aprendido sobre la importancia del desarrollo personal y del *coaching*.

La moraleja de la historia aquí es que todos poseemos una necesidad natural por tener el control de nuestras propias vidas. Como líderes, debemos aplacar esa necesidad personal para hacerle espacio a la necesidad natural de nuestro equipo por tener autonomía. Crear un equipo que sea independiente y empoderado es uno de los ingredientes clave del éxito a largo plazo de cualquier compañía.

Su trabajo como líder no es controlar el proceso, sino enfocarse en los resultados. Guiar a su equipo para que tenga un enfoque similar o mejor en calidad, diseño y marca al de usted aumentará su capacidad para hacer un buen trabajo. En lugar de decirles a sus equipos cómo escribir un comunicado de prensa o cómo diseñar el empaque de un producto, ¿cómo puede soltar ese proceso y guiarlos para que resuelvan sus propios problemas? ¿Cómo puede empoderarlos para que adopten su visión y construyan sobre ella con sus propias ideas?

CONCLUSIONES DEL CAPÍTULO 1

- Liderar desde el corazón es un trabajo duro y todos necesitamos satisfacer nuestras necesidades para hacer la labor emocional que se requiere para prosperar y mostrarnos como líderes que siguen a sus corazones.

- Además de nuestras necesidades básicas para sobrevivir, todos tenemos necesidades que deben satisfacerse para que podamos prosperar. Estas caen en tres categorías: físicas, emocionales y del entorno.

- Si le prestamos atención a cómo nos sentimos en ciertos entornos, alrededor de ciertas personas y cuando comemos o bebemos ciertas cosas, podemos desarrollar una idea muy clara de lo que de verdad necesitamos para sentirnos plenos y vivos creativamente.

- Satisfacer nuestras necesidades con regularidad requiere de disciplina y rigor. Tal como no esperamos a que nuestras plantas se estén muriendo para echarles agua, no podemos esperar hasta que sintamos la carencia de algo para recordar que es una de nuestras necesidades.

- Algunos indicadores claros de que nosotros o nuestros equipos no estamos satisfaciendo nuestras necesidades son: irritabilidad, desacuerdos, ansiedad, falta de motivación y falta de creatividad. Todo esto nos hace susceptibles a que algo desencadene nuestras respuestas ante el miedo.

IDEAS PARA INICIAR CONVERSACIONES

1. ¿Qué impacto están teniendo sus necesidades (físicas, emocionales o del entorno) en su productividad y bienestar creativo?

2. ¿Qué le funciona para monitorear sus propias necesidades y asegurarse de que se está cuidando como mejor puede? Si no tiene una buena estrategia ahora, pregunte a su alrededor a ver quién tiene alguna buena que usted pueda probar.

3. ¿Qué necesidades físicas no satisfechas ve en su equipo u organización? ¿Cuál es su plan para satisfacer las necesidades de su equipo?

4. ¿Qué está funcionando o qué no está funcionando con respecto a satisfacer las necesidades emocionales de su equipo? ¿Qué pasa cuando la gente no se siente incluida o psicológicamente a salvo?

5. ¿A qué está ciego con respecto al grado de seguridad psicológica que hay dentro de su equipo?

6. Pensando en su oficina o su lugar de trabajo, ¿qué elementos clave contribuyen más a que usted y su equipo se sientan 100% comprometidos y creativos? ¿Y cuáles elementos son dañinos en ese sentido? ¿Qué puede hacer de una manera diferente para satisfacer las necesidades del entorno de su equipo y las suyas?

CAPÍTULO 2

¿QUÉ MIEDOS LO ESTÁN ESTANCANDO?

«No es el miedo lo que se interpone a la hora de que estemos presentes… El miedo es una armadura. Son los comportamientos que usamos para protegernos a nosotros mismos»

—Brené Brown.

En una oficina soleada en la University Avenue de Palo Alto, Ken se paseaba nerviosamente frente a las ventanas de piso a techo de la segunda planta. Las venas le sobresalían de un lado de la cabeza y movía las manos con violencia al hablar. Quienes lo vieran desde la calle podrían haber pensado que estaba ensayando algún discurso dramático. Pero no, Ken estaba perdido en una diatriba paranoica sobre un miembro de su equipo que intentaba socavar su autoridad. Digamos que Ken no estaba en su mejor momento.

Edward acababa de revisar la retroalimentación 360 de Ken con él y los resultados eran bastante difíciles de aceptar. En resumen, el equipo de Ken detestaba trabajar con él. Decían que era controlador, reactivo y vengativo.

Aunque las cosas habían empezado bien cuando Ken obtuvo el trabajo, pronto se deformaron hasta crear falta de confianza, paranoia y microgestiones. Aunque por afuera parecía que Ken tenía fuerza y convicción, Edward supuso que, por dentro, Ken estaba atrapado en una espiral descendiente de miedo que se expresaba a sí misma con comportamientos malintencionados y agresivos.

Todos tenemos miedo. Es parte de lo que nos hace humanos. El miedo es natural en el mundo de los negocios, en donde los líderes continuamente se preocupan por perder ante la competencia o por cometer un error crucial. La clave es tener el balance correcto de miedo para motivarse a sí mismo y a los demás y no dejar que sus miedos saquen lo peor de usted.

En nuestro trabajo de *coaching*, hemos encontrado miedos que pueden ser *motivantes* cuando son moderados, pero *debilitantes* cuando se llevan al extremo. En cambio, en las compañías en las que no existe el miedo, a menudo no hay ímpetu para crear cambios u obtener resultados.

Con frecuencia, nuestros clientes están ciegos a sus miedos porque han creado varios mecanismos para lidiar con ellos y mantenerlos ocultos. Esto puede ser dañino, pues, llevados a los extremos, los miedos pueden manifestarse de maneras físicas, causando niveles altos de ansiedad, pánico, preocupación excesiva y estrés. E incluso cuando no son tan extremos, pueden impactar negativamente la productividad, la toma de decisiones y la moral de toda la organización.

Cuando los líderes pueden identificar y tener conversaciones sobre sus miedos, ese puede ser un punto de quiebre en su camino de liderazgo. Pueden aprender a usar sus miedos como fuentes de energía y motivación en lugar de verse atados por ellos. Pueden usarlos como trampolines para sentir compasión cuando vean a sus colegas atrapados por miedos similares que ya han superado, desbloqueando niveles incluso más profundos de conexión, empatía y confianza, lo que a su vez hará que sus empresas tengan mejores resultados.

¿Qué es el miedo?

Todo el mundo experimenta el miedo. Es una parte esencial de la condición humana. Si usted no tuviera miedo, ya estaría muerto. Si sus ancestros no hubieran tenido miedo, usted jamás habría nacido. Un nivel saludable de miedo evita que nos atravesemos en el camino de una bicicleta eléctrica, que nos coman animales peligrosos o que nademos cerca de las rocas en un océano picado. Llevado a un extremo, un nivel poco saludable de miedo puede evitar que salgamos al exterior, que conozcamos a nuevas personas o que hablemos en las reuniones.

Aunque la mayoría de las personas ven el miedo como algo negativo y que hay que evitar, otras adoran la sensación de activar sus miedos a propósito, ya sea saltando de un avión, manejando carros con mucha velocidad o viendo películas de horror. Las respuestas del miedo liberan endorfinas que, en realidad, son algo adictivas. Existe una razón por la que hay gente a la que llamamos «adicta a la adrenalina».

La mayoría de las reacciones ante el miedo involucran una de estas tres respuestas estándar: luchar, huir o congelarse. Durante una respuesta de luchar-huir-congelarse, la amígdala, la parte más primitiva del cerebro, la cual es la encargada de las funciones básicas de supervivencia, toma el control. Cuando experimentamos algo que nos causa miedo, como un perro aterrador o un bus acelerando hacia nosotros en un cruce, se envían señales a la amígdala en milisegundos, las cuales estimulan el sistema nervioso autónomo con respuestas físicas.

Nuestros miedos no se activan exclusivamente gracias a peligros claros y reales para nuestro bienestar físico. Podemos tener respuestas de miedos similares que estén desencadenadas por eventos psicológicos. El miedo al fracaso puede hacer que una persona se *congele* para evitar cualquier posibilidad de equivocarse. El miedo de no agradar puede resultar en un comportamiento de *huida*, causando que un líder evite los conflictos o las conversaciones difíciles. Una amenaza para la competencia de una persona puede resultar en una respuesta de *lucha*, lo cual se manifiesta como ira o defensividad.

Así es: la respuesta ante el miedo que tiene decenas de miles de años y que ayudó a sus ancestros a evitar que se los devoraran los tigres dientes de sable es la misma que siente usted en el trabajo cuando Fred, de contabilidad, le hace una pregunta difícil para la que no tiene una respuesta en frente de toda la compañía.

Nuestro reto para usted como líder es que nombre sus miedos, que tenga conversaciones sobre ellos y, al final, que los convierta en sus aliados. Al hacerlo, será más capaz de ver y nombrar las respuestas de miedo en otros, de modo que pueda alejar la conversación de desencadenantes polarizadores y la encamine hacia una zona de conflictos constructivos.

Sentir un poco de miedo es bueno

En un artículo sobre los beneficios positivos del miedo, Andrew Colin Beck acuñó el término *EuMiedo*, haciendo referencia al «miedo positivo» (*eu* es el prefijo latino para «bien» o «positivo»), basándose en el trabajo de Hans Selye, quien le dio origen al concepto de *EuEstrés* en 1974.

Selye argumentaba que existe una respuesta cognitiva positiva al estrés que es saludable y le da a uno una sensación de satisfacción y enfoque. De manera similar, Beck sugiere que necesitamos un nuevo paradigma para el miedo también, uno que vea los beneficios del miedo y no solo los efectos negativos. Su modelo reformula el miedo como un motivador y propone una continuidad de miedo que va desde no sentir miedo a sentir miedo extremo, con el EuMiedo siendo el estado funcional deseado.

Cuando no existe el miedo en una compañía, las personas no están muy motivadas para hacer nada. Sin consecuencias por la inacción y sin nada que perder, a menudo las personas no toman riesgos ni la iniciativa.

En contraste, los equipos que están trabajando con miedo absoluto casi siempre experimentan declives drásticos en la productividad. Es más, vivir sin parar en un estado perpetuo de miedo puede causar efectos físicos indeseados, como un ritmo cardíaco alto o niveles bajos de oxígeno.

El modelo de Beck sugiere que ni la ausencia ni el exceso de miedo son ideales. En su lugar, su investigación indica que lo ideal para tener un **miedo funcional** es que esté en el nivel 4 de una escala de 10, un poco por debajo de la mitad. Es en ese punto de la continuidad que la gente experimenta un miedo que es positivo y útil de verdad para maximizar el rendimiento.

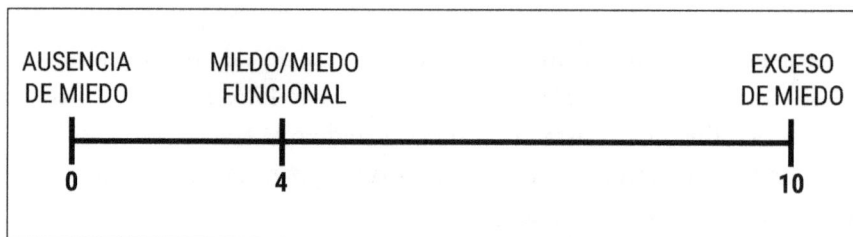

Modelo de EuMiedo de Beck

Convertir el miedo en oro

Para ilustrar los beneficios potenciales del miedo y cómo aprovecharse de su poder, vayámonos a un escenario que, en apariencia, no tiene nada que ver: una piscina.

Incluyendo los relevos, Michael Phelps se ha ganado un total de veintiocho medallas olímpicas: veintitrés de oro, tres de plata y dos de bronce. Esas son diez más que la siguiente deportista olímpica en los *rankings* de más medallas ganadas, Larisa Latynina, una gimnasta de la Unión Soviética de finales de la década de los 50 y principios de los 60. Es decir, nadie se le acerca a la dominancia que Michael Phelps demostró en sus dieciséis años de carrera olímpica.

Para intentar explicar las hazañas aparentemente sobrehumanas de Phelps en la piscina, los científicos y periodistas han explorado muchas teorías.

Algunos dicen que se trata de sus ventajas físicas. La «envergadura» de Phelps (la distancia entre las puntas de sus dedos) es de 203 centímetros (15 centímetros más de lo que mide en estatura), mientras que la mayoría de los humanos tienen una envergadura y una altura casi iguales. Adicional a eso, Phelps tiene hipermovilidad articular en los codos, rodillas y tobillos, lo que le da un rango de movimiento más amplio que el de los demás nadadores. Por ejemplo, sus pies de talla 15 (de Estados Unidos) rotan quince grados más que unos pies normales, característica que los asemeja a unas aletas.

Sin embargo, cuando los investigadores analizaron los datos, determinaron que, aunque los atributos de Phelps eran impresionantes, no explicaban su dominancia. Algunos nadadores que tienen dotes físicos similares no rinden tan bien ni de cerca, mientras que otros con proporciones menos notables lo han vencido en algunas ocasiones.

Entonces, ¿tal vez podemos explicar el rendimiento de Phelps por sus técnicas de entrenamiento? En lo más intenso de su régimen de entrenamiento, Phelps nadaba más de 128 kilómetros a la semana. Estaba en el agua durante cinco o seis horas al día. Seguro eso es mucho más que otros nadadores. Pero, de nuevo, escuchamos un rotundo «no». De acuerdo con la medallista olímpica Jessica Hardy, *todos* los nadadores de nivel olímpico nadan de diez a veinte kilómetros por sesión, dos veces al día, seis días a la semana.

Okey, entonces, si no son sus atributos físicos y no es su régimen de entrenamiento, ¿qué más podría ser?

Sean McCann, el psicólogo deportivo del Comité Olímpico de Estados Unidos, tiene una teoría. «Lo más fácil para mí es predecir quiénes van a fracasar», dijo McCann en una entrevista para el Washington Post en el 2012. «Los que son débiles de mente nunca triunfan en los Juegos Olímpicos porque sus vulnerabilidades quedan expuestas».

En contraste, de acuerdo con McCann, Michael Phelps parece haber nacido con una cantidad anormal de fuerza mental. Básicamente, mientras muchos de los rivales de Phelps experimentan, en apariencia, una respuesta ante el miedo de congelarse bajo la presión de la competencia, un pico de nerviosismo o de pánico que les endurece los músculos, llevándolos al temido «ahogamiento», Phelps tiene una respuesta adrenal de lucha natural ante los mismos factores de estrés, lo que le genera un pico enorme de energía y resistencia. «Los atletas que demuestran debilidad mental no ganan medallas… sin importar cuánto talento o habilidades físicas tengan», anotó McCann. Cuando todo el mundo se congela, Phelps lucha.

Al crecer, Phelps no era el mejor en nada. Lo diagnosticaron a los nueve años con TDAH y tuvo problemas en el colegio. Cuando su madre le sugirió que nadara, al principio ni siquiera le gustaba mojarse la cara, así que nadaba de espalda. Obviamente superó ese miedo rápido y aprendió que en la piscina podía encontrar el enfoque y el éxito que lo evadían en el salón de clases. Dejando de lado su frustración de no ser capaz de concentrarse en el colegio, adquirió cada vez más determinación para «probar que todos estaban equivocados» a través de su actuación en la piscina. Su respuesta al miedo fue criándose y desarrollándose a lo largo de los años de intensas competencias.

Sin embargo, el enfoque increíble de Phelps en las competencias le costó. Cuando no ganaba en la piscina, sentía como si su vida no tuviera significado o propósito. Cuando su carrera olímpica acabó y los focos de atención disminuyeron, se recluyó, alejándose de sus amigos y su familia. Cayó en unos niveles cada vez más profundos de depresión e incluso contempló el suicidio en varios momentos. Era como si su respuesta al miedo cuando no estaba en la piscina fuera más la de huir que la de luchar, alejándose de las personas y de la atención una vez que ya no estuvo ganando carreras triunfantemente e imponiendo récords.

Sin embargo, como un milagro, Phelps aprendió a cambiar el guion de su miedo una vez más. Cuando llegó a lo más bajo, buscó ayuda. Le dio nombre a sus miedos y a su depresión, tuvo conversaciones valientes con terapeutas y *coaches* sobre lo que lo aquejaba y desde entonces se ha convertido en un portavoz global sobre la salud mental. Como un luchador contra el estigma de la depresión, ahora es un modelo a seguir para las personas que están intentando sobreponerse a miedos similares. Se ha dado cuenta de que el don de la dureza mental que le sirvió tanto en la piscina también podía manifestarse en una forma radical de vulnerabilidad. Su actitud abierta y valiente sobre su depresión y ansiedad está ayudando a normalizar las enfermedades mentales y la recuperación para millones de personas.

Aunque será recordado como el deportista olímpico más aclamado de la era moderna, la victoria personal más duradera de Phelps puede ser su disposición para confrontar sus miedos más profundos y escoger una respuesta más productiva ante ellos.

Liderar con la cantidad correcta de miedo

Entonces, ¿cómo se aplica a los líderes del mundo corporativo esta idea de mejorar el rendimiento usando el miedo? ¿Cuándo el miedo cruza la línea y deja de ser positivo para tener un impacto negativo? ¿Cuándo se convierte en algo destructivo, causándoles daño personal y emocional a los líderes y sus organizaciones?

El reto es encontrar ese punto elusivo entre el miedo inadecuado, que puede adormecernos y llevarnos a la apatía y la inacción, y sentir demasiado miedo, lo que puede abrumarnos o a nuestra organización, produciendo parálisis y toxicidad.

Nuestra experiencia en *coaching* nos dice que muchos líderes no están conscientes de los miedos que están impactando sus comportamientos y rendimientos en sus organizaciones. Veamos algunas escenas de unos pocos clientes con los que hemos trabajado a lo largo de los años.

Muy poco... Hace unos años, hicimos sesiones de *coaching* en una compañía cuyo equipo ejecutivo era conocido como el Grupo de la Felicidad del Almuerzo. Cuando hablaba con cualquiera de la compañía, quedaba claro que no existía ningún sentido de la urgencia ni de la responsabilidad. La gente era feliz, pero la productividad era baja. La organización no estaba escalando y la junta no tenía la confianza de que el liderazgo pudiera producir los beneficios necesarios.

Rastreamos el problema hasta el amor del director ejecutivo por las noticias positivas. Sus reuniones carecían de debates y conflictos reales y honestos. Las decisiones se tomaban por consensos hasta el punto de que la gente describía la toma de decisiones como una «parálisis de consenso». Las decisiones cruciales se tardaban muchísimo y las elecciones duras se evitaban.

John trabajó con el director ejecutivo y el equipo de liderazgo para integrar una cantidad saludable de EuMiedo en la cultura, promoviendo más el hacerse responsables y el tener mayores expectativas. A través de una serie de sesiones de retroalimentación con el director ejecutivo y su equipo, los puso frente a un espejo para que vieran lo que realmente estaba sucediendo.

Esas sesiones fueron difíciles, pero John estableció un conjunto de reglas de interacción que establecían con claridad qué era lo que debían dejar de hacer, empezar a hacer y continuar haciendo. Como el *coach* del equipo, John los ayudó a aplicar esas reglas en las reuniones semanales del grupo de liderazgo. Con el tiempo, el director ejecutivo y el equipo se volvieron más abiertos, transparentes y responsables.

Demasiado… Otro líder con el que trabajamos en un emprendimiento de cuidado de la salud, que estaba muy bien financiado, llevó lo de liderar a través del miedo al extremo. En las reuniones, literalmente gritaba y criticaba de una forma brutal a su equipo. Los pequeños errores se juzgaban con desdén y las opiniones contrarias se desestimaban con animosidad y juicios.

Como se lo puede imaginar, todos en la compañía se encontraban muy retraídos. Aquellos que al principio luchaban, con el tiempo se retiraron en silencio. No estaban surgiendo nuevas ideas. Nadie estaba asumiendo la responsabilidad. Y como cada pequeña decisión tenía que aprobarla el director ejecutivo, la compañía era incapaz de escalar.

A medida que el rendimiento de la compañía siguió decreciendo, el director ejecutivo se volvió cada vez más agresivo y acusatorio. Los ejecutivos renunciaron en masa y la compañía se vio atrapada en una terrible espiral de muerte. Todo porque el director ejecutivo no tenía idea de cómo manejar su rabia y, por lo tanto, gestionar el miedo de su equipo.

De acuerdo con John Kotter de Harvard, quien literalmente escribió el libro *Al frente del cambio*, hacer que los equipos caigan en un miedo paralizante es uno de los peores errores, y, por desgracia, de los más comunes, que cometen los directores ejecutivos. «A menudo veo líderes que están intentando crear cambios, cometer el error de adoptar la mentalidad de 'la casa se está incendiando' y, en el proceso, desencadenan un miedo debilitante en su equipo», dijo Kotter en una entrevista para su libro. «Con frecuencia, una respuesta intensa de miedo de un líder que está intentando crear acción lo que hace es crear inacción en la compañía».

Parece que liderar con *demasiado miedo* puede hacer que las personas tengan la respuesta de congelarse, según Kotter.

La cantidad correcta… Steve Jobs tiene la reputación de haber creado miedo y paranoia en sus equipos. Algunos pensaban que era demasiado, pero, viendo los resultados de Apple durante su dirección, es difícil argumentar que no era justo lo correcto. Cuando John empezó a hacer sesiones de *coaching* con Apple durante los primeros días del iPhone, vio el increíble don de Jobs para crear el miedo suficiente en su equipo como para generar una lealtad increíble y sostener el alto rendimiento.

No está claro si Jobs se propuso intencionalmente crear miedo en su equipo, pero en definitiva tenía la intuición correcta al respecto. Como resultado, los líderes de Apple se pasaban horas o incluso días con sus equipos preparándose para las reuniones con Steve y asegurándose de que todas las bases estuvieran cubiertas. La gente temía decepcionar a Steve y trabajaba para dar lo mejor de sí misma durante las reuniones con él. Ese es el EuMiedo en acción, pues el comportamiento de Steve creó un miedo que motivaba a algunas personas a rendir a su máximo nivel.

La cantidad correcta de miedo en los equipos crea lo que llamamos **conflicto constructivo**. Si no existe suficiente miedo y tensión en el sistema, los equipos como el Grupo de la Felicidad al Almuerzo caen en lo que Patrick Lencioni, autor de *Las cinco disfunciones de un equipo* e *Y tú… ¿trabajas en una empresa sana o tóxica?*, llama «armonía falsa»: evitar los problemas difíciles, no tener conversaciones duras y tomar decisiones antes de que se hayan discutido los temas controversiales.

Al otro lado de la continuidad, los equipos pueden encontrarse a sí mismos polarizados, como en el emprendimiento del cuidado de la salud que mencionamos antes. Este es un territorio oscuro en donde los equipos asumen malas intenciones y están comprometidos con estar en lo correcto porque sus miedos están siendo activados.

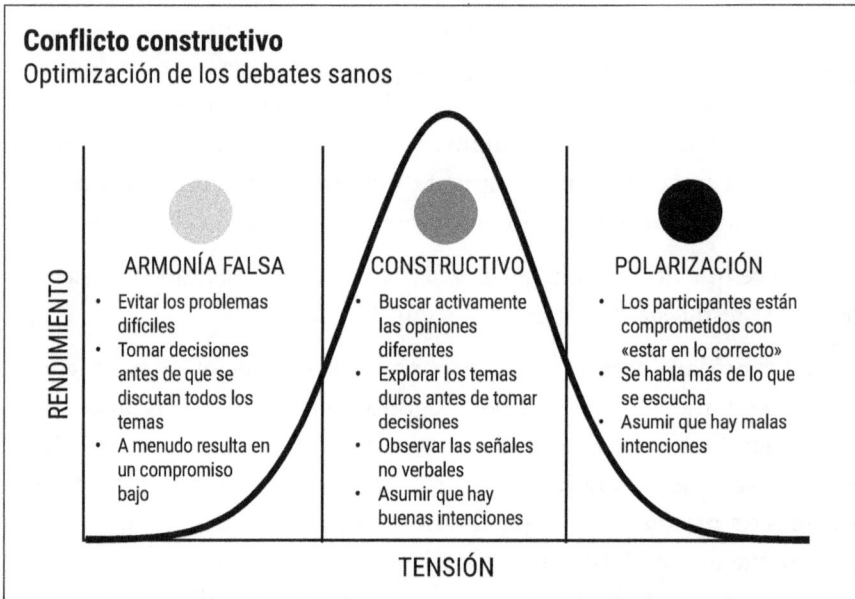

Conflicto constructivo
Optimización de los debates sanos

RENDIMIENTO

ARMONÍA FALSA
- Evitar los problemas difíciles
- Tomar decisiones antes de que se discutan todos los temas
- A menudo resulta en un compromiso bajo

CONSTRUCTIVO
- Buscar activamente las opiniones diferentes
- Explorar los temas duros antes de tomar decisiones
- Observar las señales no verbales
- Asumir que hay buenas intenciones

POLARIZACIÓN
- Los participantes están comprometidos con «estar en lo correcto»
- Se habla más de lo que se escucha
- Asumir que hay malas intenciones

TENSIÓN

Lo ideal es quedarse en la mitad, en la zona del conflicto constructivo, tal como lo hizo Steve Jobs con tanta maestría en sus equipos. Cuando los equipos tienen conflictos constructivos, existe el miedo suficiente como para que las personas se mantengan vigilantes y se tomen sus responsabilidades en serio, pero no hasta el punto de que adopten la hipervigilancia y la paranoia. Sienten seguridad psicológica porque el miedo que experimentan es una urgencia sana por aprovechar las oportunidades antes que la competencia lo haga, pero no sienten tantísimo miedo como para que les cree incertidumbre sobre su posición con respecto a su líder o sus colegas o los impulse a buscar otro trabajo.

Los arquetipos del miedo en el liderazgo

Puede ser difícil imaginarse que los líderes tengan miedos justo como los demás. Después de todo, muchos han construido compañías exitosas, negociado tratos enormes o ganado cantidades ingentes de dinero. Además, siempre parecen muy confiados y en control. ¿Cómo pueden tener miedos?

En un artículo de Harvard Business Review titulado *A lo que le temen los directores ejecutivos*, Roger Jones habló sobre un estudio que hizo con 116 directores ejecutivos. Allí descubrió que la mayoría de los ejecutivos tienen miedos muy profundos: «aunque pocos ejecutivos hablan sobre ellos, los miedos profundos y privados pueden desencadenar comportamientos defensivos que socavan cómo ellos y sus colegas plantean y ejecutan la estrategia de la compañía».

LOS TRES MÁS GRANDES

Existen tres arquetipos típicos de miedo en los que caen los líderes, uno por cada una de las respuestas ante el miedo: **luchar**, **huir** y **congelarse**. Cada arquetipo tiene un miedo subyacente inexpresado, así como una «señal», una manera de comportarse que puede verse con claridad desde el exterior.

RESPUESTA ANTE EL MIEDO	ARQUETIPO	MIEDO CENTRAL	COMPORTAMIENTO EVIDENTE
CONGELARSE	Perfeccionista	Miedo a equivocarse	Indecisión crónica y ser excesivamente minucioso
HUIR	Persona complaciente	Miedo a no pertenecer o no ser aceptado	Evitar los conflictos y anhelar los consensos
LUCHAR	Impostor	Miedo a que lo vean como alguien incompetente	Arrogancia, ira e irritabilidad

Para entender más cada uno de estos arquetipos de miedo, conozcamos a tres directores ejecutivos y aprendamos cómo cada uno de ellos manifestó y gestionó sus miedos. A medida que conozca a cada uno de estos líderes, pregúntese: ¿con cuál de los tres se identifica más? ¿Se identifica con los tres en diferentes situaciones y entornos?

Y, tal como lo hemos hecho a lo largo del libro, como estas son historias poco favorecedoras, hemos cambiado ciertos detalles de identificación de nuestros clientes para proteger su privacidad.

CHRIS: LA PERFECCIONISTA

Chris es la directora ejecutiva de TeleSafe, una compañía exitosa de *softwares* de seguridad. Se graduó *suma cum laude* de una universidad de la Ivy League, en donde fue centrocampista del equipo de fútbol. Cuando se mueve por la oficina, da la sensación de ser la gracia personificada.

Google reclutó a Chris justo cuando se graduó y, después de doce años, la consideraron una líder emergente que podría pasar con facilidad a un rol de liderazgo ejecutivo algún día. Era conocida por su estrategia minuciosa con los productos, pues se aseguraba de que nada se enviara hasta que todo estuviera absolutamente correcto. Se describe a sí misma como «orientada hacia los procesos», ya que pone en marcha los procedimientos correctos y habla con las personas adecuadas para asegurarse de que cada detalle sea considerado y que todas las partes relevantes estén alineadas.

Hace unos años, Phil, su antiguo compañero de clase, le preguntó a Chris si consideraría unir fuerzas con él para empezar una compañía de *softwares* de seguridad. Él ya había conseguido un millón de dólares de capital semilla y tenía una tracción de clientes previa bastante importante, pero, como director ejecutivo, se sentía sobrepasado. Chris siempre habría conocido a Phil como un ingeniero, no como un líder, pero aun así estaba sorprendida y honrada cuando él le pidió que se uniera como cofundadora y se convirtiera en la directora ejecutiva. Él le dijo que pensaba que su extensa experiencia de liderazgo y su rigor con los procesos complementarían bien su producto y sus fortalezas técnicas.

Adelantémonos a un año después. Uno de los inversionistas de TeleSafe nos llamó para ver si podíamos considerar tener unas sesiones de *coaching* con Chris. Nos indicó que estaba teniendo dificultades y que los miembros de la junta estaban cuestionando su efectividad como directora ejecutiva. El inversionista nos indicó que Chris estaba abierta a tener sesiones de *coaching* y que estaba consciente de que había problemas, pero no estaba segura de cómo lidiar con esos retos.

John inició el proceso de *coaching* recolectando retroalimentación del equipo de Chris y de los miembros de la junta. La retroalimentación que emergió creó la imagen de una directora ejecutiva estancada en el modo de congelación, incapaz de tomar decisiones clave. Los directores ejecutivos en modo de congelación se quedan paralizados, a menudo, por el miedo de que quizás tomen la decisión equivocada.

Los comentarios del equipo de Chris eran muy dicientes:

«Hay demasiados procesos en la organización».

«Evitamos tomar decisiones clave».

«Nadie se responsabiliza por hacer las cosas».

«Aplazamos las decisiones y al final apagamos incendios cuando no hemos cumplido las fechas de entrega».

«Chris quiere que cada detalle del producto esté correcto y jamás lo enviamos a tiempo».

«Complicamos demasiado las cosas. ¿Por qué no lo mantenemos todo simple?».

Cuando Chris y John se sentaron en su oficina, que daba a Embarcadero, en un día soleado en San Francisco, ella lucía algo tensa al iniciar la conversación.

John empezó dándole la retroalimentación de su equipo, lo cual fue difícil de recibir para ella. Al principio estaba a la defensiva, diciendo que el problema era el equipo. Sentía que algunos miembros no eran competentes y que se había tardado mucho en sacar a quienes rendían poco de la organización.

La pregunta. A medida que discutieron algo de la retroalimentación que era específica para ella, John le hizo una pregunta crucial: «Chris, ¿a qué le tiene miedo?».

Su respuesta dejó claro que su mayor miedo era equivocarse y sacar un producto que no cumpliera con sus estándares o los de la junta. Tenía miedo de que si no se tomaba el tiempo para hacer las cosas bien, pagaría por ello al final del camino.

Pero más que las palabras que pronunció, John recuerda lo emocional que se puso mientras se explicaba. Le fallaron las palabras cuando habló sobre cómo había construido su carrera sobre el hecho de hacer las cosas bien y no ofrecer productos de «mierda». Hizo una pausa por un momento y, con una voz suave, se describió a ella misma como una perfeccionista. Argumentó que prefería entregar un producto tarde que no hacerlo correctamente a la primera.

Subió la voz y se volvió más desafiante cuando recalcó la necesidad de tener reuniones y revisiones minuciosas para asegurarse de que no se les había pasado nada. Cuando terminó de compartir sus pensamientos, dijo: «me da miedo que si no soy yo quien se asegure de que nuestros productos son de buena calidad, nadie más lo hará».

Después de ires y venires sobre por qué eso era importante para ella y de dónde salían esas creencias y sentimientos, Chris y John procedieron a discutir el impacto que su comportamiento tenía en su equipo y la organización. Ella admitió que las cosas no estaban bien y que necesitaba hacer algunos cambios. No estaba feliz con los lanzamientos tardíos, los cambios de última hora, la toma de decisiones lenta y los comportamientos contraproducentes de los miembros del equipo.

Al inicio, dijo que quería que «el equipo se hiciera más responsable y subiera de nivel». Pero cuando terminaron la sesión de *coaching*, comentó: «creo que *yo* necesito cambiar, pero no estoy segura de cómo o si es que puedo hacerlo. Mi necesidad de ser minuciosa y revisar todo siempre ha sido una fortaleza… es una de las razones por las que he sido exitosa».

El comportamiento de Chris encajaba con claridad en el *arquetipo perfeccionista*. Tenía miedo de hacer las cosas mal, se congelaba por la indecisión y jamás entregaba algo a tiempo. Los líderes caracterizados por ese arquetipo perpetúan una cultura de análisis y revisiones que a menudo paraliza al equipo y a la organización. Los perfeccionistas se apoyan demasiado en los procesos, carecen de una toma de decisiones efectiva, adoptan patrones de apagar incendios y siguen fallando con las entregas en las fechas críticas.

Estos líderes no son capaces de responsabilizarse por sus decisiones y evitan tomar las que son difíciles. Los perfeccionistas esconden sus miedos e inseguridades detrás de un velo de minuciosidad, escrutinio y críticas.

ANDRE: LA PERSONA COMPLACIENTE

Andre es el director ejecutivo de EduSoft, una compañía educativa exitosa de aprendizaje en línea. EduSoft fue fundada dos años antes de la pandemia del Covid y ahora está bien posicionada para apoyar a los profesores y a los estudiantes en el aprendizaje en línea. En pocas palabras, ¡las herramientas, los recursos y los productos de *software* de EduSoft están bien cotizados!

Andre empezó la compañía con unos pocos amigos después de que se graduaron de la universidad. Edward lo conoció por primera vez después de que consiguió 40 millones de dólares de inversión de algunas de las empresas de capital de riesgo más reconocidas de Silicon Valley. A pesar de la inversión, el inversionista principal estaba preocupado porque Andre, un director ejecutivo primíparo, estaba teniendo problemas con su equipo. Acababa de contratar a unos ejecutivos sénior nuevos y la junta estaba escuchando rumores de que las cosas no iban muy bien.

Cuando Edward se reunió con Andre, le dio la impresión de que era un individuo extrovertido, carismático y amigable. Andre sonreía al hablar y se enfocaba cuando le tocaba escuchar con atención. En general, se presentaba como una persona muy afable. Edward pensó que sería genial trabajar con él.

Cuando empezaron a discutir su posible trabajo juntos, Andre habló bastante sobre los nuevos miembros del equipo y que no se estaban llevando bien. De acuerdo con Andre, «nuestro problema más grande es que es un equipo de personas que no están trabajando colaborativamente. Los miembros del equipo demuestran muy poco respeto por sus pares».

Después de más conversaciones, Andre y Edward decidieron que Edward tenía que enfocarse en ellos y que debía ser un «*coach* de equipo» con la meta de ayudar a los miembros a volverse más efectivos. Estuvieron de acuerdo con que Edward debería hablar con cada miembro y luego observar al equipo en acción.

Cuando Edward procedió a hacer las entrevistas con cada miembro y a ir a una de sus reuniones semanales del grupo ejecutivo, observó que las disfunciones de equipo que Andre describía eran muy reales, pero que los problemas eran, en gran parte, el resultado del comportamiento de Andre.

Estaba claro que a todo el mundo le agradaba Andre y que respetaban su liderazgo técnico. Pero también estaba claro que el estilo de liderazgo de Andre, en particular en las reuniones de equipo, era la causa principal del problema. Era más una reunión desestructurada de amigos que una reunión empresarial.

Sin una agenda clara ni enfoque, la gente solo proponía temas sobre los que querían dar un reporte o de los que querían retroalimentación y el equipo debatía eternamente en círculos. Como consecuencia, no había resultados claros y nadie sabía qué decisiones se habían tomado, si es que se había tomado alguna. Como podrá imaginárselo, la gente empezó a temerles a las reuniones eternas y poco productivas de Andre.

El problema era que Andre quería un consenso total en las decisiones clave. Si todo el mundo no estaba de acuerdo, dejaban el problema de lado por el momento y no se tomaban decisiones jamás sobre temas importantes. Aunque Andre escuchaba bien e intentaba oír todas las voces, cuando las cosas se calentaban, daba un paso atrás y evitaba los conflictos.

Cuando Edward observó al equipo, vio una frustración visible en los miembros porque no se estaban tomando las decisiones clave. Después de que se acababa la reunión, la gente se dispersaba con la cabeza baja y miradas tensas. Edward escuchó a uno de los miembros del equipo susurrándole sarcásticamente a otro colega: «bueno, otra hora más invertida de una manera genial».

Mientras Edward y Andre caminaban de vuelta a la oficina del director ejecutivo, Andre expresó su frustración ante la inhabilidad de su equipo de colaborar. «Intento darles espacio para dar un paso adelante y que tomemos las decisiones juntos y, en vez de eso, debaten sin parar».

Edward sospechaba que Andre estaba externalizando el problema y culpando al equipo por su propia falta de determinación, pero quería más datos del equipo para apoyar su presentimiento. Las entrevistas con los miembros apoyaron muchas de las sospechas de Edward y señalaron comportamientos adicionales del director ejecutivo que eran la raíz del problema.

Casi todos los miembros mencionaron la lealtad extrema que Andre sentía por algunos de los primeros empelados que contrató, de una manera u otra.

*«Esas personas ya no son efectivas en sus roles y Andre
no tiene la fortaleza para sacarlas».*

«Es leal hasta el punto de que eso se convierte en un defecto».

*«Es incapaz de dar malas noticias y siempre evita
las conversaciones difíciles».*

«Lo amo, pero carece del coraje para tomar una decisión cuando de verdad es necesaria».

«Su falta de determinación hace que peleemos constantemente unos con otros».

A Edward le quedó claro que Andre encajaba en el clásico *arquetipo de persona complaciente* y que iba a ser difícil que aceptara la retroalimentación. Las personas complacientes tienen un miedo básico al rechazo que las lleva a evitar los conflictos, a no dar retroalimentación o a no compartir malas noticias. Quieren que todo el mundo esté feliz e intentan llegar a consensos a costa del progreso.

La retroalimentación de Edward iba a dar justo en el centro de cómo Andre se veía a sí mismo. ¿Se responsabilizaría y aceptaría esos problemas en nombre del equipo? ¿Acaso la retroalimentación lo tomaría por sorpresa y paralizaría sus habilidades de liderazgo? ¿A qué le temía Andre? Era hora de averiguarlo.

La pregunta. La sesión de retroalimentación empezó con Andre diciendo: «de verdad estoy ansioso por escuchar la retroalimentación. Tengo un buen equipo y sé que, aunque hay problemas, todo el mundo tiene las mejores intenciones».

Oh, por Dios, pensó Edward, *esto va a ser más difícil de lo que pensé.*

A medida que Edward procedió a compartirle la retroalimentación, fue evidente que Andre quedó pasmado por todo lo que estaba escuchando. Literalmente dejó de hablar y evitó mirar a Edward a los ojos. Después de unos pocos minutos, logró dar unas pocas respuestas e hizo un par de preguntas, pero, en esencia, estaba devastado.

Cuando la sesión de retroalimentación llevaba unos cuarenta y cinco minutos, Edward podía ver que a Andre se le estaban aguando los ojos. Con un tono muy bajo y emotivo, comenzó a decirle a Edward cuán duro era escuchar eso, que no había esperado que la retroalimentación fuera tan negativa. Sabía que las cosas estaban mal y que podía hacerlo mejor, pero no tenía idea de que *él fuera el problema*. «Quizás solo debería retirarme», murmuró. «De verdad. Si piensan que no soy la persona correcta para esto, puedo irme a hacer algo más».

Ahí está la reacción de huir de nuevo, pensó Edward. La respuesta de huir ante el miedo a menudo se presenta como un comportamiento de evasión: cambiar el tema cuando hay una situación difícil, no lidiar con los problemas de frente o solo renunciar cuando las cosas se ponen duras.

Fue en ese punto que Edward dijo: «Andre, ¿por qué no me cuenta a qué le tiene miedo en realidad? ¿Cuál es el miedo que lo está acechando con respecto a su equipo?».

Entonces, el director ejecutivo procedió a hablar sobre su necesidad de que el equipo lo respetara. No tener su respeto sería difícil para él. Elaboró sobre su gran deseo de que todo el mundo se llevara bien y se agradaran entre ellos. Habló del orgullo que sintió por haber construido una cultura en la que la gente era feliz y trabajaba de una manera colaborativa. Después de un largo silencio, reveló que el conflicto lo incomodaba y que intentaba hacer todo lo que posible para que la gente llegara a puntos intermedios.

Sintiendo que una revelación estaba cerca, Edward instó a Andre a explorar más profundamente cómo y por qué los conflictos lo incomodaban tanto. Sabía que se estaba acercando a la parte más real. «Andre», le dijo, «puedo notar que esto es duro para usted… Cuénteme un poco sobre qué le ocurre cuando piensa en ser aceptado por un grupo. ¿Por qué es tan importante para usted mantener la paz y asegurarse de que la gente se lleva bien? Me suena a que eso es un hábito bastante viejo».

Con una gran exhalación y mirando al techo, Andre empezó a abrirse. Habló sobre querer ser popular en el colegio y hacer todo lo que pudo por ser aceptado y querido por sus pares. Habló sobre su padre alcohólico, que siempre peleaba con su madre, y cómo él siempre quedaba en medio de sus padres y sus hermanos. Describió su rol en la familia como el que mantenía la paz, asegurándose de que todos se llevaban bien.

Con lágrimas y mucha emoción, describió cuánto odiaba cuando sus padres peleaban. Recordaba cómo se le tensaba el cuerpo y el sentimiento de desesperación horrible que se le asentaba en el estómago. Odiaba tanto eso que solo salía corriendo. Dijo que se escapó de su casa unas cinco veces incluso antes de llegar al bachillerato. Y cuando se graduó, se fue a una universidad de la costa oeste, alejándose tanto como pudo del estrés y el conflicto de su casa de la infancia de Nueva Jersey.

Ahora Edward podía ver con claridad de dónde venía la respuesta de huir ante el miedo de Andre. Y su historia golpeó a Edward como un cargamento de ladrillos, pues Edward creció en una situación similar.

Es impresionante cómo la vida, a veces, nos une con personas que han tenido las mismas experiencias formativas de modo que podamos facilitar la sanación de alguien más. Y aunque no somos terapeutas y no proveemos la relación terapéutica a largo plazo que alguien como Andre necesita para llegar más profundo, podemos ayudar a los clientes a ver cómo sus miedos están afectando su trabajo y guiarlos en la dirección correcta para que empiecen a trabajar en esa sanación que necesitan.

Escuchando y observando a Andre mientras hablaba, Edward pudo notar que se estaba sintiendo ansioso en ese momento. «Sé que siente ansiedad por hablar de esos recuerdos», le dijo. «Está respirando de una forma superficial y hablando más rápido. ¿Alguna vez experimenta esta misma ansiedad cuando está liderando a su equipo?».

La respuesta de Andre fue muy diciente: sentía esa ansiedad todo el tiempo, en especial cuando la gente no se estaba llevando bien y estaban peleando unos con otros. Fue vehemente cuando expresó cuánto odiaba cuando la gente se irrespetaba y no podía encontrar un punto intermedio. Su ansiedad era tan alta en esas situaciones tensas, añadió, que quería actuar tan rápido como fuera posible para resolver el conflicto. En palabras de Andre, «empleo con rapidez mis habilidades para mantener la paz y hacer que el grupo trabaje en encontrar un compromiso. Eso funciona en el momento, pero mi equipo parece estar peor que nunca».

El arquetipo de la persona complaciente se caracteriza por una respuesta habitual de huir ante el miedo. Esto no significa necesariamente que Andre salga corriendo de un salón cada que siente miedo o ansiedad, sino que hace lo mejor que puede por escapar del momento, haciendo todo lo posible para mantener a la gente feliz al cambiar de tema y evitar la tensión o el conflicto.

De forma irónica, los esfuerzos por evitar el conflicto abierto solo causan más conflicto por detrás de escenas. Como las decisiones no se toman, los miembros del equipo deciden hacer maniobras políticas para avanzar en sus posiciones, cosa que a veces sucede con resentimiento. Este no es un arquetipo al que sea fácil ayudar. Con las personas complacientes, nos hemos dado cuenta de que el camino del cambio toma mucho más tiempo e involucra una reflexión profunda para poder sanar.

LUIS: EL IMPOSTOR

Luis, un doctor y emprendedor educado en Harvard, es el fundador de HealthX, una compañía del cuidado de la salud cuya misión es usar analíticas centradas en los pacientes para hacer que la industria de la salud sea más efectiva y eficiente tanto para los pacientes como para los médicos.

John conoció a Luis a través de un médico e inversor que está en la junta directiva de Luis y que era muy abusivo en la compañía, la cual acababa de completar una serie A de financiamiento de 60 millones. Y aunque HealthX estaba creciendo rápido y esperaba añadir cincuenta empleados más en los siguientes meses, el inversionista estaba preocupado porque Luis se encontraba siempre estresado y le estaba costando bastante manejar su rol como director ejecutivo durante ese período de crecimiento rápido. Parecía el momento perfecto para presentarle el *coach* a Luis.

Cuando lo conoció por primera vez, John pensó que Luis parecía abierto a aprender cómo manejar mejor los retos de ese nuevo rol como director ejecutivo. Luis jamás había sido director ejecutivo antes y era consciente de que tenía mucho por aprender. Quería que las sesiones de *coaching* le dieran nuevas herramientas para que pudiera liderar mejor a su compañía e hizo énfasis en cuán importante era que aquello tuviera éxito. «¡No quiero decepcionar a nadie!», dijo.

Nuestros acuerdos de *coaching* con los líderes les permiten contactarnos en cualquier momento para discutir un problema importante o alguna decisión que les esté causando estrés. A esto lo llamamos la opción de 24/7 y Luis empezó a aprovecharse de ella. Mucho.

Una tarde, John y Luis se encontraron con poco aviso porque así lo pidió Luis. Él se notaba muy estresado y molesto cuando le habló sobre intentar balancearlo todo en su vida. Como padre de unos gemelos recién nacidos, se le estaba dificultando balancear las demandas de su vida familiar con las presiones del trabajo. Su esposa quería que estuviera más en casa. Luis no estaba durmiendo y se le estaba complicando estar calmado y en control en el trabajo. Incluso describió momentos en los que tuvo ataques de pánico.

El 360 de Luis, la retroalimentación que John recibió del equipo creaba la imagen de un líder que reaccionaba con brusquedad y que estaba casi siempre a la defensiva, lo que causaba que sus empleados se retrajeran en las reuniones. Los miembros del equipo pensaban que las conversaciones con él eran difíciles porque «él siempre debía tener la razón» y «descartaba las ideas de otras personas». Sus colegas se estaban frustrando cada vez más con su estilo de liderazgo de «comando y control».

Durante la sesión de *coaching* en la que John le dio a Luis la retroalimentación, fue obvio que Luis no se encontraba en un buen momento. Se veía cansado y debilitado. Tenía los ojos rojos y se notaba muy agitado. Empezó a hablar sin parar y, para ser francos, lo que decía no tenía mucho sentido.

Viendo que las cosas debían cambiar, John sugirió que salieran a caminar. Luis estuvo de acuerdo y salieron para caminar alrededor del barrio South Park de San Francisco, en donde estaban las oficinas de la compañía de Luis. Él realmente necesitaba hablar y caminar, creó el escenario para una conversación significativa de *coaching*.

Cuando John le preguntó a Luis qué estaba pasando, le dijo que no estaba seguro de qué sucedía, pero que no podía dormir. Dijo que la noche anterior se había despertado cubierto de sudor frío, pensando en toda la presión que sentía. «Tuve un sueño en el que teníamos una reunión y debía decirle a todo el mundo que estábamos liquidando la empresa. ¡Fue algo *demasiado* real, John!».

John solo escuchó mientras Luis hablaba más sobre el estrés al que estaba sometido, repitiendo que no quería decepcionar a nadie. En tanto avanzaban por la Bahía de San Francisco que estaba detrás del parque, hubo una pausa larga. Al final, John preguntó: «¿a quién tiene miedo de decepcionar, Luis?».

Luis habló sobre cómo temía decepcionar a todo el mundo, en especial a sus padres. Describió su infancia dentro de una familia latina inmigrante en Albuquerque, Nuevo México. Su familia era pobre y sus padres trabajaban a tiempo completo. Su mamá tenía dos trabajos: uno empezaba muy temprano por la mañana y el otro era un turno de noche.

Luis describió a su familia como una que estaba llena de amor y apoyo. Sus padres querían algo diferente para sus hijos. Tenía dos hermanos y dos hermanas y, desde una edad muy temprana, a todos les dijeron que debían educarse. Las expectativas eran muy altas para todos ellos.

«Mis padres querían que todos nosotros tuviéramos una mejor vida y, para ellos, la educación era la prioridad número uno. Esa es la razón por la que todos estudiamos tanto y fuimos a universidades de la Ivy League». La energía de Luis se volvió más profunda. Casi en un susurro, dijo: «esa es la razón por la que fui a Harvard y me convertí en doctor. Lo que siempre he querido es enorgullecerlos».

Caminaron en silencio durante un minuto y Luis continuó con su historia. Empezó a describir los retos que tuvo desde que dejó Albuquerque como uno de los pocos «chicos morenos» (en sus palabras) en Harvard, el único latino en las clases de la Facultad de Medicina. Habló sobre los comentarios despectivos de sus compañeros de clase, quienes daban a entender que solo estaba allí por las metas de diversidad en las admisiones de la universidad. «¡¿Y si tenían razón, John?!».

Y ahora, como uno de los pocos emprendedores latinos de Silicon Valley, tenía preocupaciones muy similares. Incluso con un título de Harvard, a menudo sentía que no se lo tomaban en serio. Hablaba de cuán duro debía trabajar para transmitir la imagen correcta y que sentía que no encajaba con la imagen clásica de un director ejecutivo.

En sus palabras: «por si no lo ha notado, no soy alto y blanco. Soy bajito, moreno y tengo acento. Entonces compenso eso al usar palabras rimbombantes, hablando alto y expresándome rápido todo el tiempo. Siento que siempre estoy intentando vender algo… que siempre estoy fingiendo».

Siguieron caminando en silencio durante unos minutos mientras John procesaba todo lo que acababa de escuchar. Luis le estaba exponiendo su alma y John quería darle al tema el respeto y el espacio que se merecía.

Después de otro minuto, John dejó de caminar y pisó fuerte con los dos pies para recalcar el momento. «Entonces, Luis, dígame cómo estas experiencias y esta creencia de que no se lo toman en serio se han traspasado a su liderazgo. Dígame… ¿a qué le tiene miedo?».

Luis dejó caer un poco los hombros y bajó la mirada, derrotado. Luego se encogió de hombros y dijo con simpleza: «mi mayor miedo es que la gente se entere de que no soy la persona inteligente que creen que soy. Que soy un impostor».

¡Bingo!

Estaba claro que Luis era una presa más del *arquetipo del impostor*. Que las «descubran» es uno de los miedos más comunes entre las figuras más reconocidas, pero en especial entre los líderes nuevos que jamás han sido directores ejecutivos antes. Una revisión del 2019 de 62 estudios diferentes, con 14.000 participantes, demostró que, aunque el síndrome del impostor es común de una manera uniforme tanto entre hombres como mujeres de diferentes grupos de edad, es particularmente prevalente entre «grupos étnicos minoritarios».

Se ha hablado con más soltura del síndrome del impostor en años recientes gracias a las revelaciones valientes y personales de figuras prominentes como la primera dama Michelle Obama, actores como Tom Hanks y Emma Watson, la tenista campeona Serena Williams y Howard Schulz, el exdirector ejecutivo de Starbucks, entre muchos otros.

Las personas responden de diferentes maneras al hecho de sentirse como impostoras. Algunas se congelan. Otras huyen. Pero, en nuestra experiencia, el arquetipo del impostor en los líderes casi siempre aparece con la respuesta de luchar ante el miedo, como si estuvieran intentando esconder su miedo a la incompetencia con un comportamiento antagonista y controlador.

Por lo general, los impostores se ponen una armadura gruesa o incluso actúan como matones agresivos con sus equipos. «Si puedo señalar los errores de los demás», se dicen subconscientemente a sí mismos, «no tendrán tiempo de fijarse en mis fallos potenciales». Es un clásico movimiento para compensar en exceso.

El arquetipo del impostor es muy común entre los emprendedores, en especial los directores ejecutivos primíparos, sin importar su raza, género o trasfondo socioeconómico, pero sí lo hemos visto más entre los fundadores negros, indígenas o de color con los que hemos trabajado. En las palabras de uno de los fundadores con quien tuvimos sesiones de *coaching*, «todos somos impostores. Hubiera sido imposible lograr este nivel de éxito sin fingir un poco al principio. Solo espero que no me descubran».

Luis enmascaraba su miedo a la incompetencia al asumir la personalidad luchadora que le ha funcionado durante la mayoría de su vida. Sin embargo, esta vez las cosas fueron diferentes. Los efectos tanto físicos como psicológicos le estaban costando caro a él y a su compañía.

Luis debía aceptar su miedo y nuestro camino con él apenas estaba empezando.

Hacer que el miedo sea su aliado

Este capítulo le ha presentado a tres líderes diferentes, los cuales han tenido momentos difíciles por el miedo. La pregunta de «¿a qué le temo?» es una difícil de analizar y los líderes no siempre pueden identificar los miedos que los están impactando a ellos, a sus equipos y a sus organizaciones. De las cinco conversaciones de *Liderando desde el corazón*, esta es, a menudo, la más difícil de tener y con la que es más complicado hacer cambios.

Chris, Andre y Luis necesitaban ayuda para identificar el rol que sus miedos subyacentes tenían en sus estilos de liderazgo. Cada uno experimentaba y expresaba los miedos de maneras distintas.

En el caso de Chris, su miedo subyacente y el impacto que tenía en su liderazgo no eran cosas que tuviera claras. Siempre fue consciente de que su equipo no estaba cumpliendo con las fechas de entrega, pero no entendía que eran sus comportamientos perfeccionistas, impulsados por su miedo al fracaso, los que estaban en el centro del problema.

Con Andre y Luis, el miedo estaba empezando a afectarlos tanto física como psicológicamente, haciendo que se comportaran de formas que los volvían líderes poco efectivos que estaban dañando a sus organizaciones.

¿Cuáles son las estrategias que los líderes pueden usar para lidiar con sus miedos? ¿Cómo pueden aplicar estas estrategias Chris, Andre y Luis para lidiar con sus propios miedos? ¿Cómo puede aprender usted a gestionar sus propios miedos?

Hemos desarrollado un marco simple que hemos encontrado útil a la hora de tener sesiones de *coaching* con líderes que quieren aprender a manejar sus miedos. Involucra:

1. Nombrar su miedo y aceptarlo.

2. Compartir su miedo con un *coach* o con un colega.

3. Hacer un plan para escoger comportamientos diferentes.

4. Narrar su miedo a través de una historia.

NOMBRAR SU MIEDO Y ACEPTARLO

En nuestro trabajo, encontramos que tenemos más éxito cuando los líderes están abiertos a aceptar sus miedos. Esto no siempre es fácil de hacer, pero tener la mentalidad de estar abierto a nombrar y entender el miedo es un buen lugar para empezar.

Las investigaciones académicas apoyan el valor de enfrentar nuestros miedos. En su investigación sobre líderes y sus estrategias para lidiar con los miedos, Tonya Jackman Hampton descubrió que cuando son capaces de nombrar sus miedos, los líderes son más aptos para explorar y estar abiertos a las estrategias para lidiar con ellos. Descubrió que, aunque estos miedos en realidad nunca se van, empiezan a disiparse a medida que los líderes identifican nuevas maneras de gestionarlos.

Los líderes que ven los eventos estresantes y los miedos como retos de los que se puede aprender en lugar de como obstáculos que podrían impedir su crecimiento son más propensos a mejorar su rendimiento. No todos los clientes pueden aceptar sus miedos de inmediato. Con algunos, toma un tiempo destrozar esas barreras y caminar hacia el cambio. En otros casos, los líderes son incapaces de enfrentar sus miedos, lo que resulta en que la compañía fracasa.

Para Chris, nuestro trabajo empezó a marcar una diferencia cuando fue capaz de nombrar su miedo y reconocer cómo su comportamiento era la causa principal del bajo rendimiento de su equipo y de la organización. Al nombrar su miedo, pudo tener una conversación abierta con su equipo e involucrarse en crear estrategias para cambiar.

Al principio, eso fue duro para Chris. Ella y John trabajaron juntos para escribir y articular con claridad su miedo y el impacto que tenía en el rendimiento organizacional. Este acto de escribir es crítico para hacer que los líderes acepten sus miedos.

COMPARTIR SU MIEDO

Una vez que el miedo ha sido nombrado y escrito, el siguiente paso es compartirlo con los miembros de su equipo. Con frecuencia, les pedimos a los líderes que escojan a un pequeño grupo de personas y que les soliciten retroalimentación sobre si el miedo está impactando el rendimiento del cliente. Estos pueden ser miembros del equipo u otras personas que trabajen cerca del líder.

Usualmente guiamos a los líderes para que usen un proceso abierto que empieza con nombrar sus miedos. Luego animamos a sus equipos a que compartan cómo esos miedos pueden estarlos afectando. Aquí está la declaración que Andre, el director ejecutivo identificado como una persona complaciente, usó con su personal:

> *«He recibido retroalimentación sobre que nuestro equipo necesita tomar decisiones más rápidas al involucrarse más en los conflictos y en debates abiertos. Nuestra falta de determinación está causando problemas en el equipo y hay preocupación porque no se están tomando las decisiones clave. Me doy cuenta de que soy una gran parte de este problema y que mi deseo por promover la colaboración y el consenso puede ser contraproducente. Los conflictos se me hacen difíciles y temo que demasiado de eso destruya la moral del equipo».*

Esta declaración abierta dio pie a una cantidad de preguntas que Andre usó para reunir retroalimentación adicional. Preguntas como:

- ¿Puede ayudarme a entender su punto de vista?
- ¿Qué impacto tiene mi comportamiento en usted y en el equipo?
- ¿Qué comportamientos debería *dejar de lado*?
- ¿Qué comportamientos debería *adoptar*?
- ¿Con qué comportamientos debería *seguir*?

Reunir esa clase de retroalimentación les ayuda a los líderes a admitir y aceptar sus miedos. Después de recolectar retroalimentación concreta sobre qué comportamientos específicos debería dejar de lado, adoptar y seguir implementando, Andre estuvo listo para llevar el proceso aún más profundo.

Trabajando con Edward, Andre y su equipo fueron capaces de tener una conversación sobre sus dinámicas. Edward estableció un entorno que los ayudó a todos a sentirse seguros y eso les permitió a algunas personas abrirse y compartir sus historias.

Cuando nos tomamos el tiempo para aprender de las historias y los miedos de los demás, somos capaces de entender qué hay detrás de los comportamientos improductivos. La vulnerabilidad de Andre animó a que otras personas compartieran sus experiencias. Al crear ese clima de honestidad y transparencia, Andre ayudó a su equipo a sentirse cómodo a la hora de expresar opiniones. Establecieron un conjunto claro de reglas de interacción, lo que los ayudó a redefinir la forma en la que el grupo tomaba decisiones.

CREAR UN PLAN

Los miedos son profundos y difíciles de cambiar. Sin un plan de acción, nada cambiará. El modelo de Nombrar el Miedo es una herramienta efectiva para ayudar a los líderes a pasar del entendimiento a las acciones reales. Empiezan con un plan, pero sus equipos los ayudan a expandir ese plan y a asegurarse de que se cumpla. Nos hemos dado cuenta de que cuando los líderes son vulnerables con respecto a sus miedos y expresan un deseo de hacer algo al respecto, sus equipos responden de maneras útiles.

Los acuerdos identificados en el plan de Chris sirvieron como un «contrato» para que ella y su equipo se responsabilizaran.

NOMBRANDO MI MIEDO

Mi miedo: soy una perfeccionista y he dejado que mis comportamientos perfeccionistas impacten el rendimiento del equipo y de la organización. Estos comportamientos han causado que no cumplamos continuamente con fechas de lanzamiento, lo que resulta en un rendimiento de base poco óptimo para la compañía.
Mi meta: evitar la parálisis del análisis y comprometerme a tomar decisiones más rápido.

COMPORTAMIENTOS PARA DEJAR DE LADO, ADOPTAR Y SEGUIR IMPLEMENTANDO	
DEJAR DE LADO	• Analizar en exceso e intentar que todo sea perfecto • Tener reuniones innecesarias

ADOPTAR	• Asignar a otros miembros del equipo para que impulsen la toma de decisiones rápida • Limitar el tiempo de debate sobre los problemas
SEGUIR IMPLEMENTANDO	• Tomar decisiones de calidad al tiempo que el producto sale más rápido • Apoyarse unos a otros después de un debate duro

LA VULNERABILIDAD PROVOCA VULNERABILIDAD

Uno de los resultados observables de este proceso es que los miembros del equipo se vuelven también más vulnerables y a menudo revelan algunos de sus propios miedos. Uno de los miembros del equipo reveló que no se sentía lo suficientemente inteligente en comparación con otras personas del salón. Una vez que identificó y nombró su miedo, pudo empezar a volverse un participante más activo de las reuniones. Cuando los líderes se quitan su armadura y aceptan sus miedos, inspiran a los demás a reciprocar esas acciones. Con Chris, una vez que reconoció su miedo y se comprometió con un plan para trabajar en esos problemas con su equipo, el cambio empezó a suceder.

CUENTE SU HISTORIA

Una de las estrategias más poderosas para convertir al miedo en su aliado es redactar y contarle su historia a una audiencia más amplia. Las historias inspiran y motivan a las personas, así como también ayudan a los líderes a conectarse con sus equipos. Casi siempre, los miedos que tienen los líderes son los mismos miedos que otras personas están experimentando. Cada uno de los líderes que mencionamos en este capítulo ha tenido historias interesantes que contar sobre sus miedos.

Luis, por ejemplo, tenía una historia muy poderosa por contar: herencia latina, inicios humildes, siempre teniendo que trabajar más duro para probarse a sí mismo, no querer decepcionar a nadie, en especial a sus padres. Su miedo de que lo descubrieran (de ser un impostor) o de fallar era lo que impulsaba su comportamiento. Luis tuvo que superar incontables barreras en su camino.

Luis debió crear una historia que fuera interesante y auténtica, pero que también le permitiera demostrar vulnerabilidad para inspirar a otros. Su historia necesitaba demostrar que estaba evolucionando y creciendo como líder.

John recuerda vívidamente la sesión de *coaching* con Luis en la que empezaron a juntar todos los elementos de su historia. Comenzaron con una sesión de lluvia de ideas en la que John preguntó: «¿qué quiere contar en su historia?».

Después de un diálogo de una hora, Luis propuso los siguientes temas:

- «Quiero empezar hablando de mi familia y mis comienzos humildes».
- «No quería decepcionar a mi madre».
- «Lo que me faltaba en tamaño, lo compensé con inteligencia».
- «Aprendí a no rendirme jamás».
- «Quería que me tomaran en serio».
- «Aprendí a ser resiliente».
- «Me derrotaron muchas veces, pero siempre volví a ponerme de pie».
- «Estoy aprendiendo a aceptar mis miedos y a fluir más».

Con estos temas, Luis creó una historia de diez minutos y se comprometió a compartirla con su compañía en la siguiente reunión general. Le pidió a John que fuera a la reunión y fue uno de los momentos más memorables de su carrera de *coaching*.

Luis empezó con la historia de su familia y, a medida que hablaba de su madre, se le comenzaron a llenar los ojos de lágrimas. Su autenticidad salió a flote cuando identificó sus propios miedos y cómo habían impactado su habilidad para estar presente y liderar con paciencia y resolución. Concluyó conectando su propia historia de resiliencia con la cultura de la compañía. La reacción fue sobrecogedoramente positiva y su historia se convirtió en parte de la cultura de la compañía. Desde ese momento en adelante, Luis jamás desaprovechó una oportunidad para contarles su historia a los empleados nuevos durante el proceso de orientación y contratación.

Ver y trabajar con los miedos de otras personas

Habiendo leído las historias de Chris, Andre y Luis, quizás no le sorprenda enterarse de que creemos que los miedos son la causa de muchos comportamientos inútiles en la oficina… y, sí, también en la casa.

El jefe que reescribe toda su presentación de PowerPoint. El colega que siempre parece «olvidarse» de copiarlo en los correos o de invitarlo a las reuniones importantes. El subordinado que no se comunica o que solo se queja con Recursos Humanos porque siente que lo explotan y no lo empoderan en su rol en lugar de hablar con usted al respecto. El miembro de la junta que escribe correos duros, pero siempre es su mejor amigo en el teléfono.

Aprender a tener las conversaciones correctas, conversaciones que nos permitan ver más allá de los comportamientos disruptivos o dañinos y llegar a los miedos subyacentes que los motivan, es una habilidad crucial que todos debemos desarrollar. El problema es que de verdad es difícil, en especial cuando alguien lo está obstruyendo o le está lanzando indirectas.

Las personas que actúan desde el miedo casi nunca lo hacen con gracia. En vez de eso, a menudo exhiben comportamientos de luchar, huir o congelarse ante el miedo que les cuesta reconocer como tales porque es probable que se sientan atacados, confundidos o abandonados, lo que a su vez desencadena las respuestas ante el miedo y los comportamientos… y el patrón continúa. ¿Le suena familiar?

Si alguien empieza a socavarlo, su primer instinto puede ser socavar a esa persona o sencillamente ignorarla, todo depende de cómo lidie usted con el miedo. Si alguien comienza a ignorarlo o lo deja de lado por completo, usted puede retribuirle el mismo comportamiento o enviarle un mensaje airado.

Todos sabemos en dónde acaba esa dinámica: en un comportamiento tóxico, incapacidad de trabajar juntos o, peor, en un subterfugio activo. Es impresionante cuán mal se pueden comportar los adultos cuando reciben un golpe en el ego. Porque en realidad de eso se trata todo.

Hace poco hicimos un proyecto de *coaching* con el equipo fundador de un emprendimiento importante de ventas al por menor. Dos de los tres fundadores ya no se hablaban. Decían que tenían visiones diferentes sobre la estrategia y la proyección para la compañía, pero cuando uno hablaba con ellos por separado y les preguntaba por sus visiones para la compañía, solo diferían en cosas mínimas.

Solo fue hasta que les pedimos que rastrearan la relación hasta el punto en el que fue más productiva, o al menos civilizada, que empezamos a ver cómo emergía un patrón. Estas relaciones de trabajo sin confianza no se deben casi nunca a un solo evento. Por lo general existe un patrón de comportamiento que erosiona la confianza con el tiempo hasta que una o ambas partes dicen «¡ya es suficiente!».

Ahí es cuando empiezan a echarse la culpa unos a otros:

- «Parece que él siempre se lleva el crédito».

- «El director ejecutivo solo la escucha a ella».

- «Él dice exactamente lo mismo después de que yo lo hago y solo entonces la gente empieza a trabajar».

- «Hace movidas políticas a escondidas».

Pero cuando les preguntamos sobre su propio comportamiento y si eso puede ser molesto para sus colegas, dicen con inocencia:

- «Solo estoy reportando sobre lo que el equipo está haciendo».

- «¿Acaso no se me permite hablar con el director ejecutivo?».

- «Ya no pienso intentar cambiar las cosas».

- «Me va mejor en reuniones de uno a uno».

El problema con que se desencadenen los miedos es que asumimos una mala intención por parte de la persona que los desencadenó al tiempo que seguimos convencidos de nuestras brillantes intenciones. Nuestra respuesta primitiva ante el miedo no pasa por la corteza prefrontal. Por lo tanto, no contiene ni sentido ni razón. Simplemente vemos a un colega hablando por encima de nosotros en una reunión o no dándonos el crédito y reaccionamos como si ese tigre dientes de sable proverbial estuviera persiguiéndonos por la sabana.

La mayor parte de este capítulo se ha tratado de aprender a entender y gestionar sus propias respuestas ante el miedo. Esta sección es para ayudarlo a desarrollar una visión más aguda para detectar cuándo *usted* está desencadenando una respuesta ante el miedo en alguien más.

Antes de que avancemos, permítanos ser claros: *jamás* es su deber aceptar un comportamiento abusivo o inapropiado de nadie. Esta sección no se trata de que acepte con pasividad cuando alguien sea abusivo emocionalmente o peor. De lo que *en realidad* se trata esta sección es de ayudarlo a desarrollar la habilidad para reconocer el comportamiento basado en el miedo cuando lo vea y para aprender a escoger cómo responde a ello.

Por el bien de la simpleza, desglosemos esto en dos columnas muy sencillas:

CÓMO SE VE...	LO QUE PUEDE ESTAR PASANDO
Un colega deja de invitarlo a las reuniones.	LUCHAR o HUIR: el colega puede estar sintiéndose competitivo y está experimentando miedo de que usted haga las cosas mejor que él.
Un colega rehace su trabajo.	LUCHAR: el colega tiene miedo de cometer errores y siente una necesidad compulsiva de hacer todo un 5% mejor.
Un subordinado continuamente hace un trabajo deficiente o entrega las cosas tarde.	CONGELARSE: el subordinado está tan abrumado por el estrés y por la minuciosidad que ya ni siquiera lo intenta.

Un subordinado lo sorprende con una retroalimentación negativa en su evaluación de desempeño.	HUIR: el subordinado no se siente lo suficientemente seguro como para hablar de sus preocupaciones con usted y finge que está de acuerdo y que le tiene confianza.
El jefe hace demasiadas peticiones de última hora y poco razonables.	LUCHAR: el jefe está afectado por el ritmo y el estrés del trabajo y ya no puede pensar a largo plazo, así que intenta controlarlo todo.
El jefe le da retroalimentación escueta y siempre parece irritado con usted.	LUCHAR: el jefe actúa así porque se siente inadecuado para el trabajo y externaliza ese síndrome del impostor con usted.

Como es obvio, todos estos son ejemplos aleatorios. En esencia, la regla es que cada que alguien se nos acerque con un comportamiento potencialmente dañino o inútil, tenemos una elección: **reaccionar** o **sentir curiosidad**.

Si reaccionamos, es probable que se desencadene el miedo en nosotros mismos y que escalemos la situación al permitir que nuestros miedos tomen el control y sigan el guion en el que mejor nos desempeñamos. Eso significa que lucharemos de vuelta, desapareceremos o no diremos nada.

Pero cuando sentimos una curiosidad radical de cara a un mal comportamiento, a veces tenemos la oportunidad de detener el miedo antes de que actúe. Si escogemos sentir curiosidad y confrontar nuestros propios miedos y los miedos de los demás, tenemos la oportunidad de sentir compasión por el miedo, lo que a su vez nos da la posibilidad de tener una conversación al respecto.

Las personas de nuestro alrededor están actuando desde el miedo todo el tiempo. La compasión y la curiosidad por ese miedo son su primera línea de defensa. Una vez que lo vea y lo ilumine, desaparecerá.

Un cliente que era el director de tecnología de una compañía Fortune 500, que estaba en medio de un proceso de transformación digital, estaba lidiando con un director ejecutivo que estaba profundamente comprometido con su comportamiento de *avergonzar y asignar culpas*. Nada se movía con la rapidez suficiente. Todo el mundo era «un idiota» (en sus palabras). A menudo, las reuniones del equipo ejecutivo terminaban con gritos. Y cualquiera que le señalaba ese comportamiento se encontraba con su ira. Para decirlo con suavidad, *no* estaba liderando desde el corazón. El problema era que sus *ideas* eran oro puro, pero la *manera* en la que las comunicaba era a través del miedo y la toxicidad.

En general, animamos a los clientes a que tengan conversaciones valientes para resolver un conflicto, pero a veces el entorno es demasiado tóxico como para permitir una conversación así. Para resolver eso, Edward sugirió que su cliente redactara una carta con mucha compasión, pero anónima, que básicamente decía: «usted es la persona más inteligente de la habitación. Sus ideas son justo lo que necesitamos. Pero está impulsado por el miedo ahora mismo y nos alejará a la mayoría de nosotros si no arregla eso».

Cuando el director ejecutivo leyó el mensaje por primera vez, seguro se puso lívido, pero a medida que el mensaje le caló, empezó a tener el impacto que se esperaba. A veces, en un entorno hostil, hace falta un «360 involuntario» para tirarle un balde de agua helada al líder que está atascado en una espiral de respuestas impulsadas por el miedo.

En la siguiente reunión del equipo ejecutivo, cuando sostuvo la carta en alto, nuestro cliente no respiró. Pero después de unos pocos comentarios defensivos, el director ejecutivo le agradeció a quienquiera que la hubiera enviado y le prometió al equipo que encontraría a un *coach*. Misión cumplida.

No obstante, a veces las personas están comprometidas con su historia de miedo sin importar lo que usted haga. Están comprometidas con sentirse asustadas, vejadas, estresadas o lo que quiera. En ese caso, usted quizás no sea capaz de extinguir su miedo, pero igual puede escoger cómo responde ante ello.

Su propio conocimiento de que la persona lo está atacando o siendo ofensiva de alguna manera porque *ella* está comprometida con ser temerosa, le ayuda a su cerebro a no activar su respuesta favorita ante el miedo, lo que evita que la situación entre ustedes escale. Y eso es algo bueno para todo el mundo.

No tiene que volverse experto de la noche a la mañana en reconocer el comportamiento basado en el miedo, pero comprométase con volverse mejor en eso con el tiempo. El primer paso es ver que casi todos los comportamientos negativos que alguien tenga con usted son, en realidad, una respuesta ante el miedo. Pueden estar luchando, huyendo o congelándose.

Una vez que empiece a ver a la gente a través de ese lente, verá el miedo en todas partes. A veces sus miedos son en respuesta a algo que usted está haciendo, pero la mayor parte de las veces no es por eso. Y armado con ese conocimiento, usted empezará a escoger de una forma más apropiada cómo responder a eso.

Superando el miedo a pedir ayuda

De los muchos miedos que estancan a los equipos, el miedo a pedir ayuda es uno de los más peligrosos y se merece una mención especial aquí. Cuando las personas sienten que deben tener todas las respuestas, con frecuencia se estancan demasiado tiempo en los problemas y crean unos aún más grandes. La mejor manera para que los líderes gestionen este problema organizacionalmente es ser un modelo a seguir y pedir ayuda ellos mismos.

Una sesión de *coaching* particular que John tuvo con uno de sus directores ejecutivos más importantes, llamémoslo Neal, no fue como las demás. Casi tan pronto como empezó la llamada, John pudo notar que Neal no se encontraba bien. Por lo general, Neal era animado, siempre generaba energía positiva... y ese no era el Neal que John estaba viendo.

Neal estaba describiendo la presión bajo la que se sentía para escalar a la organización. Sentía un gran peso por cumplir con los inversionistas que le acababan de dar a la compañía más de 200 millones de dólares para expandirse a nivel internacional. A medida que exploraron las frustraciones y los puntos sensibles de Neal, quedó claro que él no estaba pasando suficiente tiempo pensando en las grandes decisiones estratégicas que definirían la trayectoria de la compañía en los próximos años. Neal quería hacer que la compañía fuera pública en los siguientes dieciocho meses, pero en lugar de pensar en el panorama completo, estaba atascado en las minucias.

Como fundador de la compañía y estratega naturalmente dotado, Neal pensaba que crear el plan estratégico era algo que debería ser capaz de hacer solo, pero no estaba seguro. «Como director ejecutivo primerizo, tenía las respuestas durante la primera fase como emprendimiento, pero jamás he hecho nada a esta escala. Tengo ideas, pero no respuestas reales».

John le preguntó a Neal si conocía a alguien que pudiera ayudarlo a resolver algunos de esos dilemas estratégicos, pero Neal se resistió un poco al principio. *¿Acaso no se supone que los directores ejecutivos tienen todas las respuestas? ¿No me veré débil ante mi equipo o ante la junta si pido ayuda?*

El miedo a pedir ayuda es algo demasiado común en el mundo de los negocios. Las personas se preocupan porque se verán mal o débiles ante los ojos de sus colegas. Pero las investigaciones sugieren que lo opuesto es verdad. Un estudio del 2015 demostró que cuando las personas en posiciones de liderazgo piden ayuda, su competencia percibida en realidad *sube*, no lo contrario, como uno podría temerlo.

Sentado allí con John, Neal se dio cuenta de que deseaba que otros miembros de su equipo pidieran ayuda con más frecuencia. Todos eran gente brillante y no estaban usándose mutuamente como recursos lo suficiente. Quizás si él se apropiaba de ese comportamiento, podría enviarle señales al resto de que pedir ayuda no solo estaba bien, sino que era lo mejor.

Lo pensó por un momento y luego mencionó a un inversionista, a quien llamaremos Jim, como la posible persona a la que podía acudir por ayuda. Jim era un director ejecutivo exitoso y experimentado que había pasado por muchos de los retos a los que Neal se había enfrentado. Cuanto más discutían la idea Neal y John, más le gustaba al primero. Se pasaron el resto de su sesión generando preguntas estratégicas que Neal quería hacerle a Jim. Al final, dijo que estaba comprometido y listo para tener esa conversación.

Un par de semanas después, Neal se reportó con John y le habló de la reunión. Jim no tuvo las respuestas para todas sus preguntas, pero lo guió en cuanto a las cosas críticas en las que debía enfocarse ahora y en el futuro. Jim fue capaz de ayudar a Neal a ver las cosas con más claridad y a discernir en dónde debía enfocar su energía.

Como *coaches*, con frecuencia animamos a nuestros clientes a contactar a mentores para pedirles ayuda durante puntos de inflexión de sus negocios. Hace poco conectamos a Tony Xu, director ejecutivo de DoorDash, con Tim Cook de Apple, quien fue útil al darle consejos sobre los retos empresariales que estaba teniendo.

Cuando los líderes están estancados, su primer instinto es mirar hacia adentro. De lo que no se dan cuenta es que están modelando ese comportamiento ante sus equipos. El miedo a pedir ayuda puede ser contagioso y puede infectar a toda la organización. Cuando se queda estancado, ¿quién podría ser la persona correcta con la que hablar? Si tiene una junta directiva, quizás un miembro pueda ayudarlo o recomendarle a alguien más.

Si mira a su alrededor, seguro encontrará a alguien que haya navegado con éxito algunos retos similares. Pedir ayuda demuestra fortaleza y humildad y es el comportamiento perfecto para exhibir frente a su equipo.

Posdata: ¿qué pasó con Chris, Andre y Luis?

Por lo general nos preguntan sobre el impacto real de nuestro *coaching* con líderes. ¿El *coaching* hizo una diferencia? ¿Cambió algo? ¿Ese cambio perduró en el tiempo?

Chris: Chris dio grandes pasos en su liderazgo y empezó a alejarse de su comportamiento perfeccionista. Los productos salen a tiempo. Ella le da el crédito a haber contratado a un director de operaciones y a la actividad de "dejar de lado-adoptar-seguir implementando" con su equipo con respecto a sus miedos como los factores más importantes para eliminar las barreras y cambiar su comportamiento. Su compañía se hizo pública dos años después.

Andre: Andre tuvo un buen progreso en las primeras etapas del *coaching*: hubo más debates sanos y conflictos constructivos en sus reuniones grupales y las nuevas reglas le ayudaron al grupo a tomar decisiones más rápido. Pero esto solo duró unos cuatro o cinco meses. Luego Andre empezó a caer en sus comportamientos antiguos. Las frustraciones crecieron entre los miembros del equipo y las personas hablaron cada vez más de irse de la organización. El golpe de gracia sucedió cuando Andre fue incapaz de deshacerse de un líder antiguo que no rendía bien, pero que era un amigo cercano.

Un año después de que acabó el *coaching*, la junta directiva escogió a un nuevo director ejecutivo y Andre se convirtió en miembro de la junta. La alta necesidad de Andre por tener aprobación y su aversión al conflicto hicieron que cada vez fuera más difícil para él tomar decisiones y escalar la compañía. Aunque no logró sostener los cambios en su comportamiento, el proceso de *coaching* lo ayudó a aceptar la transición y a apoyar la necesidad de un nuevo líder más decisivo y operativo.

Luis: una vez que Luis logró aceptar sus miedos, fue capaz de continuar creciendo y aprendiendo. Su comportamiento no cambió de la noche a la mañana, pero a medida que la compañía fue haciéndose más grande, logró confiar en su equipo y empoderar más a la gente. Aprendió que no tenía que ser la persona más inteligente de una habitación todo el tiempo. Considera su momento de contar historias como el elemento más importante que lo ayudó a quitarse la armadura con la que estaba escondiendo sus miedos. La compañía de Luis se hizo tremendamente exitosa y terminó vendiéndola por una cifra alta de nueve dígitos. Desde entonces, empezó una segunda compañía en donde muchos de sus empleados originales aún trabajan.

Esperamos que este capítulo le haya dado perspectivas sobre los miedos que pueden estar estancándolo como líder. Una vez que identifique su miedo, lo nombre, lo comparta y desarrolle un plan, será capaz de contar su historia y crecer como líder. Cuando se detiene a preguntarse qué miedo puede estar motivando el comportamiento de alguien, a veces podrá disiparlo. El miedo puede ser aterrador, pero es más probable que los líderes que lo enfrentan sin rodeos hagan cambios que perduren en el tiempo.

CONCLUSIONES DEL CAPÍTULO 2

- El miedo es algo natural, algo que todos los líderes experimentan.

- Debajo de todos los miedos hay unas emociones subyacentes más profundas y necesidades insatisfechas. Descubrir esas emociones es crítico para entender qué está evitando que se convierta en el líder que puede llegar a ser.

- No todo el miedo es malo y encontrar el balance correcto de miedo en su equipo puede ayudarlo a maximizar su rendimiento y el rendimiento de la organización.

- Entender los patrones de luchar, huir y congelarse, y sus arquetipos correspondientes puede ser útil para comprender y gestionar su miedo.

- Los arquetipos del perfeccionista, de la persona complaciente y del impostor son patrones comunes para los líderes. Identificar su tipo puede ayudarlo a desarrollar estrategias para gestionar su propio miedo y el de sus equipos.

- Nombrar, aceptar y compartir sus miedos son elementos importantes para ayudar a los líderes a manejar sus miedos.

- Contar historias es una manera efectiva de normalizar el miedo en una organización. Compartir su historia puede ser una forma poderosa para aceptar su miedo y desencadenar conversaciones sobre el miedo con otras personas.

- La mayoría de los comportamientos improductivos o dañinos que experimentamos por parte de otros están motivamos por el miedo. Cuando sentimos curiosidad e intentamos ver cuál es el miedo que está detrás de las acciones que nos dañan, tenemos una mejor oportunidad de resolver el conflicto sin que se desencadene el miedo en nosotros mismos.

IDEAS PARA INICIAR CONVERSACIONES

1. Cuando se está sintiendo estresado o se encuentra en medio de un conflicto, ¿cuál es su respuesta usual ante el miedo? ¿Es más probable que se moleste y discuta, que se quede callado y pretenda que nada está pasando o que sencillamente se aleje de la situación?

2. ¿Con qué historia de los directores ejecutivos se identifica más y por qué? ¿Hay partes de más de una historia con las que se sienta conectado?

3. ¿Cómo han trabajado en su contra o en contra de su compañía sus respuestas ante el miedo durante los últimos seis meses?

4. ¿Qué preguntas más profundas o historias viejas que cuenta sobre usted mismo querría explorar más con un terapeuta o *coach* para descubrir de dónde vienen sus respuestas ante el miedo?

5. ¿Qué preguntas o intervenciones de otras personas lo llevan al borde de tener una respuesta ante el miedo?

6. ¿A qué le temen más los miembros de su equipo? ¿Cuál ha sido su rol a la hora de desencadenar los miedos de su equipo? ¿Cómo puede cambiar eso?

7. Piense en alguien con quien a veces tiene un conflicto en el trabajo (o en su casa). ¿Qué respuesta ante el miedo puede estar teniendo esa persona y qué puede decir o hacer usted para reconocer ese miedo con compasión en lugar de activar su propia respuesta ante el miedo?

CAPÍTULO 3

¿QUÉ DESEOS LO IMPULSAN Y CUÁLES PODRÍAN DESVIARLO?

«El amor puede impulsarlo a actuar correctamente.
El amor lo hará actuar incorrectamente»
—Reverendo Al Green.

En su mejor momento, su nombre es sinónimo de resiliencia, dedicación y victoria. Fue uno de los atletas más premiados de todos los tiempos y, sin duda, el número uno en su deporte. Toda su marca personal se basaba en retar los límites, trabajar duro y jamás rendirse.

Su régimen de entrenamiento era toda una leyenda. Era de casi ocho horas al día. Pesas, trotar, montar en bicicleta. Cualquier cosa que extendiera su capacidad aeróbica, el punto de cansancio en el que el cuerpo humano deja de usar oxígeno y comida para crear energía y cambia a un proceso anaeróbico que quema las reservas de glucógeno. Cuanto más evite llegar al proceso anaeróbico, más resistencia tendrá.

Los científicos lo invitaban a los laboratorios de sus universidades para estudiarlo, como si fuera un alienígena. Lo pinchaban y lo analizaban mientras corría en cintas, con cables colgándole por todo el pecho y espalda. Pero, la mayor parte del tiempo, los hombres y mujeres con batas de laboratorio solo se rascaban la cabeza, asombrados. ¿Cómo era posible que su cuerpo usara el oxígeno de una manera tan eficiente? ¿Cómo podía convertir la comida en energía tan rápido? ¿Cómo podía alcanzar la victoria con calma y gracia en el rostro, mientras que sus oponentes tenían el ceño fruncido por la angustia? ¿Cómo pudo recuperarse tan rápido del cáncer y recuperar su título?

En efecto, parecía sobrehumano. Y cuando le preguntaron cuál era el secreto de su éxito, decía sencillamente: «es simple. El éxito viene de entrenar más duro, vivir mejor e ir más profundo que los demás».

Entrenar más duro. Vivir mejor. Ir más profundo. Qué inspiración.

Pero entonces, después de más de una década bajo los focos de la atención; después de que casi todo el mundo en los Estados Unidos, desde Oprah hasta John Kerry, usaran uno de sus brazaletes amarillos; después de que sus fans donaran más de 500 millones de dólares a su fundación para apoyar a sobrevivientes de cáncer; después de que hablaran de él junto con otras leyendas del deporte como Babe, Ali, Tiger y Jordan, se reveló que Lance, el orgullo y la alegría de Austin, había estado haciendo trampa.

No solo a medida que fue envejeciendo.

No solo para ayudarse en su recuperación del cáncer testicular.

Sino todo el tiempo.

Y, justo así, Lance Armstrong pasó de ser el atleta más alabado del mundo al más odiado. Al final, perdió sus títulos, sus patrocinios, a su esposa y su buen nombre. También se llevó consigo la reputación de todo el deporte del ciclismo competitivo y arruinó las vidas de muchos de los miembros de su equipo, no solo por los efectos colaterales de la controversia, sino por su comportamiento abusivo de antes de que cayera el velo.

Pero ¿por qué?

¿Por qué Lance Armstrong, el mejor ciclista que jamás vivió, un espécimen humano perfecto con superioridad aeróbica, necesitaba hacer trampa? ¿Qué impulsa a alguien a traicionar la confianza del mundo entero?

Leyendo artículos sobre él, la cosa queda clara: «quería ganar el Tour de Francia. Y cuando lo gané una vez, quise ganarlo una y otra y otra vez. No podía parar».

Solo quería ganar una y otra y otra vez. Y eventualmente su deseo de ganar se hizo tan fuerte que sobrepasó su ética, su sentido del deber con sus fans y sus obligaciones morales de justicia y deportividad para con su equipo y sus rivales.

El impacto negativo que Lance Armstrong tuvo en el ciclismo como deporte y en sus antiguos compañeros de equipo no puede subestimarse, en especial dado cuán bien le fue a él a pesar de su caída. Incluso después de pagar las multas y de que le quitaran sus títulos, tiene todavía un patrimonio de 50 millones de dólares, mientras que muchos de sus antiguos compañeros de equipo, las víctimas de su abuso, han quedado quebrados.

Los deseos humanos naturales y sanos por ganar, crecer, ayudar, crear, ser amados y admirados pueden impulsarnos a lograr cosas enormes y admirables. Pero cuando se llevan al extremo, esos mismos deseos pueden volverse tóxicos, convirtiéndonos en sombras de nosotros mismos: en personas que destruyen relaciones, que dicen cosas hirientes y acaban con compañías y carreras.

Los líderes que actúan con el corazón aprenden a mantener sus deseos a raya, aprovechando sus impulsos productivos y moderando los menos sanos e improductivos, para asegurarse de que no se desvían (o que no desvían a sus equipos) con comportamientos negativos.

Este capítulo lo ayudará a entender mejor la naturaleza de sus propios deseos y le dará las herramientas para tener conversaciones con sus equipos sobre sus deseos más profundos a través de historias poderosas, ejercicios y preguntas. De todos los capítulos del libro, este es el que tiene más historias de advertencia de líderes que han caído desde lo alto. ¿Por qué? Porque es justo el satisfacer nuestros deseos humanos básicos, el hacer las cosas que se sienten bien a corto plazo, lo que puede causar que nos desviemos a largo plazo.

¿Qué es el deseo?

Si reuniéramos a cien personas en una habitación y les preguntáramos sobre sus deseos más profundos, probablemente obtendríamos unas respuestas salvajes y diversas. No hay dos personas que estén motivadas por los mismos deseos fundamentales. Pero para escribir un capítulo que habla sobre nuestros deseos, necesitamos disminuir el campo de acción y comentar sobre lo que hallamos, y lo que las investigaciones sugieren, que es lo más importante.

Desde la Antigüedad, los filósofos y los estudiosos han intentado clasificar los impulsores fundamentales del comportamiento humano en unos pocos temas discretos. Aristóteles y otros filósofos griegos creían que nuestros deseos fundamentales podían dividirse en dos categorías: deseos del cuerpo (comida, agua, dormir) y deseos del intelecto (curiosidad, moralidad y sentido de pertenencia). En el siglo XIX, Freud argumentó que toda la motivación se reducía a una sola cosa: el sexo. Y los llamados hedonistas del siglo XX creían que todo el comportamiento humano podía explicarse como una búsqueda de placer o una elusión del dolor.

Aunque estaría genial explicar todo el comportamiento humano con una o dos frases memorables, las investigaciones recientes indican que es un poco más complejo que eso. Ser demasiado reductivos cuando estamos intentando obtener unas perspectivas muy afinadas sobre lo que motiva a ciertos individuos específicos nos pone en riesgo de alejarnos por completo del objetivo. Nuestros deseos fundamentales y lo que nos motiva es un asunto mucho más delicado que el cuerpo versus el intelecto, el placer versus el dolor o el sexo versus el celibato.

A principios de la década de los 2000, el psicólogo Steven Reiss realizó un gran estudio sobre seis mil individuos de cuatro continentes para enriquecer nuestra comprensión de qué es lo que de verdad motiva a la gente. En lugar de encontrar dos o tres impulsores fundamentales, él y su equipo descubrieron dieciséis deseos diferentes que nos motivan.

Muchos de ellos, como la comida, la belleza estética y el ejercicio, los ponemos en la categoría de necesidades. En nuestro marco, las necesidades son aquellas cosas que debemos tener para sentirnos completamente *suplidos, resilientes* y *listos* para hacer nuestro mejor trabajo. Los deseos, por otra parte, son aquellas cosas internas que *nos motivan* a hacer nuestro mejor trabajo. Si satisfacer nuestras necesidades es como arreglar y ponerle gasolina al carro, nuestros deseos pueden pisar el acelerador y los frenos. Es una distinción sutil, pero importante.

Para nuestros propósitos, exploraremos cinco agrupaciones de deseos que Reiss y su equipo propusieron y que vemos vivos y activos en nuestros clientes y en las compañías en las que trabajan:

- **Aceptación, amor e intimidad.** Todos queremos ser amados y aceptados. Eso nos motiva a ser amables, aceptar a los demás y a cooperar. También nos puede desviar al convertirnos en personas complacientes, inseguras y lascivas.

- **Competencia, resentimiento y venganza.** La motivación para «ganar» es uno de los deseos humanos más básicos. Es lo que crea la emoción por los juegos. Nos motiva a buscar la dominancia. Sin embargo, querer ganar a toda costa o castigar a quienes son mejores que nosotros puede sacar nuestra peor faceta.

- **Curiosidad, aprendizaje y variedad.** Cuando tenemos una mentalidad de crecimiento, nos vemos como infinitos… no hay nada que no podamos aprender, ninguna habilidad que no podamos desarrollar, ningún problema que no podamos resolver. Pero, llevado a un extremo, esto puede hacer que seamos egocéntricos y perfeccionistas. La parálisis del análisis aparece y no actuamos o realizamos demasiadas acciones sin enfoque.

- **Poder, estatus y reconocimiento.** Alguien siempre tiene que liderar… por eso estamos escribiendo este libro. También está bien estar motivado por el reconocimiento. Pero cuando liderar se centra más en el líder que en aquellos que están siendo liderados, podemos caer en comportamientos hambrientos de poder, centrados en el estatus y en otros más tóxicos.

- **Servicio y justicia.** Aunque aún nos queda mucho que recorrer, ¿en dónde estaríamos hoy en día si alguien no hubiera querido acabar con la esclavitud, apoyado los derechos de las mujeres para votar o puesto un fin a la polución descontrolada del aire y el agua? No obstante, el deseo de servir y de hacer lo que es correcto puede desviarnos cuando nos volvemos moralistas o autodestructivos. No tenemos que sacrificarnos a nosotros o nuestras relaciones en nombre del servicio.

COMPORTAMIENTOS QUE NOS INDICAN CUÁNDO NUESTROS DESEOS SON MOTIVANTES O DESVIADORES

DESEO	MOTIVANTE	DESVIADOR
ACEPTACIÓN Y AMOR	• Responder bien a la retroalimentación • Expresar gratitud • Demostrar generosidad de espíritu • Demostrar límites sexuales saludables • Enfocarse en el equipo	• Buscar constantemente retroalimentación y crédito • Acumular información o presupuesto • Demostrar límites sexuales dañinos • Centrarse en uno mismo
COMPETENCIA	• Compromiso con la excelencia • Estar intrínsecamente motivado para ser el mejor • Enfocarse en la eficiencia • Creatividad e innovación	• Irritabilidad y tendencia a criticar • Toma de decisiones moralmente ambiguas • Enfoque obsesivo en los rivales
CURIOSIDAD Y APRENDIZAJE	• Delegación de decisiones • Estar abierto a nuevas ideas • Creatividad e innovación	• Inhabilidad para delegar • Caos creativo • Indecisión sistémica

PODER Y ESTATUS	• Centrarse en hacer las cosas • Mentorías y *coaching* • Estar dispuesto a ensuciarse las manos • Hacerle peticiones respetuosas al equipo	• Enfocarse en los títulos y las ventajas • Dar órdenes o delegar en exceso • Comportarse como si se estuviera «por encima» de ciertas tareas • Hacerle peticiones absurdas al equipo
SERVICIO Y JUSTICIA	• Usar lenguaje incluyente • Estar abierto al diálogo • Aceptar la ciencia y los datos	• Usar lenguaje excluyente • Enfocarse más en tener razón que en hacer lo correcto • Aceptar teorías marginales

¿Es esta una lista exhaustiva de los deseos humanos? Para nada. Y tampoco pretende serlo. Quizás usted tenga un deseo incontenible por vivir solo y coleccionar cómics, carros clásicos o pedazos de madera. Eso está bien. No pretendemos reconocer cada deseo humano en potencia. En vez de eso, hemos intentado destilar la lista para incluir esos deseos que, según nuestra experiencia, impulsan a los líderes a liderar bien o los desvían por completo.

A medida que lea las siguientes historias, pregúntese: ¿de qué formas puedo ver que alguno de estos aspectos se aplican a mí o a mis equipos?

Aceptación, sentido de pertenencia y amor

«Solo quiero que me amen. ¿Acaso eso está tan mal?». Si es lo suficientemente mayor como para recordar *Saturday Night Live* de finales de la década de los 80, recordará las afirmaciones quejosas de Franken Stuart Smalley frente a su espejo y sus ruegos por ser amado.

Todos queremos que nos amen y nos acepten. La pregunta es: ¿hasta dónde estamos dispuestos a llegar en la búsqueda de ese amor y esa aceptación? ¿Qué estamos haciendo sin saberlo y que en realidad provoca que el amor y la aceptación nos eludan? ¿O qué necesitamos hacer como líderes para lograr que la gente con la que trabajamos se sienta incluida y aceptada?

Nuestro deseo por sentir aceptación, pertenencia y amor está programado biológicamente en nosotros. Los seres humanos somos seres sociales. Antes de que construyéramos las grandes cuidades, nuestros ancestros se unían en tribus. Ser aceptado por la tribu era un asunto existencial para una persona joven que vivía en un bosque lleno de lobos, osos y jaguares. Solo trabajando juntos somos capaces de afrontar muchos de los aspectos esenciales de la supervivencia. Solo estando juntos es como creamos cultura, sentimos amor y jugamos.

En el mundo de hoy en día, nuestros compañeros de trabajo son lo más cercano que la mayoría de nosotros tendremos a una tribu. Los estudios han descubierto que la mayoría de las empresas exitosas son aquellas que motivan sentimientos de lealtad, camaradería o incluso una devoción como de culto entre sus empleados. Cuando las personas sienten que pertenecen y que las acepta la «tribu» en la que creen, trabajan más duro de lo que lo harían de otra manera. Cuando sienten una falta de conexión e inclusión, se van.

Piense en su compañía o en su equipo. Ya sea usted el director ejecutivo o el recepcionista, sabe si está trabajando en un entorno incluyente. Si no está seguro, preste atención. ¿Las decisiones críticas se toman detrás de puertas cerradas? ¿Existe un enfoque en *qué* necesita hacerse y una falta de contexto con respecto al panorama general y el *porqué* están sucediendo las cosas? Y aunque hablaremos sobre el propósito más adelante, lo que es importante saber aquí es que la claridad con respecto al propósito, el contexto y el camino hacia el éxito hacen que las personas se sientan *parte* del plan.

EL ESFUERZO POR SER INCLUYENTE VALE LA PENA

Las culturas incluyentes no son solo más equitativas, sino que son buenos negocios. Rick, el director ejecutivo de una compañía del ámbito de los medios que pronto tendrá su OPI, nos reportó que tenía un equipo ejecutivo de muy alto rendimiento, pero que estaba lidiando con lo que llamaba «una falta de calidad en la ejecución» al nivel de los vicepresidentes. Como en la mayoría de los casos, ese solo era el comienzo de la historia.

El equipo ejecutivo, compuesto por la alta dirección y otros de los jefes de personal, era muy unido y tenía una confianza profunda. Muchos de ellos eran de los «originales», es decir que habían estado con la compañía desde los primeros días. Tenían una cadencia regular de reuniones de alta calidad con debates sanos y rigorosos y generalmente tomaban unas decisiones ambiciosas y estratégicas. Estábamos muy orgullosos del trabajo de *coaching* que habíamos hecho para llevarlos a ese punto.

Pero en la cultura general y las encuestas de participación de toda la compañía, notamos un problema. Mientras que el equipo ejecutivo estaba reportando una falta de ejecución en el nivel de los vicepresidentes, los directores sénior y los vicepresidentes expresaban una insatisfacción universal con la falta de comunicación y contexto por parte de los altos ejecutivos. Aunque se estaban tomando buenas decisiones, la manera en la que se tomaban no se sentía incluyente. A los vicepresidentes con veinte años de experiencia en la industria les estaban dando instrucciones, no problemas interesantes por resolver. En palabras del vicepresidente de *marketing* digital, «no es para esto para lo que trabajamos aquí. Me siento como si fuera un cocinero subalterno, no un socio respetado».

La falta de inclusión puede verse de muchas maneras. En algunas compañías, la fractura entre quienes se sienten incluidos y los que no puede irse por líneas raciales o culturales. En esta compañía, estaba fallando con respecto a la antigüedad: cuanta más antigüedad tuvieran en la empresa, más incluidos estaban. De alguna forma, esto tiene sentido. La confianza se construye con el tiempo. Superar los días iniciales de incertidumbre, caminar por el borde de la bancarrota y seguir allí son cosas que unen a las personas.

Pero, sin saberlo, estos equipos originales acumulan información y la autoridad de tomar decisiones, y privan a los líderes del siguiente nivel de la compañía de un contexto y un empoderamiento muy necesarios. Eso no solo crea resentimiento, sino que, con frecuencia, crea resultados por debajo de lo óptimo. A menudo, los vicepresidentes y los directores están más cerca del trabajo mismo. Ellos conocen al cliente. Ven los cuellos de botella y los retos operativos. Cuando los equipos sénior no involucran a estos líderes júnior en la toma de decisiones, pueden estar volando a ciegas hacia una de las realidades a nivel de suelo del negocio.

Con asiduidad, muchos de estos líderes de segundo nivel también son personas de rendimiento alto que «se robaron», a un gran costo, de otras compañías exitosas. Las reclutan por su experticia, su dominio, sus contactos o su conocimiento sobre cómo escalar los procesos. Y, sin embargo, es muy común que se marchiten como gerentes medianos a quienes no empoderan.

Viendo los datos con John, Rick se dio cuenta de que algo debía cambiar. Habiéndose pasado la mayor parte de su tiempo desarrollando las relaciones con sus altos ejecutivos, no se había dado cuenta de que había un par de docenas de líderes altamente calificados y muy bien pagados en la compañía que se sentían dejados de lado.

John y otro de nuestros *coaches* se embarcaron en un proceso de varias semanas para documentar los resentimientos ocultos, las frustraciones y los sentimientos de exclusión de los vicepresidentes. Entrevistaron tanto a los vicepresidentes como a los altos ejecutivos y registraron citas textuales que eran emblemáticas del problema.

En un centro de retiro del Valle de Napa, todos se pasaron algunos días revisando los datos y teniendo conversaciones claras. Una vez que se abordó el tema, se sintió como si todo el mundo pudiera relajarse por primera vez. La corriente subyacente tóxica de la que no se hablaba por fin estaba sobre la mesa y, sabiendo que no estaban solas, las personas al fin se sintieron cómodas compartiendo sus pensamientos.

A menudo, la falta de comportamiento incluyente en los equipos de liderazgo sénior como este se reduce a una suposición común, pero inútil: *es más fácil si solo lo hacemos nosotros mismos*. Como lo hemos mencionado, muchos equipos sénior de emprendimientos de crecimiento rápido están compuestos por personas que han estado trabajando juntas durante mucho tiempo. Tienen altos niveles de confianza. Han desarrollado su propio lenguaje. Ellos *son* el grupo privilegiado.

También están ocupados y delegar toma tiempo. Además, existe la incertidumbre sobre la calidad del resultado. Para hacerlo bien, tendría que proveer el contexto adecuado, apoyar eso con *coaching* y confiarle a alguien la decisión final. ¿Y qué pasa si esa persona toma una mala decisión después de todo eso? Con frecuencia puede sentirse que el esfuerzo no vale la pena cuando la respuesta parece obvia.

Pero, con el tiempo, la falta de delegar y de inclusión erosiona las ventajas operativas y crea una organización entera de hacedores con pocos tomadores de decisiones. Esto, por definición, *no* es escalar. Si el siguiente nivel de liderazgo está incluido en las decisiones, aprenderán «cómo se ve lo correcto» y pronto estarán tomando mejores decisiones que las que la mayoría de los líderes sénior podrían tomar sin ellos.

Como resultado de este retiro, la compañía decidió comprometerse a tener procesos y comportamientos más incluyentes. Los altos ejecutivos fueron claros sobre los tipos de decisiones que estarían tomando (es decir, las que impactarían los siguientes tres o cuatro trimestres, no solo las siguientes tres o cuatro semanas) y empezaron a delegar el resto a sus vicepresidentes.

Aunque los cambios crearon mucha ansiedad e incertidumbre al principio, los resultados a largo plazo no fueron menos que milagrosos. En unos pocos meses, el estado de ánimo en la oficina empezó a cambiar. Comenzaron a surgir más ideas creativas en las reuniones de personal. Las personas empezaron a tomar riesgos más grandes. Y la sensación de camaradería jovial que todos anhelaban por fin apareció.

Liderar desde el corazón requiere de dar un paso atrás, ampliar el lente y sentir curiosidad sobre lo que está pasando por debajo de la superficie. Con demasiada frecuencia tomamos decisiones basadas en lo que se siente más eficiente para quienes están más cerca de nosotros y a corto plazo. Pero, como sabemos, los atajos casi nunca dan los mejores resultados. Ser más incluyente puede sentirse menos eficiente al principio, pero, a la larga, es de allí de donde proviene el escalamiento.

Sugerencias para provocar una conversación sobre la inclusión en su equipo:

- ¿De qué formas su equipo hace que la gente se sienta excluida?

- ¿Hay algún grupo en su compañía que parezca tomar todas las decisiones?

- ¿Cuán diferentes serían las cosas si su equipo invirtiera más en procesos incluyentes?

QUERÍAN UNA RESPUESTA PARA UNA PREGUNTA DIFERENTE

A Edward le gusta llevar a los clientes a caminar en sus reuniones de *coaching*. Moverse ayuda a generar nuevas ideas. Como lo dijo Nietzsche, «todos los pensamientos verdaderamente geniales se conciben mientras se camina».

En una caminata, Amy, la directora de producto de un emprendimiento de salud de rápido crecimiento, le estaba contando a Edward cómo el proceso glacial de contratación para el nuevo director de tecnología estaba creando mucho revuelo en su equipo. Le estaban haciendo preguntas a diario para las que no tenía las respuestas: ¿cuándo llenarían la vacante? ¿Cómo cambiaría la composición del equipo de ingeniería? ¿Quién sería el nuevo contacto en ingeniería para el proyecto X? ¿Cuándo serían capaces de avanzar con el proyecto Y?

Eran muchas preguntas apropiadas, pero cuando Amy se las trasladaba al director ejecutivo o al director de operaciones, obtenía las mismas respuestas una y otra vez: «no está claro. Lo sentimos. Se lo diremos cuando sepamos más al respecto».

Una de las cosas divertidas de trabajar en un emprendimiento es que constantemente está haciendo y construyendo cosas que jamás habían sido hechas antes. Una de las cosas más difíciles de trabajar en un emprendimiento es que constantemente está haciendo y construyendo cosas que jamás habían sido hechas antes. Toda esa novedad trae consigo incertidumbre y ambigüedad.

Estar cómodo con la ambigüedad ha sido, desde siempre, algo crucial para tener éxito ejecutivo, en especial en los entornos de emprendimientos que crecen rápido, en donde casi todo puede cambiar en un momento. Pero, en el caso de Amy, ella estaba lidiando con los gerentes medianos que aún no tenían desarrollada esa habilidad y no iba a ser capaz de entrenarlos en cuestión de semanas. Sin embargo, cuanto más transmitía esa respuesta de «se lo diremos cuando sepamos más al respecto», más ansioso y distraído quedaba el equipo.

Ahí fue cuando Edward le preguntó: «¿y si lo que quieren es una respuesta a una pregunta diferente?».

Mirándolo fijo, Amy lo pensó por un momento. «¿A qué se refiere?».

«¿Y si lo que quieren es una respuesta a una pregunta diferente? Está gastando toda esta energía intentando darles la información que están buscando, pero ¿qué pasa si en realidad no quieren claridad sobre esa cuestión, sino sobre una mucho más profunda?».

Parpadeó unas cuantas veces y siguieron caminando. Edward dejó que la pregunta calara un poco.

Después de unos minutos, Amy le preguntó: «¿qué otra cuestión podrían estar preguntando? ¿Por qué sencillamente no me lo dicen?».

Una de las muchas cosas interesantes de los seres humanos es que, con frecuencia, no somos conscientes por completo de los procesos emocionales o de los deseos que impulsan nuestras acciones. Decimos que solo estamos aburridos cuando agarramos nuestros celulares y miramos las aplicaciones de redes sociales o de citas, pero lo que estamos buscando más a menudo es aprobación. Decimos que estamos hambrientos cuando abrimos el refrigerador para encontrar el helado de chocolate, cuando lo que pasa es que nos sentimos solos. Lamentamos si eso le duele un poco.

Algunas veces, cuando pedimos información definitiva en el trabajo, lo que estamos buscando es confirmación de que aún pertenecemos allí, de que estamos a salvo. Lo que el equipo de Amy de verdad quería era una confirmación de que ese movimiento en el equipo de tecnología no impactaría negativamente sus trabajos o que ella los apoyaría si así fuera. Querían saber si lucharía por ellos porque, hasta donde sabían, eran miembros importantes de la tribu.

Entonces se detuvo de golpe, se llevó las manos a la cabeza y exclamó: «espere, ¿qué? ¡Por supuesto!».

Lo pudo ver todo con claridad. Todas las preguntas tan específicas sobre el proceso de contratación del otro equipo de «¿qué va a cambiar?» se traducían como «¿qué va a cambiar para *mí*?».

Parece muy simple, pero en el momento casi siempre mordemos el anzuelo. Alguien nos hace una pregunta específica e intentamos encontrar una respuesta específica. Pero cuando la respuesta para su pregunta no existe, nos corresponde a nosotros investigar más a fondo y determinar si de verdad quieren la respuesta a una pregunta diferente.

Anímese a desarrollar el hábito de siempre ir a un nivel más profundo:

1. ¿Cuándo fue la última vez que mordió el anzuelo y no buscó más profundo para saber qué estaba preguntando la gente *en realidad*?

2. ¿Qué sería diferente para usted y para su equipo si tuviera en mente que cuando las personas le piden detalles específicos sobre cambios en el negocio realmente están preguntando sobre su propio deseo de pertenecer?

CONFUNDIR LA INCLUSIÓN CON EL CONSENSO CREA BUROCRACIA

Vale la pena repetir que hacer sentir incluida a la gente es uno de los mandamientos clave para liderar desde el corazón. Los líderes efectivos demuestran y premian los comportamientos incluyentes en toda su empresa. ¿Por qué? Primero, porque es lo correcto, pero, segundo, porque también es bueno para el negocio.

De acuerdo con Deloitte, las compañías incluyentes tienen un flujo de caja 2,3 veces mayor por empleado que sus iguales menos incluyentes. Un estudio de Gartner determinó que el rendimiento de los equipos incluyentes mejora en un 30%. Y un estudio de BCG encontró que las compañías con equipos de gerencia diversos e incluyentes tenían un incremento del 19% en los beneficios en comparación con sus contrapartes menos diversas.

Esther Perel, autora y experta en relaciones, dice que la diversidad de estilos relacionales debe añadirse a nuestro entendimiento de la diversidad en el lugar de trabajo: «en cada grupo, usted tiene a personas que saltarán ante la oportunidad de hablar y personas que no tienen cosas menos importantes que decir, pero que son más deferenciales, más tímidas, más perfeccionistas, más inseguras o vienen de una cultura en la que es correcto dejar hablar a los demás primero. Y eso es completamente normal. Todo eso crea un grupo saludable. Es importante que los líderes nombren y normalicen eso».

Y, no obstante, a pesar de todos los beneficios comprobados, los intentos de inclusión también pueden tener resultados negativos cuando no se planean y se ejecutan con cuidado. Veamos, como ejemplo, un caso de estudio de un cliente.

Stacy es la directora ejecutiva y fundadora de una marca popular de productos de cuidado para la piel que le vende directo al consumidor. Desde que fundó la compañía, ha sido cuidadosa a la hora de priorizar la diversidad y la inclusión en sus contrataciones y sus prácticas gerenciales y ha disfrutado de muchos resultados culturales y empresariales positivos gracias a ello. Cuando hablamos con ella por última vez, estaba estudiando varias ofertas de adquisición de varias marcas más grandes. Hoy en día, la compañía está prosperando, pero no siempre fue así.

La primera vez que conocimos a Stacy, estaba experimentando las típicas dificultades de escalar con las que muchos clientes se acercan a nosotros: falta de claridad en el rol, estructuras de reporte confusas, reuniones ineficientes de treinta personas. Para ser francos, estos problemas son comunes en la mayoría de las compañías, pero son muy agudos, en especial, en muchos emprendimientos de rápido crecimiento con los que trabajamos.

Stacy definió el problema que estaba enfrentando cuando ella y Edward se sentaron a hablar: «tenemos tres veces más gente que hace dos años, pero se siente como si nos moviéramos a la mitad de la velocidad. Hay demasiadas reuniones, demasiadas aprobaciones. Somos una compañía muy joven como para tener tanta burocracia».

Si alguna vez ha estudiado matemáticas o análisis de datos, sabrá que la complejidad de un sistema sube exponencialmente con cada «nodo» adicional. En cualquier grupo de n personas (como su compañía), el número de relaciones posibles es de $n \times (n - 1) / 2$. Entonces, una compañía con cuatro empleados tiene seis relaciones posibles, pero una compañía con ocho tiene veintiocho. Un equipo de dieciséis tiene ciento veinte y así en adelante. Los directores ejecutivos hacen su mejor intento por diseñar organizaciones que luchen contra esa complejidad, pero muy a menudo el resultado es la burocracia.

En la lucha contra la burocracia en los Estados Unidos, la burocracia parece estar ganando. De acuerdo con Harvard Business Review, desde 1983, el número de gerentes, supervisores y administradores en la fuerza laboral de los Estados Unidos se ha duplicado, mientras que el número total de personas en todos los demás roles ha incrementado en un 44%. Y los empleados pueden sentirlo. En un estudio reciente, dos tercios de los trabajadores dijeron que sus compañías se habían vuelto más, no menos, burocráticas en los últimos años.

En efecto, parte del problema de Stacy era estructural debido al número de personas y al diseño organizacional. Pero un factor desconcertante es que ella y sus líderes habían comenzado a confundir la inclusión con el consenso.

En la práctica, esta confusión tiene muchas formas. Empieza con los flujos de trabajo teniendo demasiados pasos especializados y niveles de aprobación, de modo que todo el mundo que tenga una opinión se «sienta escuchado». Cada paso o aprobación adicional se vuelve un posible cuello de botella en donde un gran proyecto se marchita. Fusionar o confundir la inclusión y el consenso también puede resultar en reuniones con docenas de personas que «quieren estar en la sala en donde sucedió», pero no tienen ninguna razón funcional para estar allí.

Cuando Edward le presentó por primera vez a Stacy la idea de que quizás estaba fusionando esos dos conceptos, ella dio un paso atrás, asombrada. «Uno de nuestros valores clave es la inclusión, Edward. No entiendo cómo hacer eso sin incluir *de verdad* a la gente».

Es crucial que los líderes sean muy claros sobre lo que sus valores significan en la práctica. La transparencia puede confundirse con no tener privacidad. La honestidad puede confundirse con compartir en exceso. Y la inclusión puede confundirse con el consenso.

A medida que hablaron más acerca de eso, Stacy empezó a ver a qué se refería Edward. Determinaron que el problema surgía porque Stacy le permitía a cada individuo de la compañía definir qué significaba la inclusión para ellos, en vez de que el equipo líder le dijera a los equipos qué significaba para la compañía.

La inclusión sana se trata de asegurarse de que las personas que tienen un valor real por añadir sean invitadas con proactividad a hacerlo. El liderazgo inclusivo se trata de crear espacios de conversación para las voces más suaves, para quienes tradicionalmente no tenían poder y para quienes no tienen suficiente representación. Para lidiar con temas muy difíciles, Esther Perel propone pasar tarjetas y pedirles a las personas que escriban en ellas. Eso asegura que las voces más silenciosas sean incluidas también.

Sin embargo, el liderazgo inclusivo no tiene que significar hacerle un espacio a cada persona que quiera exposición pública o control creativo.

Algunas veces, las reuniones llegan al punto en el que «todo se ha dicho, pero no todo el mundo lo ha dicho», como reza el viejo adagio.

El reto de Stacy era dejar claro como el agua, a través de ejercicios de roles y redefiniciones del flujo de trabajo, exactamente cuántas personas debían estar involucradas en cada decisión y no dejar que los individuos complicaran en exceso las cosas solo porque querían dar su opinión. Al mismo tiempo, debía asegurarse de que las personas que tenían valor por añadir no fueran excluidas a propósito o por accidente de las conversaciones o decisiones en las que debían ser incluidas.

Hacer esa transición fue duro para Stacy y su equipo. El proceso requirió de muchas conversaciones difíciles en las que Stacy debió decirles a los individuos que sus contribuciones eran valiosas, pero que no se requerían en un flujo particular de trabajo. Retiró a docenas de personas de varias invitaciones a reuniones al tiempo que se mantuvo vigilante para lograr una diversidad de voces en la junta y asegurarse de que las personas correctas estuvieran en la habitación. También instituyó nuevos procesos asincrónicos para compartir la información, de manera que nadie pudiera decir de nuevo con sequedad: «esta reunión podría haber sido un correo».

Stacy hizo estos cambios mientras mantenía los valores sobre la inclusividad en mente. Estaba comprometida con ayudarle al equipo a entender que los cambios que estaba implementando eran en nombre de la velocidad y la agilidad y no para silenciar los desacuerdos. Aún quería debates rigurosos y una meritocracia de ideas, pero no a costa del progreso y de los resultados de la empresa.

Tener una conversación sobre la inclusión y el consenso no tiene que ser difícil:

- ¿De qué maneras está confundiendo su organización la inclusión y el consenso?

- ¿Cómo podría reducir la complejidad y la burocracia mientras se asegura de que las voces diversas sigan siendo escuchadas?

- ¿Qué procesos pasan por demasiadas manos?

- ¿Qué reuniones tienen demasiada gente?

- ¿Qué haría falta para empezar una conversación sobre este tema?

Competencia, venganza y resentimiento

A lo largo de la historia, las rivalidades han sido las motivadoras centrales de la innovación y la excelencia. John F. Kennedy jamás se habría comprometido con enviar a un hombre a la luna para finales de la década de los 60 si Nikita Khrushchev, de la Unión Soviética, no hubiera tenido ya casi una pierna allí arriba. La proeza del básquetbol Magic Johnson no habría sido tan mágico si no hubiera tenido una rivalidad constante con Larry Bird. El iPhone quizás no sería a prueba de agua *todavía* si no fuera por los anuncios de Samsung del 2015 en los que la gente tiraba sus Galaxy S5 en el lavamanos, en sus bebidas y en el baño… y los usaban de nuevo.

La rivalidad también puede sacar lo peor de nosotros. Los estudios han demostrado que las rivalidades incrementan bastante la posibilidad de que las personas, que en general son éticas, se comporten de una forma inescrupulosa. Eso hace que la competencia sea una herramienta muy poderosa, pero potencialmente peligrosa, para los líderes que la usan para motivar a sus equipos.

Esta sección explorará unas cuantas historias que examinan varias maneras de usar las conversaciones sobre el deseo de ganar como un motivador. Las personas se vuelven creativas y encuentran reservas sin usar de energía cuando todo está en juego, lo que sucede a menudo en las categorías de negocios de «el ganador se lo lleva todo». También profundizaremos con un par de relatos de advertencia de rivalidades que fueron demasiado lejos y discutiremos cómo los líderes pueden ver en dónde trazar la línea.

APPLE CONTRA… EL MUNDO

Diga lo que quiera sobre él, pero pocos líderes hicieron un mejor trabajo avivando las llamas de la rivalidad corporativa que Steve Jobs. Desde el anuncio, que ahora es icónico, del Super Bowl de 1984 que buscaba acabar con la dominancia opresiva de IBM hasta la lucha de fuerza que continúa hoy en día con Google y Samsung por la participación en el mercado de los teléfonos inteligentes, ninguna compañía ha peleado más con su competencia que Apple. Cuando usted busca en Google «rivalidades de Apple», la búsqueda le devuelve historias de Apple contra IBM, Apple contra Microsoft, Apple contra Dell, Apple contra Facebook, Apple contra Adobe, Apple contra Samsung, Apple contra Google y muchas más.

Y con razón. «Steve Jobs es, quizás, el ser humano más competitivo que he conocido en la vida», dijo el gurú de la gerencia Tom Peters. Adoptado cuando era pequeño, se dice que Jobs siempre sintió como que tenía algo que probar. «Steve miró hacia atrás por encima de su hombro toda la vida. Se sentía inseguro y constantemente buscaba formas de avanzar en la vida y de probar que su existencia valía la pena», recordó David Kottke, un amigo de la universidad de Jobs y el empleado número doce de Apple.

En nuestro trabajo con fundadores exitosos, hemos descubierto que muchos de ellos tienen «algo que probar». En efecto, los mejores equipos casi siempre se componen de personas que tiene una motivación similar. Un director ejecutivo, cliente nuestro, nos contó que eso era lo más importante en lo que se fijaba cuando estaba contratando: «busco gente que no venga con el pedigrí clásico. Ellos tienen un impulso mucho más natural para probar que sus detractores se equivocan».

Este impulso competitivo por «demostrar que todos se equivocan» es, quizás, uno de los elementos culturales más importantes que Jobs inculcó en la cultura de Apple y que perdura hasta hoy en día. En Apple, nunca se ha tratado de competir directo por imitación o «manteniéndose al día». Jobs quería estar por delante, muy por delante. «Usted no puede ver a la competencia y decir que lo va a hacer mejor. Tiene que mirar a la competencia y decir que va a hacerlo diferente», dijo Jobs en los 90.

Si habla con los empleados de Apple hoy en día, su relación con la competencia ha cambiado muy poco. «En realidad no vemos qué está haciendo la competencia en cierta categoría para intentar copiarles. Nos enfocamos en invertir en nuevas categorías», dijo uno de los gerentes de producto que pidió permanecer en el anonimato debido a la cultura reservada de Apple.

Los empleados de Apple están tan enfocados en mantenerse al frente desde las perspectivas de la innovación y de la satisfacción del cliente que gastan muy poca energía preguntándose qué están haciendo Facebook, Google o Samsung. Y aunque Apple es la compañía más valiosa del mundo, mantiene la mística del renegado que está a la cabeza de la carrera y siendo perseguido por el resto del mundo.

Hablemos de usar bien la presión competitiva:

- Sin importar en qué compañía está o en qué categoría se encuentra, ¿cómo piensa en la competencia como un motivador?

- ¿Contrata y felicita a las personas que tienen una motivación saludable gracias a la competencia?

- ¿Está enfocado en la innovación? ¿O le está prestando demasiada atención a la competencia e intentando mantenerse al día?

LA CARRERA DE RAÚL CONTRA LOS RUMORES

Simon Sinek, basándose en las ideas del estudioso religioso James Carse, en específico las de su libro *Juegos finitos y juegos infinitos*, argumenta que los negocios deberían tratarse como un juego infinito, no uno finito. A diferencia de los deportes, en donde casi siempre hay un claro perdedor o ganador al final del partido o juego, en los negocios usted solo está ganando *por ahora*. Alguien más podría aparecer mañana para aventajarlo.

Algunos líderes de negocios encuentran un gran consuelo en el hecho de que el juego jamás termina, que siempre pueden intentarlo de nuevo. Otros odian la falta de un punto final definitivo. Un cliente que no podía soportar la ambigüedad del mundo de los emprendimientos era Raúl. Él entró al ámbito de la tecnología después de una exitosa carrera en la política, en donde desarrolló la ética de trabajo de Paul Bunyan y su mítico buey azul, todo al tiempo.

Para Raúl, no saber jamás si iba por delante o por detrás en su categoría naciente de producto no le inspiraba mucha confianza. Cada que escuchaba un rumor de que estaba surgiendo un nuevo competidor o que uno existente estaba construyendo una nueva adición, llamaba a su director de tecnología en pánico. O, peor, contactaba a los ingenieros individuales y les daba instrucciones para que dejaran lo que estuvieran haciendo y le construyeran una nueva capacidad similar al producto.

No hace falta decir que la retroalimentación que recibimos de él por parte de los miembros de su equipo no fue para nada estelar. Lejos de sentirse motivados por el feroz paisaje competitivo, se sentían completamente derrotados por las sacudidas constantes. Una rivalidad significativa que se cuece a fuego lento puede crear enfoque y un rendimiento alto. Pero un liderazgo errático impulsado por los rumores y la paranoia quema a los equipos por la falta de enfoque y los cambios de prioridades constantes.

Cuando John le preguntó si podía ver cómo su pánico y su estilo de liderazgo de «baranda a baranda» estaba impactando al equipo, Raúl se indignó al principio. «John, tenemos una oportunidad para hacer esto bien. La competencia se hace más intensa cada día. No entiendo por qué soy el único que siente algo de urgencia. ¡Soy el único que lo ve!».

Allí estaba. «Soy el único que lo ve». Un poco de paranoia es saludable, tan solo pregúntaselo a cualquier director ejecutivo exitoso de Silicon Valley. Sí, *es* un entorno muy competitivo. Sí, alguien más *está* tratando de aventajarlo. Sí, siempre tendrá que estar protegiéndose la espalda y anticipando los movimientos de la competencia. Pero, llevada a un extremo, la paranoia con respecto a la competencia es una de las mentalidades ciegas clave que evita que los líderes vean las cosas con claridad.

En lugar de estar enfocado en los clientes y en el producto, Raúl estaba obsesionado con la competencia. En vez de deleitar a sus clientes, estaba creando un producto al estilo de Frankenstein que cada vez tenía menos sentido para ellos. En lugar de darle una ventaja, su paranoia constante por la competencia estaba alejando al talento y a los clientes y creándole una montaña de deudas técnicas. Y él no podía ver todo esto.

John trabajó con Raúl para ayudarlo a dar un paso atrás y tener más perspectiva. Salieron a dar un paseo de escucha para tener conversaciones con el equipo de liderazgo de Raúl, de modo que él pudiera oír por sí mismo lo que el talento, que él había pagado muchos dólares por reclutar, pensaba de su «carrera contra los rumores». Escuchar eso directamente de su equipo le demostró el impacto que estaba teniendo. Se dio cuenta de que había estado gastando todo su tiempo mirando *hacia afuera*, a la competencia, y no *hacia adentro*, a los clientes y el equipo de su compañía.

Trabajando juntos, Raúl y John crearon un plan para que Raúl se reenfocara en las cosas correctas. Ya no les prestaría atención solo a los movimientos de la competencia, fueran reales o imaginarios. En vez de eso, se pasaría más tiempo interactuando de una forma directa con sus mejores clientes y los productos estrella. Sintió curiosidad por las necesidades de los clientes y los reclutó como socios para construir el producto perfecto. También hizo un acuerdo con su director de tecnología para no estar todo el tiempo alrededor de él y de los ingenieros diciéndoles qué hacer.

No todo ha sido perfecto desde entonces, pero Raúl sigue comprometido. Y los cambios que instituyó parecen estar funcionando. Al momento de la publicación de este libro, la compañía de Raúl ha recaudado otros 100 millones de dólares y se está preparando para hacer una oferta pública de acciones.

Unas pocas preguntas más para que usted y su equipo hablen sobre cómo se ve una competencia sana:

- ¿De qué maneras se están enfocando demasiado en la competencia?

- ¿Cuándo una rivalidad competitiva se ha vuelto absorbente por completo?

- ¿Cómo puede usar una rivalidad para enfocarse más en lugar de volverse más paranoico y disperso?

CUANDO LA COMPETENCIA DISTRAE DEL NEGOCIO CENTRAL

Pocas compañías de los últimos veinte años se han ganado tanto la reputación de la menos favorecida como Under Armour. Saliendo aparentemente de la nada a finales de los 90, después de que el fundador y director ejecutivo Kevin Plank iniciara la compañía en el sótano de su abuela en los suburbios de Washington D. C., Under Armour se ganó pronto una reputación por hacer negocios llamativos con celebridades y por ubicar sus productos de una forma inteligente en Hollywood.

Aunque es probable que Nike, el gigante de la ropa deportiva, le prestara poca atención a la pequeña compañía en esos primeros días, Plank sin duda le llamó la atención a Phil Knight, el director ejecutivo de Nike, cuando empezó a robarles franquicias deportivas universitarias y profesionales enteras. Para el año 2000, tan solo cinco años después de fundar la empresa, Under Armour estaba haciendo los uniformes para ocho equipos de la MLB (liga de béisbol), para dos docenas de equipos de la NFL (liga de fútbol americano), cuatro equipos de la NHL (liga de hockey), docenas de equipos de la NCAA (Asociación Nacional Atlética Universitaria) y, curiosamente, para el equipo olímpico de tiro con arco de los Estados Unidos.

Aunque Plank y otras personas pueden decir que la compañía alcanzó la estratosfera gracias a estos negocios, algunos empleados originales que pidieron permanecer en el anonimato dicen que, en cierto punto, toda la atención de los tratos de alto perfil y los patrocinios se convirtió en una distracción.

«A veces, para ser *cool* en Under Armour y tener la atención del director ejecutivo, usted debía estar trabajando en el diseño de los trajes olímpicos y no solo vendiendo productos en Dick's Sporting Goods», dijo un antiguo empleado de Under Armour. «Pero el 95% de nuestro negocio era vender en lugares como Dick's. Los líderes les muestran a sus equipos cuáles son las prioridades de la compañía según en dónde tienen puesta la atención. Y si la mayor parte de la atención del director ejecutivo está puesta en hacer uniformes olímpicos porque Nike hace uniformes olímpicos, un montón de personas que *no* están trabajando en uniformes olímpicos sentirán que su área del negocio no es importante. Y eso desmotiva».

Los proyectos de alto perfil deben ponerse en perspectiva, dice él. «Habría sido diferente si Kevin hubiera dicho 'ey, chicos, estamos haciendo esta maniobra importante de relaciones públicas con los Olímpicos y vamos a dedicar el 2% del presupuesto a ello. Pero el resto del personal está haciendo productos *cool* para atletas de secundaria… ustedes están haciendo el verdadero trabajo. Están manteniendo las luces encendidas, así que ¡gracias por su enfoque! Pero a veces él no hacía suficiente énfasis en eso».

Después de quince años de crecimiento estable, eventualmente las ventas de Under Armour se estancaron en el 2016. Parecía que el estrecho enfoque de Plank en los uniformes olímpicos al fin le estaba pasando factura. El fundador anunció que se retiraría como director ejecutivo en el 2019. En el 2020, bajo un nuevo liderazgo y con un nuevo enfoque en lo fundamental, las ventas subieron de nuevo.

Preguntas para usted como líder:

- ¿Cómo balancea el robarle oportunidades a la competencia con crear emoción con respecto a sus prioridades de negocio más mundanas?

- ¿En qué punto una jugada de relaciones públicas se convierte en algo que drena energía y en una distracción?

EL LADO OSCURO DE LA COMPETENCIA

La competencia es una fuerza potente que puede sacar lo mejor de nosotros. También puede sacar lo peor de nosotros, tal como lo descubrió un antiguo empleado de Uber.

Sentado con John en un café al aire libre en Palo Alto, Zach, uno de los primeros empleados de Uber, quien nos pidió que no usáramos su nombre real, rememoraba con emociones mixtas los seis años que se pasó ayudando a la compañía a expandir su alcance alrededor del mundo. «La mayoría de las personas no recuerdan esto, pero al comienzo éramos solo una pequeña compañía que todo el mundo, desde los reguladores hasta la mafia, estaba intentando aniquilar», reflexionó Zach. «Trabajamos muy duro durante mucho tiempo. Todo parecía una emergencia… Era divertido, pero no siempre sacaba lo mejor de la gente».

Zach explicó que, desde el principio, todos en Uber sentían que estaban peleando por sus vidas. «Éramos mejores que el enraizado sistema de taxis de muchas maneras y ellos lo sabían. Entonces intentaron hacer de todo para matarnos con cada oportunidad que se les presentaba».

Esta dinámica de ser el David proverbial luchando contra Goliat ha motivado a equipos a hacer lo que parecía imposible desde el comienzo de los tiempos. Cada década parece tener su historia icónica: Nike venciendo a Adidas en los 70. Apple derrotando a IBM en los 80. Netflix acabando con Blockbuster en los 2000. Y luego, en la década del 2010, Uber alzándose por encima de Big Taxi, como el equipo de relaciones públicas de Uber llegó a llamar la vaga colección de cientos de compañías de taxis alrededor del país en un intento por demonizarlas.

Pocas cosas son más motivadoras que la amenaza de un riesgo existencial. Los primeros empleados de todas las grandes compañías de tecnología cuentan historias de «luchar por algo», «vencer a un tipo» o «dejar una marca en el universo». Y Travis Kalanick, fundador y director ejecutivo de Uber, era más talentoso que el resto a la hora de usar el deseo natural de ganar para obtener cantidades poco razonables de productividad de su equipo.

Kalanick reclutaba a propósito a personas que tuvieran algo que probar. Y a medida que la compañía creció, usó su competitividad para obtener un rendimiento cada vez más alto por parte del equipo. Primero, el coco era Big Taxi, pero el equipo ultracompetitivo de Uber encontró a su enemigo final ataviado con un bigote pomposo rosado.

«Cuando Lyft apareció por primera vez, intentaron robarse todo nuestro modelo de negocios, incluyendo nuestra tecnología», dijo Zach con desdén, visiblemente molesto, siete años después. «Siempre supimos que éramos mejores. Teníamos mejor tecnología, más dinero, más participación de mercado… pero el hecho de que estuvieran intentando aventajarnos hacía que todos nos volviéramos locos».

Y ahí fue cuando algunos empleados de Uber empezaron a cruzar la línea y a pelear sucio. Las cosas llegaron a un punto crítico en el 2014, cuando los ejecutivos de Uber en Nueva York fueron acusados de solicitar miles de viajes de conductores de Lyft solo para cancelarlos a último minuto o subirse a los carros para intentar convencer a los conductores de Lyft de que se cambiaran a Uber. Algunos podrán decir que solo estaban siendo creativos, pero a los conductores no les parecía así. Se hicieron llamados por todo el país para boicotear a Uber y hordas de conductores se cambiaron a Lyft.

En los años siguientes, la rivalidad siguió creciendo, lo que le dio a Uber la reputación de ser como un matón de colegio. El comportamiento cada vez más aberrante del director ejecutivo Travis Kalanick no ayudó a mejorar la situación y con el tiempo lo forzaron a renunciar.

La historia de Uber es un caso de estudio interesante para líderes a quienes les gustaría avivar el fuego competitivo en sus equipos. ¿Cuál es la mejor manera de usar la competitividad como un motivador? ¿Cuán lejos puede llevarse esto? ¿En dónde se traza la línea?

La línea entre las cantidades sanas y tóxicas de rivalidad es borrosa. Sin suficiente espíritu competitivo, la gente puede quedarse apática. Si hay demasiada competitividad en sus equipos, podrá tener gente saboteándose o acumulando recursos o información.

Aunque los estudios han demostrado que los niveles apropiados de competitividad pueden incrementar la emoción y la creatividad, la competencia que crea sentimientos de ansiedad y miedo hace que sea mucho más probable que los empleados usen atajos o saboteen a sus colegas.

En un estudio, los investigadores descubrieron que la forma en la que una empresa usa los incentivos y los castigos para avivar la competencia afecta el comportamiento de los empleados. Es probable que el prospecto de ganarse un bono motive a los vendedores a enviar esos correos extra o a hacer esas llamadas adicionales, mientras que la amenaza de ser avergonzados en público por ser el equipo de peor rendimiento puede «desencadenar la ansiedad e impulsar a las personas a recurrir al fraude, las mentiras y a engañar a los clientes».

Uber obviamente logró algo maravilloso. Redefinió de una manera fundamental cómo nos movemos todos. Antes de Uber, Big Taxi operaba en un mundo en donde no se rendían cuentas. Si usted pedía un taxi para ir al aeropuerto de San Francisco en el 2010, solo existía un 50% de probabilidades de que uno fuera a recogerlo. Uber hizo a muchas personas, incluyendo a Zach, ricas más allá de sus sueños más salvajes.

Pero ¿a qué costo? ¿Valieron la pena los años de fatiga laboral? ¿Fue necesario involucrarse en prácticas de negocio inescrupulosas?

Zach no está tan seguro.

«Trabajar en Uber fue un reto increíble. Trabajé con muchísimas personas geniales», dice Zach, viendo hacia el infinito. «Pero también quedó una cicatriz. Temo volver a trabajar ahora porque jamás quiero sentirme así de nuevo… con toda la ansiedad y el estrés, además de la ambigüedad moral. Eso me dejó con ganas de evitar involucrarme en otro emprendimiento, lo cual es una maldita pena».

Curiosidad, aprendizaje y variedad

Todos nacimos con curiosidad natural y con el deseo de aprender. Tan solo fíjese en los niños explorando los charcos que dejan las olas en la playa o cuando se concentran mucho en un libro nuevo. Como adultos, pocas cosas nos emocionan más que aprender un nuevo lenguaje de programación, descifrar un problema difícil o lograr pedir «*deux croissants au beurre, s'il vous plaît*[1]» en la panadería de la esquina mientras visitamos París.

Del modo contrario, pocas cosas le roban más la energía a un grupo de personas talentosas que trabajar en un problema aburrido. Los investigadores de la Universidad Estatal de Montclair, quienes les realizaron una encuesta a 211 empleados seleccionados al azar, encontraron una relación estadísticamente significativa entre los sentimientos autoidentificados de aburrimiento y «el comportamiento laboral contraproducente».

Los grandes líderes saben cómo acceder a nuestro deseo natural de aprender, crecer y evitar el aburrimiento, pero al mismo tiempo no permiten que descendamos a la pereza o a nunca tomar decisiones. Exploremos las diferencias sutiles entre incentivar la exploración y el aprendizaje y crear un estado constante de indecisión.

---

1 Dos cruasanes con mantequilla, por favor.

LA CURIOSIDAD COMO UNA VENTAJA COMPETITIVA

Vestido con una camisa tipo polo desgastada, caquis arrugados, Birkenstocks marrones y medias negras, Sundeep se ve un poco fuera de lugar sentado en su oficina esquinera muy bien iluminada y ubicada en un edificio anónimo de Redwood City, California. Convenientemente, está situado a medio camino entre San Francisco y Palo Alto. De hecho, él se ve como si acabara de levantarse de la cama. Jamás se imaginaría que es el director de investigaciones de un laboratorio de innovación muy secreto y que su fortuna asciende a más de 20 millones de dólares. Y así es como le gusta a él.

«Le pedimos a la gente que se vista con comodidad», dice Sundeep con una astucia seca, pues sabe que en ese momento él es la viva imagen de la comodidad. «No queremos que nada se interponga entre ellos y su creatividad».

En los últimos diez años, «el Laboratorio» (le prometimos no usar su nombre real y cambiamos muchos otros detalles) ha creado varias innovaciones que han cambiado nuestras vidas de maneras enormes. Algunas son nuevos productos para el consumidor y otras son innovaciones financieras. Cada una ha llegado al mercado como un nuevo negocio y cada una tiene un potencial de cubrimiento de mercado como para generar alrededor de mil millones de dólares de ganancias anuales. «Por aquí no hacemos planes pequeños», comenta Sundeep.

A medida que trabajamos con Sundeep y su equipo, nos damos cuenta de que las cosas funcionan un poco diferente en el Laboratorio. Ya sea que se imagine un lugar de innovación lleno de científicos usando batas o espacios de trabajo desordenados llenos de cajas de pizza, la sensación que se percibe aquí es más la del consultorio de un terapeuta. En lugar de personas corriendo de una oficina a otra, estresadas y exhaustas, si resulta que ven a alguien en el rellano del Laboratorio, se detienen a hablar y luego siguen caminando como si tuvieran todo el tiempo del mundo.

Y así es justo como Sundeep lo quiere. «No nos consideramos capitalistas de riesgo… somos científicos». Por la cantidad de matemáticos y físicos con doctorados que el Laboratorio emplea, la afirmación de Sundeep parece verdadera. «Mi trabajo es contratar a las personas más inteligentes y curiosas del mundo y crearles un arenero para que jueguen allí», dice. «Ninguna de ellas duraría ni un día en otras empresas de tecnología. Toman demasiados riesgos. Sus proyectos se tardan demasiado. Pero aquí les damos el tiempo y el espacio para que se diviertan y exploren. Y, con mucha frecuencia, se les ocurren ideas que valen mil millones de dólares».

En una industria conocida por sus fechas de entrega estrictas, los jefes demandantes y las horas interminables de trabajo, el Laboratorio ha escogido, anómalamente, darles a sus empleados la libertad para trabajar en problemas científicos que les interesen y al ritmo que les parezca. Un miembro del equipo se ha pasado los últimos ocho meses desarrollando un modelo para predecir cómo impactará el cambio climático los patrones de lluvia y los precios de las cosechas en América del Sur. Otro está intentando determinar cuán frecuentes serán las pandemias en los próximos veinte años y el impacto que tendrán en la política y los patrones de población.

Sea cual sea el tema, Sundeep les permite explorarlos. Porque nunca se sabe de dónde saldrá la siguiente gran idea.

No todas las compañías tienen el lujo de poseer presupuestos casi ilimitados y de no tener objetivos firmes ni fechas de entrega firmes. De hecho, la mayoría de las compañías quebrarían en cuestión de meses si intentaran imitar al Laboratorio. Pero ¿qué perlas de sabiduría acerca de cómo Sundeep apoya los deseos de aprender y de satisfacer la curiosidad de sus equipos podemos sacar de esta historia?

Primero, hay oro puro en el uso del tiempo desestructurado. Los ejecutivos de Google se dieron cuenta hace años de que la innovación y la resolución de problemas sucedían en los tiempos libres de los ingenieros: después de la jornada laboral o los fines de semana. En una historia que se considera ahora toda una leyenda en la compañía, un error intratable en el algoritmo que proporcionaba los anuncios fue resuelto una noche por un ingeniero que ni siquiera estaba en el equipo de anuncios. Cuando le preguntaron por qué trabajó toda la noche en algo que ni siquiera hacía parte de su descripción laboral, respondió con despreocupación: «me parecía un problema divertido de resolver».

Hoy, como respuesta a la aparentemente infinita curiosidad de su equipo, Google anima a cada uno de sus empleados a pasar *un día a la semana* trabajando en lo que quieran, de modo que no tengan que explorar esa curiosidad solo después de las horas laborales.

Segundo, permitirles a los miembros del equipo sentir curiosidad y hacer experimentos no solo requiere de tiempo desestructurado, sino también de un entendimiento explícito de que fallar está bien. Como Tom Watson, director ejecutivo de IBM durante más de cuarenta años, incluyendo dos guerras mundiales y la Gran Depresión, dijo: «si quiere triunfar, duplique su tasa de fracasos».

Sin embargo, hay demasiadas compañías que hoy en día no les han dejado claro a sus empleados que el fracaso no solo está bien, sino que es algo que debería celebrarse. Los experimentos fallidos dan pie a nuevas perspectivas. Los empleados que no están fallando no están tomando los suficientes riesgos. Como un esquiador que nunca se cae, están más enfocados en verse bien que en retar los límites y ver justo en dónde queda el precipicio.

Algunos de los investigadores del equipo de Sundeep se pasan la mayor parte del año persiguiendo una idea solo para no llegar a nada al final. Y Sundeep escoge celebrar esos fracasos cada vez que suceden. «Tan pronto como perdamos la integridad de nuestra investigación, tan pronto como dejemos de intentar resolver problemas casi imposibles, allí es cuando perderemos nuestra ventaja competitiva».

CUANDO LA CURIOSIDAD CREA CAOS

Un cliente con el que hemos trabajado mucho en los últimos dos años tiene un equipo ejecutivo extremadamente talentoso y creativo. No aman nada más que lanzar nuevas ideas, subirse las mangas y ensuciarse las manos.

Y, no obstante, cuando los conocimos por primera vez, no estaban funcionando para nada bien. Agobiados con demasiadas ideas creativas, les costaba tomar decisiones, en especial las estratégicas. Sus reuniones del equipo ejecutivo eran la definición viviente de hoyos negros.

Cuando Edward le preguntó al director ejecutivo por qué permitía que sus reuniones del equipo ejecutivo fueran tan caóticas, le respondió con sencillez: «pero de aquí es de donde siempre salen las mejores ideas». Edward lo instó a ir más profundo, ya que era obvio que las grandes ideas ya no resultaban de esas reuniones. El director ejecutivo miró por la ventana con nostalgia y dijo: «esto es lo que nos da energía... nos encanta apagar incendios».

Ese era un problema.

El trabajo del equipo de liderazgo de una compañía con más de 100 empleados es desarrollar las prioridades estratégicas y asegurarse de que la organización trabaja en esas prioridades, no enviar a la compañía en una miríada de direcciones, siguiendo sus caprichos creativos.

«Pero, pero… ¡ser creativo y resolver problemas *se siente demasiado bien!*».

Sí, lo sabemos. Resolver problemas y soñar en grande puede ser intoxicante de una forma literal. El proceso creativo libera neuroquímicos, como oxitocina, endorfinas y dopamina, que nos dejan sintiendo emociones similares a las que experimentamos cuando nos enamoramos o hacemos deporte. ¿Por qué no querríamos sentirnos así todo el tiempo?

Sin embargo, una perspectiva clave que muchos líderes no logran ver es que cuando reservan todos esos momentos creativos de resolución de problemas para ellos y el equipo ejecutivo, les están robando a los líderes júnior de la organización esos deliciosos momentos llenos de neuroquímicos y los están relegando solo a roles de ejecución.

Sí, así es. Cada vez que resuelve un problema por alguien más, le está robando los neuroquímicos asociados con la alegría, la satisfacción, el valor propio y el sentido de pertenencia.

¿Acaso la solución es que el equipo ejecutivo ya no se reúna? ¿Ya no deberían resolver problemas? No. Solo tienen que saber qué tipo de problemas tendrían que estar resolviendo.

Andy Katz-Mayfield, el director ejecutivo de Harry's, el David para el Goliat de Proctor & Gamble's, se inventó un simple esquema de trabajo para responder esa pregunta tan importante que amamos tanto. Propuso que el equipo ejecutivo de Harry's debería trabajar en la intersección de la *intratabilidad* y el *impacto*. Es decir, ¿qué tan difícil es el problema? ¿Alguien más puede resolver el problema casi tan bien o mejor que nosotros? ¿Y qué tanto impacto tendrá esta decisión en el negocio? ¿Impacta nuestro rendimiento durante el siguiente trimestre o medio año o solo durante el siguiente mes? ¿Se trata sobre nuestro producto central o sobre una pequeña línea de producto? ¿Afecta globalmente a nuestros empleados o solo a unos pocos de un equipo?

Si el problema cumple con ambos criterios, impacto e intratabilidad, el equipo ejecutivo de Harry's trabaja para resolverlo. Si no, lo delegan.

Los líderes y sus equipos se meten en líos cuando piensan que un problema será «divertido de resolver» o que «no confían en que nadie más resuelva ese problema tan bien como ellos». Como líderes, nuestro trabajo es resolver los problemas importantes y estratégicos, no solo los divertidos. Y para los asuntos pequeños que sigan siendo difíciles de delegar, es mejor entrenar a sus equipos con las preguntas socráticas para que incrementen su capacidad de resolver problemas. Ahí es cuando llega el verdadero escalamiento.

Preguntas para líderes y equipos de liderazgo sobre compartir la resolución de problemas:

- ¿Con qué problemas se está quedando innecesariamente?

- ¿De qué manera les está robando a sus equipos el deseo de aprender y de enfrentar retos?

- ¿Cómo impacta ese hábito la capacidad general de su equipo para resolver problemas?

Poder, estatus y reconocimiento

A menudo, se piensa que el poder, el estatus y el reconocimiento en el lugar de trabajo tienen connotaciones negativas. Hablamos críticamente de las personas que están «hambrientas de poder» o buscan «ganar estatus».

Aunque es verdad que desear demasiado poder, estatus y crédito se relaciona con resultados negativos, es bastante normal y sano que los líderes busquen y disfruten de cierto nivel de influencia. Para muchos, la habilidad mejorada de hacer las cosas y ver que sus visiones se hacen realidad, la cual resulta de tener más poder, es la razón central para ser líderes en primer lugar.

El reto es mantener el balance. Por cada director ejecutivo que voló muy alto y cayó luego en picada a la Tierra como resultado de su obsesión con el poder (Elizabeth Holmes de Theranos, Travis Kalanick de Uber, Adam Neumann de WeWork y más), existen docenas de ejemplos de líderes humildes, trabajadores y que no necesitan ser el centro de atención para construir compañías muy exitosas con culturas vibrantes y sanas.

Las investigaciones académicas sobre el poder son fascinantes, pero contradictorias. Una investigación temprana de ciencia social sobre las dinámicas y el impacto comportamental del poder tendía a apoyar la famosa afirmación de lord Acton: «el poder tiende a corromper y el poder absoluto corrompe absolutamente». El famoso experimento de la prisión de Stanford en 1971, en el cual algunos sujetos eran los «prisioneros» y otros los «guardias», tuvo que cancelarse antes de tiempo porque los guardias se volvieron muy abusivos con los prisioneros. Otros estudios han demostrado que pequeños incrementos en el poder percibido amplifican «la hipocresía, el excepcionalismo moral, el egocentrismo y la falta de empatía hacia otros».

Sin embargo, otro estudio más reciente nos llamó la atención porque nos recordó nuestra propia experiencia trabajando con líderes sensatos y efectivos. Katherine A. DeCelles, profesora e investigadora de la Universidad de Toronto, se propuso responder la pregunta: «¿el poder de verdad corrompe o solo revela el verdadero carácter de la persona?». O, para ponerlo de otra manera: «¿el poder es menos un modificador de carácter y más un amplificador de carácter?».

Sus hallazgos fueron concluyentes. DeCelles y sus colegas descubrieron que «el sentido de 'identidad moral' de las personas (el grado al que piensan que es importante para su definición propia ser 'amables', 'compasivas', 'justas', 'generosas' y demás) les daba forma a sus respuestas a los sentimientos de poder». Parece que las personas que eran amables, justas y generosas antes de acceder al poder lo eran aún más después de ello. Las personas que no eran tan amables antes de acceder al poder lo eran aún menos después de obtenerlo.

Las implicaciones para nosotros, los *coaches*, y para usted, como líder, inversionista o empleado es que debemos esforzarnos por evaluar primero el carácter y no sencillamente la visión o el carisma cuando estemos escogiendo a los líderes que vamos a contratar o ascender. Los hambrientos de poder entre nosotros por lo general quieren el poder por las razones equivocadas.

Veamos un par de casos de líderes que aprendieron a lidiar con el poder de diferentes maneras.

EL PODER SE MULTIPLICA CUANDO SE COMPARTE

Claudia es confiable y creíble... usted confía en todo lo que ella dice. Si no estuviera dirigiendo un espacio moderno de *coworking* en Los Ángeles, uno se la imaginaría como la presentadora del noticiero local.

Cuando conocimos a Claudia, tenía un problema muy claro: se sentía terriblemente sola. Se quejaba de que nadie tenía su ojo para el diseño, así que tenía que tomar todas las decisiones con respecto a la estética de sus espacios, desde el papel de colgadura y los muebles hasta los olores de las velas y los apliques de los baños. También había construido a propósito una «organización plana» que daba una sensación de igualdad y democracia, pero también significaba que no tenía a más líderes en su equipo en quienes sintiera que podía confiar.

Ponemos las palabras «organización plana» entre comillas porque, a menudo, esas compañías solo son planas en nombre. Aunque existe cierta planicie en una capa de esas organizaciones, el líder casi siempre se sienta por encima del resto de la organización, mirando hacia abajo. Y a pesar de que el líder puede creer que ha creado un sistema basado en el consenso y la democracia, lo que en realidad ha hecho es crear una dictadura.

En el 2002, Google intentó tener una organización 100% plana al eliminar a todos los gerentes de ingeniería en un esfuerzo por acabar con la burocracia y volver a la cultura de emprendimiento que disfrutaron en los primeros días. El experimento duró solo unos pocos meses. Demasiadas personas estaban yendo directo a Larry Page, el director ejecutivo, con preguntas sobre conflictos con colegas, reportes de gastos y otros problemas molestamente mundanos.

Sin saberlo, Claudia regía su feudo con puño de hierro y, como resultado, además de sus sentimientos personales de soledad y la necesidad de hacerlo todo, tenía problemas con la moral baja, la falta de resolución de problemas de maneras creativas y la alta tasa de rotación de empleados.

¿Alguna vez se ha preguntado por qué las Fuerzas Armadas tienen tantos rangos en su jerarquía? Hay capitanes, mayores, oficiales, tenientes primeros, tenientes segundos, sargentos, etc. ¿Por qué no hay solo un general y unos pocos miles de soldados?

Sin ahondar demasiado en la teoría militar, la respuesta más simple es que el uno-a-muchos funciona para transferir el conocimiento, pero no para organizar un trabajo. Un autor puede escribir un libro y transferir su conocimiento a 10 millones de personas, pero para organizar a un grupo de humanos para que hagan cosas necesitamos dividirnos en grupos más pequeños.

Hoy en día, el ejecutivo corporativo promedio tiene entre cinco y diez subordinados. El número de capas de liderazgo bajo cada ejecutivo es, en teoría, infinito, pero depende del tamaño de la compañía y de la complejidad de los flujos de trabajo.

Aunque podría parecer absurdo que advoquemos por una jerarquía gerencial en una compañía de cincuenta personas, la alternativa era aquello con lo que Claudia estaba lidiando: una directora ejecutiva solitaria y con fatiga laboral, por una parte, y una cantidad de empleados sin empoderamiento, por otra.

Cuando John y Claudia se sentaron para discutir su dilema, él le preguntó sin rodeos: «¿qué sería diferente si tuviera a unas pocas personas en el negocio en quienes confiara y a quienes viera como sus pares?». ¿Pares? ¡Qué concepto tan loco! ¿Compartir el poder y la toma de decisiones? La idea la ponía nerviosa.

Lo que ella no había considerado, y a lo que John le abrió los ojos, es que compartir el poder no significa tener que aceptar resultados mediocres. De hecho, si se hace bien, crea resultados *mejores*.

El primer paso de John para ayudar a Claudia a convertirse en una líder que compartía el poder fue hacer que documentara sus pensamientos sobre la marca y la estética de la compañía. Nadie podía saber «qué se veía bien» si todo estaba en la cabeza de la líder. Sentarse y escribir los gustos y preferencias en papel puede hacerlo sentir vulnerable. Con frecuencia es difícil poner eso en palabras. Los tableros de ideas y otros ejemplos visuales pueden ser útiles. Es incluso mejor contratar a una agencia de mercadeo.

El segundo paso es identificar quién en la compañía tiene, de manera natural, la confianza tanto del líder como del resto del personal. Incluso en una estructura plana, ciertos individuos tienen algo de poder suave o influencia. Por instinto ocupan espacio, dan apoyo y ofrecen retroalimentación. Y, con algo de suerte, entienden los gustos y preferencias del líder mejor que el resto. Claudia decidió que Stephanie, su cabeza de comunidad, era el miembro del equipo en quien más confiaba.

El tercer paso es experimentar con dejar de controlarlo todo. Los líderes que se han estado aferrando al poder durante años lo hacen por miedo a que la compañía se aleje de su visión si delegan algo. Dejar caer todos los aparejos de una sola vez puede desestabilizar demasiado al barco, lo que creará ansiedad y hará que quieran estar en control de nuevo. En el caso de Claudia, primero le dio a Stephanie el control sobre la decoración de las mesas del *buffet* del almuerzo. Al principio ese trabajo parecía insignificante, pero a partir de eso confió más en Stephanie y le pidió que rediseñara la zona comunitaria de descanso. Poco a poco, Claudia se fue sintiendo más cómoda.

El cuarto y último paso es hacer que las cosas sean oficiales. En una compañía como la de Claudia, que nunca había tenido una transferencia formal de poder, hacer que Stephanie fuera la nueva líder de la experiencia del consumidor fue un paso muy importante. Con esto, le dio a Stephanie el control sobre los nuevos espacios de *coworking* que estaban en espera, lo que liberó a Claudia para que trabajara en las cuestiones estratégicas más grandes, como recaudar fondos y las contrataciones. Esa muestra de respeto y confianza por parte de Claudia aumentó la seguridad de Stephanie e hizo que su lealtad hacia la compañía fuera más profunda. Otras personas de la empresa dicen ahora que ven un camino más claro para poder avanzar con sus carreras.

En unos pocos meses, Claudia hizo un proceso similar con el jefe de *marketing* y el jefe de desarrollo del negocio. Al aprender a compartir el poder y darle un estatus formal y reconocimiento a su equipo, dio los primeros pasos hacia la formación de un equipo ejecutivo que le dio un escalamiento operacional y redujo sus sentimientos de soledad por primera vez en mucho tiempo.

Reflexionando sobre el uso del poder y el control en su compañía:

- ¿Cómo se está aferrando al poder y al control en su compañía o en su equipo?

- ¿Qué le cuesta a usted y a la compañía aferrarse a ese poder en términos de escalamiento y eficiencia?

- ¿Cómo se vería un escenario en el que condujera un pequeño experimento en el que confiara y empoderara a ciertos miembros de su equipo?

ODA AL LÍDER RETICENTE

Mientras que los narcisistas atraen la ira y los titulares, la clase más típica de director ejecutivo con la que nos encontramos no siente un deseo lo suficientemente grande por tener poder y no hace un buen trabajo dándoles poder, estatus y reconocimiento a sus empleados. Estos directores ejecutivos son, a menudo, ingenieros o diseñadores, gente que construyó un producto y que, casi por accidente, creó una compañía alrededor de eso. Entonces se encuentran siendo líderes por las circunstancias, no por designio.

Pensemos en Charles, el director ejecutivo y cofundador de una compañía de tecnología financiera multimillonaria. Cuando sus colegas hablan con nosotros, nos dicen: «Charles es un visionario muy estratégico. De verdad sabe cómo tomar buenas decisiones. Pero no lo hace con la suficiente frecuencia. De hecho, no se involucra como líder para nada. Nunca obtenemos retroalimentación de él. Jamás sabemos si estamos haciendo un buen trabajo».

Lejos de ser uno de los megalomaníacos que salen en los titulares, Charles es un líder reticente. Como muchos de nuestros clientes, Charles es un introvertido intenso que tuvo una gran idea sobre una oportunidad de mercado hace unos años y creó un negocio alrededor de eso. Pero jamás visualizó que estaría liderando una compañía multimillonaria de quinientas personas. El rol de director ejecutivo fuerza a Charles a ser más extrovertido de lo que se siente cómodo siendo. También le exige proveer una estructura y una autoridad más formales para su equipo de las que siente que son necesarias.

«No necesito un título laboral para saber qué es importante o en qué debería trabajar. No entiendo por qué otras personas lo necesitan», explicó Charles cuando él y Edward se sentaron para revisar su 360 en las oficinas de la compañía en el distrito financiero de San Francisco.

Los líderes reticentes como Charles necesitan aprender que empoderar a la gente es más que confiar en ellos para que hagan un buen trabajo. La palabra *empoderar* literalmente significa «darle autoridad formal o legal a alguien para hacer algo».

Para lograrlo, los líderes deben hacer tres cosas:

1. Permitirles saber a los empleados qué autoridad formal tienen.
2. Confiar en ellos para que tomen sus propias decisiones dentro del alcance de esa autoridad.
3. Reforzar esa autoridad con halagos y reconocimiento público.

No obstante, lo que Charles estaba haciendo era darles a las personas títulos con descripciones de trabajo vagas, dudando y reversando sus decisiones y guardándose los halagos o el reconocimiento, lo cual es la definición contraria de un comportamiento para empoderar.

En una reunión entre Charles y sus altos ejecutivos, un miembro del equipo se arriesgó e intentó ayudar a Charles a comprender el impacto completo de su comportamiento contrario a empoderar. «Como sabemos que lo va a rehacer todo de todas maneras, mi equipo no se gasta mucho tiempo pensando en grandes ideas. Hacemos lo mínimo y esperamos que usted nos diga qué hacer».

Piense en eso. Charles no es un microgestionador maníaco. No es un narcisista astuto que hace sentir a la gente usada y abusada. Solo está desconectado y poco consciente de cómo sus comportamientos silenciosamente saboteadores están generando justo el comportamiento contrario que quiere de sus subordinados. Los líderes reticentes como Charles deben salirse de sus zonas de confort y darles a los empleados la clase de claridad, retroalimentación y halagos que sienten que ellos mismos no necesitan. Esto puede sentirse extraño o incluso poco auténtico, lo que causa que muchos de estos líderes se resistan. «Me siento falso dándoles palmaditas en la espalda a las personas. ¡Solo deberían hacer sus trabajos!», diría Charles.

Liderar desde el corazón involucra conocer a las personas. A algunas les gusta recibir muchos halagos y retroalimentación. A otras no tanto. Es el trabajo del líder aprenderse las preferencias diversas y los motivadores de los miembros de su equipo y aproximarse a ellos con el lenguaje y el estilo que prefieran.

Reflexionando sobre los diferentes niveles de deseo por ser reconocidos en su compañía:

- ¿De qué maneras no está logrando satisfacer el deseo que su equipo tiene por poseer poder y reconocimiento?

- ¿Cómo está socavando inocentemente el sentido de autonomía y de valor propio de sus colegas?

- ¿Qué «lenguajes» con respecto a la influencia y el reconocimiento ve que se hablan en la oficina y que no se sienten naturales para usted? ¿Qué ganarían usted o el equipo si aprendiera a usarlos como líder?

Servicio y justicia social

El 4 de mayo de 1961, trece hombres y mujeres de edades entre los dieciocho y los treinta años abordaron varios buses Greyhound y Trailway en Washington D. C. con dirección a Nueva Orleans. Su objetivo era simple: meterse en «buenos problemas», como el líder civil de veintiún años y eventual congresista John Lewis, que estaba entre esas trece personas, se refería a la desobediencia civil.

A lo largo de ese verano, más de 450 «Viajeros por la Libertad», incluyendo maestros, miembros del clero, estudiantes universitarios e incluso un banquero de Wall Street, viajaron en buses de los sistemas del Sur, violando las leyes locales de segregación, siendo arrestados y, en muchos casos, golpeados, todo con el objetivo de protestar por las prácticas injustas de segregación.

¿Qué motiva a las personas a dejar sus hogares, abandonar sus carreras y ponerse en peligro por luchar por una causa en la que creen? Una causa que, para los Viajeros por la Libertad, ni siquiera mejoraría su propia calidad de vida.

Quizás usted ha experimentado la sensación de querer apoyar una causa o ser útil de alguna manera. Los avances más grandes en cuanto a justicia social jamás habrían sucedido si no fuera por la determinación y la dedicación abnegada de legiones de voluntarios y organizadores que se movilizaron solo para luchar por lo que es correcto.

Los mejores líderes con los que hemos trabajado tienen ese sentido del propósito y luego dedicaremos un capítulo entero de este libro a explorar las muchas maneras en las que uno puede colaborar y tener conversaciones sobre el propósito. Por ahora, queremos explorar cómo puede entrar en la mentalidad correcta para animar a otros a ser útiles, cómo acceder al deseo natural de la gente por «ser el héroe o la heroína». Un inversionista muy sabio con el que hablamos tiene una estrategia simple para entrar a la mentalidad correcta para hacer justo eso.

PODRÍAMOS SER HÉROES

Cuando sus dos primeras inversiones son Twitter y Digg, las personas dicen que usted es un suertudo o un genio. Pero si pasa más de cinco minutos con Mike Maples, el fundador de Floodgate Fund, se dará cuenta de que el hombre es más que suertudo. Desde esas primeras inversiones, Maples y el equipo de Floodgate han seguido invirtiendo en compañías como AngelList, Clover Health, Lyft, TaskRabbit y muchas más.

A lo largo de sus quince años de carrera como inversionista y habiendo conocido a miles de posibles Jack Dorseys y Kevin Roses (los fundadores de Twitter y Digg, respectivamente), ha desarrollado un método simple para descubrir quién tiene lo que se necesita para ser el líder exitoso de un emprendimiento. Y todo se reduce a una pregunta: ¿se ven a ellos mismos como el héroe o la heroína?

La idea del camino del héroe ha existido durante milenios, pero fue Joseph Campbell quien popularizó el concepto en *El héroe de las mil caras*, su libro de 1949. Piense en una película o en un libro que desarrolle el viaje épico y fabuloso, y la batalla entre el bien y el mal que discurre alrededor de una figura heroica central. Esa historia seguro seguirá la estructura del viaje del héroe de pies a cabeza.

Maples cree que construir una compañía es similar a emprender un viaje heroico y que es importante que los fundadores sepan qué personaje son en la historia. «En lo que muchos líderes sin experiencia se equivocan es que ven las revistas con Steve Jobs o Mark Zuckerberg en la portada y piensan que el director ejecutivo es el héroe», comentó Maples en una llamada de Zoom en medio de la pandemia. «Creen que el director ejecutivo es Luke Skywalker. Pero los grandes líderes, los que uno de verdad respeta, se dan cuenta de que su rol es ser Obi-Wan Kenobi (el mentor de Luke en las películas de Star Wars), no Luke».

Los líderes de emprendimientos, según Maples (y nosotros estamos de acuerdo por completo, solo que jamás lo habíamos pensado así), son quienes tienen el papel de mentores. Son los Obi-Wan de Luke, los Gandalf de Frodo, los Morpheus de Neo, las Atenea de Odiseo. Y si realmente son buenos, los fundadores hacen que todas las personas a las que tocan, desde los primeros empleados y los inversionistas hasta los clientes y los compradores, se sientan como que son héroes y heroínas también.

Quizás esta es la razón por la que, cuando uno les pregunta a los empleados de Silicon Valley si piensan que su compañía está haciendo del mundo un lugar mejor, un abrumador 67% dice que sí. Esto puede ser sorprendente para cualquiera que observe a las legiones de personas mirando sin propósito sus teléfonos inteligentes en restaurantes y espacios públicos y se cuestione el rol de la tecnología en la sociedad, pero la mayoría de los hombres y mujeres que están programando esas aplicaciones y creando esa tecnología con la que nos relacionamos todos los días de verdad creen que están en una búsqueda heroica para cambiar el mundo.

«Los líderes con perspectiva ven un futuro diferente que el resto de nosotros», dice Maples. «Nos inspiran a emprender el camino heroico de construir la compañía con ellos al ayudarnos a entender que existe algo roto hoy que necesita arreglarse. La brecha entre hoy y el estado futuro… ese es el camino».

Un error crítico que cometen los líderes es cuando ven a sus equipos o a sus inversionistas como herramientas que pueden utilizar en su *propio* camino heroico. Esto lo vemos todo el tiempo en nuestras sesiones de *coaching*: líderes que centran el trabajo del negocio en ellos, en lugar de en el camino heroico de sus empleados, clientes e inversionistas. Puede parecer una diferencia sutil, pero es un cambio de 180 grados en cuanto a la perspectiva.

Liderar desde el corazón requiere de aceptar su rol como mentor o *coach* en la historia de su compañía, no como héroe.

- ¿Cómo cambia la manera de pensar en su trabajo con ese otro lente?

- ¿Les dice a las personas por qué este viaje es importante para *usted* o las ayuda a que se conecten con cómo es que el viaje es importante para *ellas*?

- Armado con esta visión, ¿qué puede empezar a hacer diferente para satisfacer el deseo de su equipo de ser útil, de ser parte del grupo que hará del mundo un lugar mejor?

Intente esta prueba: ¿sus empleados están demasiado enfocados en la compensación y los beneficios? Sí, las personas merecen estar bien compensadas. Si tienen que preocuparse por la comida de sus mesas, es probable que tengan dificultades enfocándose en su visión noble para rehacer la industria «rota» de las lavanderías. Pero si siente que hay demasiadas conversaciones en la organización sobre las compensaciones y las promociones, esa es una señal clásica de que usted no está representando bien su rol como Obi-Wan Kenobi. Los empleados que se sienten conectados con el propósito, que creen que están en una misión con significado, usarán más tiempo y energía enfocándose en derrotar dragones metafóricos que en preguntar qué van a ganar por ello.

CONCLUSIONES DEL CAPÍTULO 3

- Nuestros deseos fundamentales son motivadores poderosos, pero también pueden desviarnos.

- Nuestro deseo por ser amados y aceptados tiene el potencial más grande para inspirar lealtad a largo plazo, pero también puede distraernos si nos quedamos atrapados en las fantasías y las intrigas.

- Las mentalidades ciegas como las fantasías, la paranoia y la negación evitan que veamos lo que está sucediendo en realidad y pueden contribuir a que nuestros propios deseos nos desvíen.

- La competencia saludable es un motivador potente para mantener a la gente unida, pero también puede crear incentivos para que haya comportamientos antiéticos.

- Nuestra curiosidad y el deseo de aprender solo pueden prosperar en un entorno en donde se nos dé tiempo desestructurado y libertad para fracasar. Sin embargo, si complacemos demasiado ese deseo, eso puede causar una falta de enfoque.

- El poder y el estatus son tan motivantes como intoxicantes. Apoyarse en exceso en ellos como motivadores puede crear dinámicas tóxicas y comportamientos abusivos.

- El deseo de ser útil y de luchar por la justicia alude a nuestro sentido del propósito y a la conexión con algo que sea más grande que nosotros mismos. Usar eso como motivador requiere de permitir que las personas se vean a sí mismas como los héroes y las heroínas de la historia.

IDEAS PARA INICIAR CONVERSACIONES

1. Cuando piensa en su vida y en los períodos de mayores esfuerzos y enfoque, ¿cuál fue el impulsor fundamental que más lo motivó? ¿Cómo se muestra esto en otras personas?

2. Examinando a los colegas que lo rodean, ¿cuáles son los deseos fundamentales a los que ve que ellos responden más?

3. ¿Cuáles son las conversaciones que le gustaría tener con sus colegas para aprovecharse de sus deseos fundamentales de una manera ética y auténtica para ayudarlos a tener más éxito?

4. ¿Cuándo se ha desviado por culpa de sus deseos en el pasado? ¿Qué apoyo puede pedir hoy en día para asegurarse de que no cruzará esa línea de nuevo?

5. ¿Qué mentalidades ciegas evitan que vea con claridad y que pueden contribuir a que usted permita que sus deseos lo desvíen?

6. ¿De qué formas ve que sus colegas se sobreponen a sus propias mentalidades ciegas? ¿Qué puede hacer para ayudarlos a superar las mentalidades ciegas y a desarrollar una relación saludable con sus deseos?

CAPÍTULO 4

¿CUÁLES SON SUS MEJORES DONES?

«Cuando tuve que llenar mis papeles de inmigración…
no tenía nada por declarar, excepto mi talento»
—Oscar Wilde.

Aristóteles fue uno de los primeros en proponer que la clave de la felicidad y la satisfacción era ser consciente de nuestros talentos y dones y usarlos de la manera adecuada. Sin embargo, aquí estamos, más de dos mil años después, y la mayoría de las personas no tienen ni idea de cuáles son sus dones naturales o qué hacer con ellos.

Consideramos que esta es una de las conversaciones esenciales de liderazgo que todos deberíamos estar teniendo. Si podemos aprender a ver los dones en nosotros y en los demás, discernir qué nos hace verdaderamente especiales y cómo podemos hacer la diferencia, podremos desencadenar un potencial nunca antes visto para hacer cosas buenas por el mundo.

Pero la mayoría de nosotros nunca llegamos allí por la misma razón por la que no compramos vino barato. Para explicarnos, permítanos transportarlo a Pop the Cork, la vinoteca favorita de Edward en la West Village de Nueva York.

Jorge y Yolanda Rueda son la clase de dueños de vinoteca que los directores de Hollywood intentan representar en sus películas. Se refieren a usted por nombre cuando entra y recuerdan sus preferencias. Hacen una pequeña rutina simpática en la que ella coquetea y él pone los ojos en blanco con desaprobación. Adoran escuchar sobre sus últimos viajes y aventuras. Y jamás lo juzgan si entra vestido con un traje o con una bata y pantuflas. Ya lo han visto todo.

En su simpática vinoteca en la esquina de Charles y la Séptima Avenida, no tienen ni una botella de vino que cueste menos de 13 dólares. Una vez, en una inusual tarde cálida de otoño, cuando Edward les preguntó por qué, Yolanda le dijo con una risa: «la gente de este barrio escoge una botella buena de vino de ocho dólares y pregunta '¿es decente? ¿O se supone que debo *cocinar* con esto?'».

Jorge sacude la cabeza, atónito. «Si pone una copa de vino barato junto a una de vino caro, la mayoría de las personas jamás podrían notar la diferencia». Pero *sienten* que hay una diferencia. Sienten por instinto que cuanto más caro sea el vino, mejor debe ser.

Los economistas del comportamiento denominan este fenómeno como la «señalización del precio». Si les dan la opción de escoger entre algo muy barato y un producto similar que sea moderadamente costoso, muchas personas escogerán el producto más caro. En general, asumimos que el precio es una señal de calidad.

Devolviéndonos a nuestros dones, tal como por instinto concluimos que los vinos baratos deben ser de baja calidad, de una manera similar subvaloramos las cosas en las que somos buenos por naturaleza porque son, en una palabra, gratuitas y, por lo tanto, no tienen mucho valor. En contraste, a veces sobrevaloramos las habilidades y el conocimiento por el que pagamos con cientos de horas de esfuerzos concentrados o cientos de miles de dólares en préstamos, como aprender a programar, practicar el piano o estudiar para convertirnos en doctores o abogados.

Es importante que los líderes recuerden esto porque, como lo veremos en las siguientes páginas, los resultados desproporcionados para nosotros y nuestros equipos a menudo vienen de mejorar los talentos y las habilidades naturales, no solo de encontrar y desarrollar unas nuevas.

Sí, todos deberíamos tener una mentalidad de crecimiento y saber que nuestros talentos, habilidades e inteligencia son elásticos y pueden expandirse con esfuerzos conscientes. Pero es probable que esa expansión suceda más rápido y sea de mayor valor e impacto si la apoyamos en la base de una habilidad o un interés innato.

Si puede aprender cómo ver y utilizar sus propios dones y los de las personas que lo rodean, empezará a desbloquear una fuente casi ilimitada de posibilidades.

Los mitos sobre los dones

Desbanquemos primero unos pocos mitos comunes para ayudarlo a enmarcar de nuevo todo el concepto de lo que significa «tener un don».

MITO 1: LAS PERSONAS DOTADAS SON LAS MEJORES DEL MUNDO EN ALGO (Y EMPEZARON JÓVENES)

Bobby Fisher dominó el US Open de ajedrez a los catorce años. Serena Williams ganó veintitrés títulos individuales de Grand Slam antes de los treinta y seis años, más que cualquier otro jugador, hombre o mujer. Los Beatles crearon una de las más grandes bibliotecas de música popular que el mundo jamás ha escuchado, todo antes de que cumplieran los treinta años (nota impresionante: todos tenían entre veintisiete y veintinueve años cuando se separaron y solo habían estado juntos por poco más de seis años).

Cuando la mayoría de nosotros pensamos en personas dotadas, usualmente pensamos en individuos que tienen la mejor habilidad de una clase, ya sea cantando, actuando, hablando o haciendo cosas impresionantes con algún tipo de pelota. Nos decimos a nosotros mismos que son los mejores de los mejores. Son personas que están en lo más alto de lo que hacen y quizás empezaron haciendo eso desde muy temprano en sus vidas.

En otras palabras, ponemos a las personas dotadas en un pedestal y nos decimos que no son como nosotros. Con frecuencia, esto nos lleva a desarrollar la historia de que los dones que *nosotros* tenemos son insignificantes o poco notables en comparación.

Corrijamos esto justo ahora: todo el mundo tiene algún don especial, da igual si usted es el GOAT (*Greatest of all Time*, el mejor de todos los tiempos) o no. Estar dotado para algo no significa que tenga que ser el mejor del mundo, el mejor en su país o incluso el mejor en su ciudad. Sencillamente, tiene que ser bueno en algo que otras personas encuentren difícil. El valor está en el contraste.

MITO 2: LOS DONES INVOLUCRAN UN ARTE PERFORMATIVO O UNA ACTIVIDAD, COMO CANTAR, ACTUAR O ALGO ATLÉTICO

Por lo general, pensamos en los dones como algo que puede darnos quince minutos de fama en televisión. Pero la mayoría de los dones innatos de las personas son de una naturaleza más sutil y solo aparecen en ciertas situaciones o condiciones. Por ejemplo, John tiene una habilidad impresionante para crear marcos y herramientas para el *coaching*, pero eso no le dará un lugar en *America's Got Talent*.

A pesar de la deificación de los atletas, músicos y actores en la cultura popular, usted no debe ser excepcional en los deportes, la música o la actuación para estar dotado. En su lugar, quizás tiene un don para la negociación, la organización o para calmar a otros en situaciones estresantes. Puede tener un don para escuchar o para sentir empatía. Un «don», como nosotros lo definimos, *es cualquier habilidad innata sobre la que pueda construir con esfuerzos y práctica*.

MITO 3: SI ESTAMOS DOTADOS PARA ALGO, NO NECESITAMOS PRACTICAR O TRABAJAR EN ELLO

Cuando ve a alguien haciendo algo sin un esfuerzo aparente y casi por intuición (la colega que domina el salón cada que habla, el tipo que siempre tiene las respuestas más ingeniosas, el jefe que siempre lo hace sentir valorado y motivado), es fácil decirse que quizás ellos «nacieron» para rendir a ese nivel. Pero si va un poco más allá de la superficie de cualquiera de esas personas, encontrará una base de talento innato construida sobre cientos, sino miles, de horas de práctica. ¿Por qué sabemos que esto es verdad? Porque todos tendemos a hacer *más* de las cosas en las que sentimos que somos buenos. De manera natural, dedicamos horas a ejercitar nuestros dones porque se siente bien ser bueno en algo.

El siguiente paso es poner algo de *intención* en esa práctica. Solo porque tiene una ventaja por ser algo más carismático o intuitivo con los números no quiere decir que no deba cultivar y criar ese talento para volverse realmente excepcional.

Si no se compromete a desarrollar sus dones con práctica, pueden no servirle de nada a la larga. John, por ejemplo, siempre ha sido un orador público innato, pues estudió Comunicación en la universidad, pero afinó sus habilidades más desde que era niño al unirse a un club de oratoria, que se reunía después de la cena, en Long Beach, California. Gracias a las prácticas regulares semanales, desarrolló la habilidad para hablar con una claridad y confianza excepcionales.

¿Qué malentendidos sobre los dones están evitando que identifique y desarrolle los suyos o los de sus compañeros de equipo?

Se trata de la forma en la que los usa...

Ahora que hemos descrito los tres mitos comunes sobre los dones, veamos cómo la gente *usa* sus dones en realidad. La manera en que despliegue los suyos hará toda la diferencia en la clase de impacto que tendrán para usted y para el mundo.

NIVEL 1: PARA BENEFICIO PROPIO

Jordan Belfort, también conocido como el Lobo de Wall Street, usó su don excepcional para persuadir para robarse los fondos de retiro de los ancianos. El televangelista Jim Bakker usó su don de oratoria en público para enriquecerse y ocultar sus aventuras extramaritales.

Aunque no todo el mundo que usa sus dones para beneficio propio es corrupto o un ladrón, tal vez le están robando al mundo esa parte de ellos mismos que podría ser muy útil para los demás.

Nos hemos dado cuenta de que cuando las personas están usando sus dones solo para ellas mismas, es más probable que tengan alguna necesidad insatisfecha. Si usted o un miembro de su equipo están usando los dones para beneficio propio, ¿por qué podría ser? ¿Qué necesidad no se está satisfaciendo? ¿Qué podría cambiar si esa necesidad se satisficiera con otros medios?

NIVEL 2: EN BENEFICIO DE UN PROPÓSITO PRÁCTICO

A la edad de veintitrés años, Mozart era un organista al que podían contratar. A la edad de treinta y ocho años, J. R. R. Tolkien, autor de *El hobbit* y la serie de *El señor de los anillos*, era un profesor universitario que calificaba exámenes de secundaria también para ganar algo más de dinero. A ambos les fue bastante bien cuando descubrieron cómo usar sus dones para algo más que propósitos prácticos.

Las personas que están estancadas usando sus dones para propósitos prácticos pueden despertarse un día y darse cuenta de que han estado «actuando de forma modesta» durante demasiado tiempo. O quizás se mantengan ciegas a su propio potencial y jamás se den cuenta de ello.

Usted puede notar cuándo alguien está usando su don solo para un propósito práctico si piensa en algún momento que no están «viviendo según su potencial». Aunque usar nuestros dones al servicio propio puede desencadenar con facilidad un comportamiento antiético si no somos cuidadosos, usar nuestros dones para propósitos prácticos puede devenir en mediocridad con la misma facilidad.

No obstante, esta verdad esencial es fácil de ignorar porque «usar el don propio para propósitos prácticos» a menudo se traduce como «hacer lo que uno necesita hacer para pagar las facturas». Mozart estaba quebrado en sus veintes, así que trabajaba como organista a sueldo. Tolkien llegaba a fin de mes calificando exámenes.

Así es como millones de personas se quedan atrapadas viviendo en su zona de excelencia, pero sin llegar jamás a la zona de la genialidad, como lo decía Gay Hendricks. Nos referimos a que hacen cosas en las que son buenos para obtener algo a cambio, pero lo hacen solo para sobrevivir. Jamás se arriesgan a encontrar la expresión más grande de sus dones y, como resultado, nunca sienten que su trabajo lo hagan sin esfuerzo o que tenga un gran impacto, dos características de vivir en la zona de la genialidad.

Cuando usamos nuestros dones para un propósito práctico, obtenemos apenas la satisfacción y el reconocimiento necesarios para seguir adelante, pero nunca lo suficiente como para sentirnos realmente completos. Esa sensación llega, por lo general, solo cuando usamos nuestros servicios para un propósito más elevado.

NIVEL 3: EN BENEFICIO DE UN PROPÓSITO MÁS ELEVADO

Cuando pensamos en personas usando sus dones para un propósito más elevado, se nos vienen a la mente una cantidad de figuras notables. Martin Luther King Jr., Abraham Lincoln, Wolfgang von Beethoven, Maya Angelou, Marie Curie… la lista es interminable. Pero, como lo discutimos antes en este capítulo, uno no necesita impactar a millones de personas para estar dotado.

Cuando «acotamos» nuestra concepción de lo que es un don y cuál puede ser un propósito elevado, vemos a personas dotadas de verdad usando sus dones al servicio de un propósito más elevado a nuestro alrededor: el entrenador que anima, el gerente que empodera, el diseñador de producto brillante, el músico callejero que le alegra el día con un *cover* de Bob Dylan.

El hilo común entre estos ejemplos es que están usando sus dones para animar, tener empatía, diseñar y tocar música y los están compartiendo con los demás. En realidad eso es todo lo que hace falta para usar su don para un propósito más elevado: reclamarlo y compartirlo intencionalmente con el mundo a la escala que se sienta bien para usted.

En este punto, podrá estar diciendo: «pero ¿y qué pasa con la persona que toca el órgano en mi iglesia o el profesor de secundaria de mi hijo? ¿Está diciendo que esas personas no están usando sus dones para un propósito más elevado, así como Mozart y Tolkien no lo estaban haciendo?».

Sí y no. Todo depende de lo que el organista y el profesor sientan que tienen dentro de ellos. ¿Están 100% felices con compartir sus dones a una escala pequeña pero impactante? En ese caso, está muy bien.

Pero, cuando son honestos con ellos mismos, ¿ven algún potencial por dentro que les dice que podrían tener aún más impacto? ¿Ven un camino que los lleve a prestar un servicio más grande? Entonces, sí, en ese caso diríamos que están «actuando de forma modesta» con respecto a su potencial… el potencial que ellos, o sus amigos y personas amadas, ven para ellos mismos.

Usando nuestros dones para entrar en el flujo

De las muchas cosas por las que podemos agradecerle a Thomas Edison (los fonógrafos, los bombillos, los telégrafos, las cámaras de cine, las máquinas de rayos X e incluso las máquinas de tatuajes), quizás lo más importante sea la ética de trabajo moderna, inmortalizada en esta cita: «jamás trabajé un solo día de mi vida. Todo fue diversión».

En el Silicon Valley de esta era moderna, nos damos cuenta de que las personas con más impacto con las que trabajamos de verdad *aman* sus trabajos. Aunque hay docenas de teorías sobre lo que crea empleados felices, las investigaciones indican que las personas se sienten más felices cuando se enfrentan a retos, cuando sienten que están aprendiendo y cuando están usando sus dones para el mejor y más alto propósito.

Como diría el autor y psicólogo Mihaly Csikszentmihalyi, los trabajadores más impactantes de hoy en día pasan más tiempo en un «estado de flujo» que los trabajadores de hace cien años y esto es, en gran parte, lo que impulsa la satisfacción y la productividad de los empleados. Ya sea que lo llame «estado de flujo» o «trabajo profundo», el concepto es el mismo: cuando nos retan a usar nuestros dones para dedicarnos a problemas difíciles durante períodos largos e ininterrumpidos de tiempo, entramos en un estado mental que muchas personas solo pueden describir como de profunda satisfacción.

Uno de nuestros clientes que pasa un montón de tiempo en flujo es Mark Williamson. Como director de operaciones de MasterClass desde el 2017, Mark ha tenido un rol muy importante en el ascenso espectacular de la compañía desde que tenía una sola clase de escritura del autor James Patterson hasta hoy, que es un nombre conocido a nivel global y que se precia de tener clases de Serena Williams, Martin Scorsese, Anna Wintour y docenas de otras personalidades más.

Aunque Mark trabaja muchísimas horas, saca energía para el intenso ritmo de su trabajo porque siente que está expresando su don de la curiosidad. «Me aproximo a la mayoría de las cosas con una 'mentalidad de principiante'», explica Mark. «Esto significa que la vida se vuelve un juego divertido y que jamás termina en el que estoy acumulando conocimiento y buscando la verdad que pueda poner a trabajar para ayudar a que el mundo sea un lugar mejor».

La mentalidad de Mark es común entre muchos de nuestros clientes en el sector de la tecnología. La mayoría de los ingenieros talentosos ven su don principal como el de resolver problemas técnicos intratables. Cuando su trabajo se desarrolla alrededor de la búsqueda de la verdad o de la resolución de problemas, ya no se siente como trabajo ni se parece a uno. Ven su trabajo como un juego divertido, pero retador, que los pone en estado de flujo.

El reto para todos nosotros es descifrar cómo usar nuestros dones para entrar en estado de flujo con más frecuencia. Csikszentmihalyi dice que la clave es asegurarnos de que nuestro trabajo sea lo suficientemente retador como para que nos lleve al límite de nuestras habilidades. En la práctica, esto significa encontrar las tareas y problemas más retadores que su compañía pueda ofrecer y encajarlos con las más grandes expresiones de los dones de su equipo.

En nuestra experiencia, este es el ingrediente secreto para asegurarse de que las personas estén haciendo el mejor trabajo de sus vidas: mantenerlas lo suficientemente retadas como para asegurar que no se aburran, pero no tan retadas como para que las embarguen la ansiedad y las dudas.

Cuando nuestros dones no se utilizan lo suficiente

Un cliente, el director ejecutivo de la aplicación de una red social, sabe mucho sobre el reto de encontrar el punto exacto en el que su trabajo lo reta lo suficiente, pero no tanto como para que se vuelva abrumador. Según casi cualquier medida, tiene todas las razones para estar relajado y contento: su compañía está creciendo, su equipo está feliz y es competente, tiene una esposa y una familia maravillosas.

Por supuesto, no es realista estar involucrado con un reto todo el tiempo y de vez en cuando experimenta ansiedad y aburrimiento. El problema es que es tan dotado en tantos aspectos que se aburre con facilidad cuando las cosas le están yendo demasiado bien o se exaspera cuando su equipo no se mantiene al mismo ritmo de su cerebro de 500 caballos de potencia.

Como resultado, busca de manera instintiva otros problemas para resolver en su negocio. Admite que esto también puede traspasarse a su vida personal. Podríamos decir que a veces *crea* problemas que hay que resolver solo para tener algo que hacer. Como la vez que le pidió al director de Recursos Humanos que reconstruyera todo el sistema de compensación a pesar de que nadie se había quejado de ello. O cuando a veces reescribe el texto de un anuncio después de que un comité de cinco personas de su equipo ha trabajado en eso durante más de un mes.

Quizás esto le suene familiar a usted. Cuando el trabajo o la vida empiezan a sentirse como algo aburrido, creamos drama en nuestra relación o buscamos algún nuevo proyecto en el que trabajar. Aunque hace parte de la naturaleza humana, también es un hábito peligroso en el que los líderes pueden caer.

La mejor respuesta para esta necesidad de estimulación es usar nuestros dones para buscar grandes preguntas estratégicas sobre el futuro del negocio. La idea es cambiar el enfoque para que esté más en el futuro y que deje de buscar problemas para arreglar en el aquí y el ahora. Cuando Edward discutió esta idea simple con el director ejecutivo, fue como una revelación. Ahora trabaja con su equipo de producto y desarrolla nuevos flujos de ganancias dentro de la aplicación, los cuales se proyecta que ayudarán muchísimo con los resultados del año siguiente, o diseña planes para un nuevo producto que pueda incubar dentro de la compañía.

Y para los momentos en los que esto no le funciona y se ve a punto de caer en sus viejos hábitos de microgestionar y crear estrés innecesario para su equipo, Edward lo ha ayudado a esbozar una serie de proyectos en los que puede trabajar en su granja al norte del estado de Nueva York. Ahora tiene un lugar para usar toda esa energía y su intelecto para entrar en estado de flujo.

Un cliente de un emprendimiento de venta tenía un problema similar, pero era su equipo el que estaba empezando a sentir que les faltaban retos. Se había enfocado tanto en crear una cultura igualitaria y de apoyo que estaba perdiendo a sus jugadores estrella porque no se sentían lo suficientemente retados.

Esto es lo que les pasa a muchas compañías que crecen hasta un punto en el que las personas empiezan a sentirse invisibles o como tuercas de una maquinaria. Los procesos se vuelven demasiado arduos y las tareas demasiado repetitivas. Los gerentes parecen desapegados, así que los empleados se desapegan también. Es una espiral descendente peligrosa, pero ¿qué es lo que está pasando en realidad?

Aunque podría ser culpa de un millón de cosas, el culpable con frecuencia es la pérdida de la diversión y del estado de flujo. Los empleados no están creciendo. No están aprendiendo. No están usando sus dones o retando sus límites. En pocas palabras, no están haciendo el mejor trabajo de sus carreras.

La buena noticia es que esto se puede arreglar. Todos queremos sentir que estamos creciendo, no que nos estamos estancando.

Hágase estas preguntas para saber si está haciendo demasiado o muy poco:

- ¿Cuándo siente que lo están llevando al límite de sus habilidades?

- ¿Qué hace cuando siente que lo está consumiendo el aburrimiento y está acercándose a la ansiedad?

- Cuando observa a sus equipos, ¿qué papel ve que esté jugando la tensión entre el aburrimiento y la ansiedad?

- ¿Cómo puede ayudar a la gente a usar sus dones para servir mejor a su compañía y sus clientes?

Encontrando los dones en nuestros defectos

A finales del siglo XII, la ciudad portuaria de Italia central, Pisa, estaba viviendo a lo grande. Habiendo saqueado la capital siciliana de Palermo en 1063 y capitalizando la reciente subida del comercio marítimo, los pisanos estaban ansiosos por demostrar su éxito global.

Para dejar claro que su ciudad era una fuerza con la que no querían meterse, decidieron construir un «Campo de Milagros» justo por fuera del centro de la ciudad. Se convertiría en un conjunto de edificaciones nuevas e impresionantes que irían desde una catedral hasta el campanario más alto del mundo, el cual los pisanos llenarían de tesoros que los soldados locales habían saqueado durante sus hazañas mediterráneas.

Así pues, en 1173, los pisanos hicieron los planos para el Campo de Milagros. Quizás, como no eran conscientes de que la palabra *pisa* se deriva de una palabra griega antigua que significa «tierra pantanosa», se sorprendieron cuando, cinco años después de que empezaron las construcciones, la Torre de Pisa comenzó a inclinarse. Los sedimentos pantanosos de debajo de la estructura se habían comprimido y el campanario a medio construir, que iba a ser el más alto del mundo, se fue inclinando hacia un lado.

Preocupados y avergonzados, los pisanos dejaron de trabajar. Durante los siguientes doscientos años, la torre se quedó allí, como un muñón sin terminar, hasta que la finalizaron en 1399 unos constructores que emplearon varios avances de la ingeniería, además de algunos trucos ópticos, para hacer que la inclinación de la torre fuera un poco menos obvia.

Hoy en día, la Torre Inclinada de Pisa, como llegó a conocerse, se considera una bendición a medias para los pisanos y para Italia misma. Aunque aquella rareza atrae a millones de visitantes a una ciudad que, si no fuera por eso, se vería como la hermana fea de la cercana Florencia, para muchos italianos, la torre más conocida del mundo aún es una fuente nacional de vergüenza.

Pero eso no es lo interesante.

Lo que es más interesante, al menos para nuestros propósitos, es que en los 850 años desde que los pisanos rompieron la tierra, o el pantano, sobre el Campo de Milagros, su torre inclinada ha soportado al menos cuatro terremotos importantes, incluyendo uno de más de 6 grados en la escala de Richter. Durante estas convulsiones, cientos de estructuras más bajas por toda Italia se desplomaron, pero la Torre Inclinada de Pisa mantuvo su figura y su dignidad amarga.

¿Por qué?

Aunque la propensión de la Torre de Pisa a inclinarse se percibe en general como un defecto magnífico, los sismólogos están de acuerdo con que es esa misma imperfección la que le ha permitido sobrevivir. Sin entrar mucho en detalles, la suavidad del suelo combinada con el ángulo de la estructura reduce cuánto se agita durante los terremotos.

Si la Torre Inclinada de Pisa se hubiera construido según el plan, seguro se habría desplomado hace siglos. Resulta que su defecto más evidente es su mayor fortaleza.

Lo mismo aplica para las personas. Cada uno de nosotros tiene cualidades o características de las que no nos enorgullecemos o que creemos que se interpondrán en el camino al éxito: tener poca paciencia, ser hipervigilantes, tener mal carácter. En algunas situaciones, esto puede verse como un defecto, pero en otras pueden ser dones catalíticos.

Uno de nuestros antiguos clientes (lo llamaremos Pat) tenía el don de ser un maximizador incansable. Jamás aceptaba las cosas a primera vista. Siempre animaba a su equipo a que fueran más profundo: ¿qué dicen de verdad los datos? ¿Cómo sabemos que eso en realidad es cierto? ¿Qué pasa si lo que pensamos que está pasando realmente no está pasando?

Este es un don que muchos emprendedores exitosos tienen, pero a menudo lo expresan de tal manera que los miembros de sus equipos lo ven como un defecto fundamental. El escepticismo de Pat puede ser desmoralizante. Y se fue haciendo peor a medida que la compañía creció y lo que estaba en juego era más grande. Su escepticismo se había vuelto tan osado que amenazaba con hundir a toda la compañía. Si su equipo siente que nada es lo suficientemente bueno jamás y usted nunca celebra el éxito, pronto se desmotivará.

El reto que John le propuso a Pat fue que aprendiera a usar el don del escepticismo de una manera más estratégica y quirúrgica. En lugar de ser siempre escéptico con todo el mundo, Pat tenía que aprender a discernir qué situaciones requerían de escepticismo y cuáles de felicitaciones. La respuesta que Pat le dio a John fue muy diciente: «lo que usted llama escepticismo, yo lo llamo vigilancia. Si no me aseguro de revisar todo dos veces y de cuestionar las suposiciones de todo el mundo, ¿quién lo hará? ¡Ese es mi trabajo!».

Hemos visto esta situación antes, ¿no? El director ejecutivo desconfiado que se roba toda la alegría y la creatividad del trabajo de las personas al fijarse en detalles ínfimos y cuestionar cada decisión. Los dones de Pat para el análisis y los detalles estaban teniendo una consecuencia problemática y no planeada cuando abusaba de ellos. Como muchos líderes, estaba demasiado enfocado en «hacerlo todo bien» y no lo suficiente en «ayudar a su equipo a ser exitoso». El enfoque miope de Pat en completar tareas, junto con su perfeccionismo, estaba alejando a las personas realmente buenas, aquellas que necesitan autonomía y requieren de confianza, dejándolo solo con los jugadores de segunda categoría a los que no les importaba que les dijeran qué hacer todo el tiempo.

John fue franco con él: «si no cambia pronto este patrón, va a alejar a sus mejores trabajadores para siempre, Pat. ¿Qué sería diferente si, en vez de escrutarlos, los ayudara a aprender a tener el mismo ojo crítico que tiene usted? Eso lo ayudaría a escalar de verdad».

Ese momento fue una gran revelación para Pat. Lo vio como si estuviera escrito en la pared y prometió hacer los cambios tan pronto como fuera posible. Se dio cuenta de que su trabajo era hacer que otras personas de la compañía fueran tan buenas como él a la hora de hacer las preguntas difíciles. Pat le atribuye a esa perspectiva el haber mantenido a su equipo satisfecho e intacto mientras posicionaban la compañía para su OPI, un período que siempre es estresante.

Aplique esta lección a su propia vida:

- ¿Cuál de sus «defectos» puede ser un don en realidad?

- ¿Obtiene algún beneficio por no ser perfecto?

- ¿Cómo puede mantener su defecto balanceado para que usted y su equipo se beneficien de él sin que los destruya?

- ¿En cuáles defectos está siendo difícil que su equipo encuentre un don y cómo puede ayudarlos a hallar el valor en algo que ellos piensan que es un elemento malo?

Algunas veces nuestros dones nacen no solo de nuestros defectos, sino también de las adversidades. Veamos cómo nuestros momentos más difíciles pueden ayudarnos sorpresivamente a desarrollar dones que, a la hora de la verdad, nos sirven mucho a nosotros y a los demás en algún punto de la vida.

Reclamando los dones que nacen de nuestro dolor

La nieve caía por fuera de las ventanas de la Clase 104 de la Harvard Kennedy School en una tarde fría de diciembre del 2008. Setenta y cinco estudiantes estaban allí para la clase final del curso Ejerciendo el Liderazgo del profesor Ron Heifetz. No había una experiencia más polarizante o emocionante en la escuela pública de Harvard que la de la clase de Heifetz y ese día no sería diferente.

El programa de Ejerciendo el Liderazgo indicaba que era un curso normal de pregrado: se asignarían lecturas, se facilitarían discusiones, se darían notas y demás. Sin embargo, Ejerciendo el Liderazgo no era para nada un curso normal de pregrado. Si bien algunas personas lo llamarían un laboratorio experimental a tiempo real para el aprendizaje, otras lo comparaban con un *El señor de las moscas* combinado con *Survivor*.

Por ejemplo, a veces durante la sesión 2 o 3, el profesor se sentaba sin explicación, aparentemente negándose a liderar la clase. Los estudiantes se miraban unos a otros, preocupados: *¿se supone que debemos discutir las lecturas? ¿Esto es un examen? ¿Quizás alguno de nosotros debería levantarse y facilitar la discusión?*

Siempre había caos. Algún estudiante hacía varios intentos por restablecer el orden, pero fallaba. Se creaban facciones. Se alzaban cada vez más las voces. Se intercambiaban palabras duras. Y, en algún punto, la persona que se pensaba que era la más calmada del salón salía hecha una furia y con el rostro rojo.

Dado el estado de la política en estos días, quizás ese era el ensayo perfecto para la realidad. De hecho, muchos de los estudiantes de la clase pueden decirle justo cómo se compara. Ningún otro programa de pregrado en el mundo tiene más oficiales elegidos entre sus graduados que el de la Harvard Kennedy School.

Pero en ese frío día de invierno, las cosas sucedieron con un poco más de calma. Como era el último día del semestre, Heifetz estaba haciendo su mejor esfuerzo por concluirlo todo. Después de una pausa larga, como las que normalmente se tomaba, el profesor comentó como si nada: «y en el curso del semestre, quizás hayan aprendido que algunos de sus compañeros tienen unos dones sorprendentes o unos superpoderes de los que antes no eran conscientes. Tomemos a Edward, por ejemplo…».

Sí, se refería a Edward Sullivan, el coautor de este libro, quien, al escuchar su nombre, se irguió y sonrió con nervios.

«Al principio, muchos de ustedes pueden haber asumido que Edward no era más que otro hombre blanco privilegiado que iba por la vida con más estilo que sustancia», continuó el profesor y Edward se hundió un poco en la silla. «Entonces, quizás se sorprendieron al darse cuenta de que, en realidad, Edward tiene una gran habilidad para sentir empatía y para encontrar perspectivas que ninguno de nosotros podría haber visto antes. Es casi como si pudiera leer las emociones desde el otro lado del salón».

Edward levantó un poco las cejas y empezó a preguntarse a dónde quería llegar con eso.

«Pero eso es lo que pasa con frecuencia con los hijos de alcohólicos abusivos. Sin saber nunca si su papá iba a estar de buen o mal humor, el pequeño Eddie tuvo que desarrollar un sentido arácnido para identificar las emociones de su padre y discernir en una milésima de segundo si estaba a salvo o si debía salir corriendo a esconderse. Así es como funcionan nuestros dones… a menudo empiezan como mecanismos de defensa».

En ese momento, Edward se sintió como un personaje de una película de Hitchcock cuando la cámara parece hacer *zoom* y alejarse al mismo tiempo. Él había ido a ver al profesor durante las horas de consulta para hablar sobre su progreso en la clase y Heifetz, un psicólogo entrenado, le había hecho preguntas sobre la vida en su hogar mientras crecía.

Es verdad: el padre de Edward era un alcohólico abusivo. No todo el tiempo, pero sí episódicamente durante años, lo suficiente como para inculcarle al joven Eddie la necesidad de estar siempre alerta.

Aunque el impacto inmediato que tuvo en Edward el que revelaran que era hijo de un alcohólico y víctima de abuso infantil fue sentir una oleada de vergüenza e incredulidad por que el profesor hubiera violado su confianza, el impacto a largo plazo fue bastante transformacional.

Edward jamás había visto los momentos difíciles de su infancia como algo valioso, mucho menos como algo de lo que aprovecharse. Es más, nunca había pensado en la empatía como un superpoder. De muchas maneras, ese momento fue el catalizador para un proceso de muchos años de transformación personal y consciencia mejorada que llevó a Edward a donde está hoy en día: siendo el director ejecutivo de una de las mejores empresas de *coaching*.

Cuando vemos el paisaje de los individuos con rendimiento alto, tanto entre las filas de nuestros clientes como más allá, podemos notar un patrón muy claro. Muchos de los adultos exitosos y de gran impacto tuvieron infancias que estuvieron comprometidas de alguna forma por la negligencia o el abuso.

Al menos tres de nuestros clientes directores ejecutivos más importantes crecieron en condiciones horrorosas de pobreza y negligencia. Oprah y Maya Angelou (no son clientas nuestras) fueron abusadas sexualmente cuando eran niñas jóvenes. Elon Musk y Steve Jobs tenían padres emocional y físicamente abusivos. Jim Carrey y la cantante Jewel vivieron en las calles cuando eran adolescentes.

Si observa a su alrededor a las personas muy dotadas que están en su vida, es probable que encuentre que muchos de sus dones aparecieron gracias a ciertas circunstancias difíciles. Esa colega con una imaginación muy vívida quizás necesitaba inventarse un mundo nuevo para ella cuando era niña para escaparse de una vida traumática en el hogar. El colega con una habilidad impresionante para organizarse y cumplir tal vez haya aprendido a crear orden y consistencia para sí mismo mientras crecía en un entorno caótico e impredecible.

El primer paso para reclamar los dones que derivamos de experiencias dolorosas es reenmarcar las historias que nos contamos a nosotros mismos sobre esas experiencias. Para Edward, fue necesario que un profesor de pregrado lo ayudara a reenmarcar su infancia dolorosa como una que le había dado ciertos dones que aún no comprendía.

¿Qué experiencias dolorosas le gustaría reenmarcar? ¿A quién puede pedirle ayuda para lograr eso si no le parece obvio de inmediato que algo bueno pueda salir de sus experiencias dolorosas? Y, como par, líder o mentor, ¿cómo puede guiar a otra persona en el proceso de reenmarcar sus antiguas historias dolorosas de pérdidas o trauma? En nuestra experiencia, hacerlo requiere de dos ingredientes importantes: vulnerabilidad y confianza.

Tal como Edward se ganó *su* confianza al ser vulnerable y compartir una historia difícil de su infancia, para construir confianza con sus pares y sus equipos, usted tendrá que asumir el reto de ser vulnerable y compartir sus propias historias sobre cómo superó las adversidades y encontró un don en su interior. Sabemos que esto puede ser incómodo. Puede sentirse como estar hablando de más, pero nuestra experiencia y cantidades ingentes de investigaciones demuestran que es crucial.

En la década de los 60, el investigador Elliot Aronson descubrió, a través de una serie de estudios, lo que él llamó el «efecto tropiezo»: el concepto contraintuitivo de que cuando las personas con autoridad cometen un error garrafal o demuestran sus defectos, su «atractivo interpersonal» aumenta. Otro estudio demostró que cuando los subordinados son vulnerables y piden consejos en el trabajo, parecen más competentes y creíbles a los ojos de los supervisores.

El profesor de Edward supo que después de un semestre entero de batallar con sus compañeros, compartiendo y escuchando varias historias sobre dificultades, pérdidas y resiliencia, Edward había desarrollado un profundo sentimiento de confianza en ese salón. Esa fue la única razón por la que eligió ayudar a Edward a reenmarcar su historia y a reclamar su don en un entorno tan público. También estaba seguro de que Edward había hecho la sanación previa requerida, pero necesitaba un empujón para dar los siguientes pasos críticos.

Al reflexionar sobre su propia vida, hágase estas preguntas:

- ¿Qué proceso de sanación aún tiene que hacer antes de poder reenmarcar sus historias dolorosas y reclamar sus dones?

- ¿Qué cosas siguen enterradas después de años de vergüenza? ¿A quién necesita perdonar o por quién tiene que sentir compasión?

Sabemos que esas son preguntas profundas. ¿Con quién puede hablar para explorarlas? Si ha tenido experiencias traumáticas muy profundas, lo animamos a que concierte una cita con un terapeuta de trauma entrenado, quien lo podrá ayudar a hablar de esas experiencias en un ambiente seguro.

Demasiado de algo bueno

En nuestro trabajo con clientes, nos hemos dado cuenta de que al menos el 50% de los «problemas» que tienen los líderes suceden porque usan su don un poco en exceso. Las llamamos «fortalezas excesivas» y nos plagan a todos porque es natural querer hacer más de aquello en lo que somos buenos. Con frecuencia, liberarse de ese ciclo requiere de la observación de un buen amigo, un *coach* o un miembro de la junta. No es fácil escuchar que aquello en lo que es bueno y de lo que está orgulloso en realidad está volviendo loca a la gente.

Nuestro cliente Aaron, el director financiero de una importante empresa de tecnología, sufría por ese problema. Aaron está dotado intelectualmente, para decirlo con pocas palabras. Cuando la mayoría de las personas aún están intentando descifrar qué significan los datos de una gráfica, Aaron ya ha derivado diez perspectivas de esos datos y ya ha hecho un plan en su mente para tres nuevas características de producto, dos nuevas contrataciones y un despido.

En resumen, Aaron es una máquina.

Pero si alguna vez ha trabajado con una máquina, sabrá que las personas como Aaron pueden ser abrumadoras para nosotros, los seres humanos normales. Saber que es muy probable que Aaron ya tenga la respuesta hace que usted no quiera molestarse con encontrar una propia. Como teme que Aaron desbarate su plan, usted jamás comparte sus planes con él. Como se preocupa porque Aaron entiende con más profundidad que usted los datos, usted ni siquiera se molesta por revisarlos.

En pocas palabras, Aaron era un «reductor», para tomar prestado el término acuñado por Liz Wiseman en su revolucionario libro *Multiplicadores*. De acuerdo con la investigación de Wiseman, los reductores usan solo el 50% de sus capacidades al microgestionar, decirles a las personas qué hacer, acumular todo el poder para tomar decisiones y, en general, no usar lo suficiente a las personas brillantes que contratan con esfuerzo. Y, en nuestra investigación, nos hemos dado cuenta de que lo hacen porque usan sus dones con demasiada frecuencia.

Aaron puede haber sido una de las personas más inteligentes de su compañía, pero estaba eliminando la alegría de trabajar allí para muchos de sus colegas. Y aunque esa realidad cruda fue dura de aceptar en su 360, también fue una oportunidad increíble. Él no tenía idea de que estaba bloqueando a otras mentes grandiosas en la compañía. No era consciente de que sus intentos por «añadir valor» a la conversación fueran desmoralizantes para los miembros júnior del equipo.

Sin embargo, armado con esta información, Aaron fue capaz de hacer algunos ajustes. Empezó a enfocarse más en guiar y apoyar a su equipo en lugar de dirigirlo y delegar. Comenzó haciendo las clases de preguntas que hacen que la gente piense y aprenda en vez de decirle las respuestas. En resumen, aprendió a tener conversaciones que ayudaran a su equipo a ver los datos y el negocio a través de su lente y no solo a decirles todo lo que no estaban viendo.

Al hacer ese cambio sencillo y no usar en exceso sus fortalezas, fue capaz de añadir capacidad y escalamiento a la organización de una manera que jamás había logrado antes. Subconscientemente, algunos líderes se resisten a desarrollar a sus equipos porque, en secreto, les gusta ser quienes tienen todas las respuestas, pero no podemos hacer suficiente énfasis en lo dañino que es eso. Afecta la moral, crea un pensamiento de grupo y, al final, erosiona los resultados de la compañía.

Fortalezas excesivas en los equipos

No solo los individuos tienen fortalezas excesivas, sino que eso sucede también en los equipos. Algunas veces, un grupo de personas puede aprender a trabajar tan bien en conjunto que exhiben lo que solo puede llamarse una competencia única como unidad. Y en ocasiones es justo esa competencia extrema como equipo la que se vuelve su talón de Aquiles cuando intentan crecer en la compañía.

Hace poco trabajamos con los altos ejecutivos de un emprendimiento del área de la salud que estaba teniendo problemas para escalarse. Como equipo, habían pasado por muchas cosas juntos en los cinco años de gerenciar y hacer crecer a la compañía. Desde abrir oficinas por todo el país a lidiar con el Covid y superar a uno de los grandes nombres de la industria de la salud, lo habían hecho todo.

Justo como un pelotón de soldados que han ido a la guerra juntos, este equipo ejecutivo había desarrollado una confianza *profunda*. Conocían los dones y los defectos de cada uno. Podían terminar las frases de los otros. Tomaban unas muy buenas decisiones juntos. El único problema es que había trescientas personas más en la organización que no disfrutaban de la misma confianza que los miembros del equipo ejecutivo tenían unos por otros. Entonces, mientras que el equipo ejecutivo era increíble tomando decisiones, nadie más en la compañía podía tomar ninguna decisión. Estaban usando en exceso su don.

Al no delegar la toma de decisiones, el equipo ejecutivo estaba empezando a experimentar fatiga decisiva. Unas preguntas simples sobre Recursos Humanos o sobre productos, que podrían haberse resuelto dos niveles por debajo, les estaban quitando tiempo precioso al equipo ejecutivo. Se encontraron tomando decisiones incluso sobre el diseño de la página web. También perdieron una hora debatiendo cuál debería ser el cronograma de las vacaciones de la oficina.

Por suerte para ellos, se dieron cuenta de que algo no estaba bien y pidieron ayuda. A través de nuestro análisis, fuimos capaces de hacerles caer en la cuenta de que muchos de sus increíbles dones como equipo central habían empezado a crear tensiones en el resto de la organización. Lo que una vez fueron fortalezas, cuando eran una pequeña compañía, se habían convertido en inconvenientes al crecer.

Trabajando con Edward, empezaron a actuar con consciencia. Primero, desarrollaron un nuevo plan sobre cómo trabajarían juntos. Definieron exactamente qué clases de temas discutirían, cómo tomarían decisiones y cómo se responsabilizarían cuando uno de ellos intentara desviar a los demás. Después hablaron con el resto de la compañía al respecto, de modo que todo el mundo pudo apoyarlos para que cambiaran sus hábitos de liderazgo. Y para asegurarse de que no fuera algo de lo que solo hablaran una vez y luego se olvidaran, crearon un cronograma de reuniones de responsabilidad trimestrales para evaluar cómo estaban llevando el proceso de institucionalizar esos cambios.

Ese proceso de tres pasos de verdad funciona para desarrollar nuevos hábitos como equipo:

1. Definir las nuevas expectativas.

2. Comunicar ampliamente esas expectativas.

3. Establecer un proceso y un cronograma de responsabilidad.

Para este equipo, eso funcionó a la maravilla. El nuevo plan les dio un documento con el que responsabilizarse. El escrutinio público que llegó por compartirlo con el equipo empoderó a otras personas en la compañía para recordarles cuando estuvieran «haciendo eso de microgestionar otra vez». Y el cronograma de responsabilidad les permitió tener en mente los acuerdos de allí en adelante.

Cada veneno tiene un antídoto

Un cliente aprendió, gracias a un ejercicio de retroalimentación, que sus superpoderes incluían sus dones de ser empático y auténtico. Era capaz de ver con profundidad en los corazones y las mentes de sus usuarios y así creó algunas de las aplicaciones que crecieron más rápido de la década. Podía tener conversaciones crudas y reales con su equipo para dispersar la ambigüedad y dar la clase de retroalimentación bien pensada que mueve las cosas hacia adelante y ayuda a la gente a dejar de lado los patrones negativos.

Sin embargo, llevados a un extremo, estos dos dones pueden convertirse en debilidades. Aprendió, por conversaciones de retroalimentación, que su empatía podía llegar a hacerlo una persona complaciente y que su autenticidad podía verse como compartir de más o ser demasiado crítico.

Para evitar sobrepasarse, desarrolló unos antídotos simples para mantener controlados sus dones.

Su proceso se ve así:

1. ¿Cuáles son sus dones?

2. ¿Cuáles pueden ser sus «lados oscuros»?

3. ¿Cuál es el antídoto para esos lados oscuros?

Para la empatía extrema, su antídoto es la humildad: no tiene que contentar a todo el mundo y tampoco tiene el poder de hacerlo. Y para la autenticidad extrema, su antídoto es una restricción amable: solo porque piense u observe algo no significa que sea amable o necesario compartirlo.

Usando esas herramientas, y otras, cambió fundamentalmente su relación con sus dones y ahora disfruta de uno de los puntajes más altos de interacción de empleados y de felicidad en el país.

Preguntas para que usted y su equipo exploren más este tema:

- ¿Qué dones o fortalezas pueden estar usando en exceso?

- ¿Cómo afectan la participación o la colaboración de otros sus mejores intenciones de ser útil?

- ¿Qué fortalezas centrales tiene su equipo u organización que puedan estar siendo usadas en exceso?

- ¿Con quién puede hablar para obtener algo de perspectiva sobre cómo podría emplear mejor sus dones?

- ¿Qué «antídotos» pueden evitar que use en exceso sus dones?

Armando constelaciones de dones

A principios de 1984, Debi Coleman, de treinta y un años, entró a la fábrica de computadores Macintosh de Apple en Fremont, California, y respiró hondo. En los tres años que habían pasado desde que Steve Jobs había contratado a Debi como supervisora financiera, la había ascendido varias veces, pero siempre dentro de la organización de finanzas. Hasta ese día.

Ahora le estaba confiando a una graduada de Literatura Inglesa de Brown la joya de la corona del imperio de Apple: la nueva planta de manufactura de la máquina que Apple acababa de anunciarle al mundo en una publicidad del Super Bowl y que iba a acabar con la hegemonía de IBM en la industria de los computadores: la Macintosh.

El único problema era que Debi literalmente no tenía experiencia en fábricas y no tenía ni idea de por dónde empezar. Otros tres profesionales de manufactura, uno tras otro, habían intentado poner en orden aquella planta rebelde y todos habían fallado. La construcción de la estructura estaba a medias. Y aunque la demanda por la nueva Mac estaba por los cielos, el rendimiento de la línea de ensamblaje solo era una fracción de lo que debería ser y la compañía ya estaba incumpliendo las fechas de los envíos.

Pero, poco a poco, Debi y su equipo de personas, que pronto serían expertas en manufactura, limpiaron la fábrica, armadas solo con tableros, lápices y escobas. Analizaron la línea de ensamblaje y resolvieron los cuellos de botella. Instalaron mejores sistemas para reducir el inventario e iniciaron una manufactura de tiempo perfecto. Incluso pintaron las paredes de un blanco brillante al que no se le pegaría el polvo.

Y, para sorpresa de todo el mundo, para septiembre Debi ya había puesto la planta en orden, tanto que Jobs organizó una fiesta para Debi y los trabajadores de la fábrica con un pendón que decía: «septiembre, el mes en el que manejamos la fábrica y la fábrica no nos manejó a nosotros».

Pero aquí está la pregunta real… ¿por qué confió Steve Jobs en una supervisora financiera con cero experiencia en manufactura, dejando de lado lo que sabía «en teoría» por unas pocas clases de la Facultad de Administración, para que manejara su fábrica más importante? Debi tenía la misma pregunta.

Cuando en ese momento le preguntaron qué pensaba sobre Jobs contratándola para ese rol, ella dijo: «no hay forma de que alguien más en el mundo me diera esta oportunidad para encargarme de esta clase de operación».

Steve Jobs era muchas cosas, pero no era un ingeniero. Tampoco un diseñador. Tampoco un gerente de proyecto. Tampoco un genio de las finanzas. De hecho, en realidad no tenía ninguna habilidad muy atractiva que le hubiera ganado un trabajo en Apple si hubiera aplicado como alguien del común. Pero nada de eso importaba porque Jobs tenía una habilidad crucial que lo hacía perfecto para su rol de director ejecutivo:

podía descubrir los dones ocultos de las personas y hacer que trabajaran en los roles correctos.

Si analiza la historia de Apple, encontrará historias como las de Debi una y otra vez. Jobs contrataba personas que eran «increíblemente buenas en sus trabajos», ya fueran profesionales entrenados o no para esos roles. De hecho, Jobs pensaba que la mayoría de sus primeras contrataciones de profesionales más experimentados fueron errores. «No funcionó para nada. La mayoría eran incompetentes. Sabían cómo ser gerentes, pero no sabían cómo hacer nada».

Quizás él no usó nuestras palabras para ello, pero Jobs hizo lo que hemos visto, a lo largo de los años, que otros grandes líderes hacen: *todos contrataron personas con dones específicos y crearon una constelación de dones complementarios*. El don de Debi Coleman era cuán precisa y meticulosa era. Buscaba nuevas maneras de resolver los problemas, incluso los más pequeños e insignificantes en apariencia. Y llevaba esas soluciones hasta el final.

Otras grandes contrataciones de Apple de esa era tenían dones complementarios. Guy Kawasaki, un contemporáneo de Debi, fue contratado como el «evangelista en jefe» de Apple a mediados de los 80. Su don era el de tener un lenguaje potente, impactante y memorable. Guy es el tipo de las frases y de los marcos, no la optimizadora de procesos meticulosa que es Debi.

Así es como los mejores líderes piensan a la hora de ensamblar sus equipos. Como los *Ocean 11* de Danny Ocean, buscan a la mejor persona de mundo para un rol específico. No contratan a personas como ellos a propósito. Ese punto es muy importante porque, como lo vimos antes, Jobs en realidad no podía *hacer* nada. Quizás no era un gerente profesional «inútil», pero tampoco era un experto en manufactura ni en recursos humanos. «He construido mucho de mi éxito encontrando a personas muy dotadas y no conformándome con gente de segundo o tercer nivel», dijo Jobs en una entrevista de principios de los 90. «Me he dado cuenta de que cuando uno junta a suficientes jugadores de primer nivel… a ellos de verdad les gusta trabajar juntos porque jamás tuvieron la oportunidad de hacer eso antes».

Esto es lo que nosotros llamamos construir una «constelación de dones». Es lo que sucede cuando junta a personas realmente dotadas.

En 1983 y 1984, estar en el equipo de Mac fue, para Debi y docenas de otras personas, un ejemplo de trabajar en un equipo que tenía una constelación de dones. «Creo que si habla con muchas personas del equipo de Mac, le dirán que allí fue donde más duro trabajaron en sus vidas. Algunos dirán que fue el momento en el que más felices han sido en sus vidas. Pero creo que todos le dirán que, sin duda, fue una de las experiencias más intensas y valiosas que han tenido en sus vidas», reflexionó Jobs. Eso es lo que sucede cuando junta a una constelación de gente brillante y dotada y los deja trabajar juntos en problemas duros.

Volviendo a usted:

- ¿Cuándo ha trabajado en un equipo que se sintió como una constelación de personas dotadas? ¿Qué fue especial de esa experiencia?
- Si no está teniendo esa experiencia ahora, ¿qué podría hacer para cultivar un equipo con una constelación de dones complementarios?

Exploremos ahora qué pasa cuando un equipo no logra ver los dones de los demás. Y, convenientemente, ni siquiera tenemos que irnos de Cupertino para hacerlo.

Cuando no logramos ver los dones de otras personas

Para Jon Rubinstein (o Ruby, para sus amigos), la decisión de hacer que su equipo se enfocara más en ver los dones de los demás apareció en las primeras etapas de diseño del iPhone y otros productos de Apple. Su equipo de ingenieros y diseñadores estaba estancado en desencuentros y no trabajaban juntos de una manera efectiva.

Y el jefe de Ruby, Steve Jobs, no estaba feliz.

Sin saber qué más hacer, Ruby llamó a John para que lo ayudara con su equipo. John fue el *coach* de Ruby durante uno de los períodos más cruciales del crecimiento de Apple.

El equipo de Ruby sufrió una de las caídas más comunes a las que se enfrentan los equipos de alto rendimiento: no estaban viendo ni valorando los dones de los otros. Es más, no estaban viendo cómo sus propios comportamientos estaban impactando a los otros miembros del equipo y estaban ciegos a cómo sus comportamientos estaban bloqueando el progreso y saboteando el éxito colectivo. John y Ruby tenían que encontrar una manera de ayudar al equipo a verse como colegas y no como adversarios. Y solo tenían poco tiempo para lograrlo.

El problema central, como John lo vio, era que el equipo era casi *demasiado* bueno. Era una de las colecciones de individuos más talentosos y élite que jamás trabajaron en un proyecto juntos. Por ejemplo, el equipo tenía a Ruby, un ingeniero y desarrollador de producto experimentado que lanzó el iPod (lo llamaban el «*Podfather*») y quien eventualmente sería director ejecutivo de Palm; a Tony Fadell, el niño prodigio (del momento) que después lanzaría Nest, y a Jony Ive, el diseñador en jefe que Jobs mismo había escogido. Cuando usted tiene a un equipo de superestrellas trabajando juntas, obtienen un nivel de éxito que se logra solo una vez por generación, como el del equipo de Mac que ya mencionamos, o todo estalla y terminan sin hablarse al final. Y estaba claro en qué dirección se estaba moviendo el equipo.

Armado con esa perspectiva, John decidió que la mejor estrategia era ayudar a los miembros del equipo a empezar a valorar los dones de los demás y aprender a construir sobre ellos en vez de competir unos con otros. Ahí fue cuando se le ocurrió la que se convertiría en su técnica insignia para afinar a los equipos, una técnica que ha usado en docenas de reuniones con ejecutivos, retiros y encuentros virtuales a lo largo de los años: las citas rápidas de retroalimentación.

En realidad, es tan simple como suena. Escoge a un equipo, empareja a la gente y les da diez minutos para que se sienten a solas y discutan dos premisas:

- Lo que aprecio más de trabajar con usted es…

- Algunas maneras en las que podría ayudarme más en mi trabajo son…

Después de diez minutos, rota las parejas hasta que todo el mundo haya tenido tiempo uno-a-uno con los demás.

Aunque esto puede parecer demasiado rudimentario como para que funcione, la genialidad está en la simpleza. No hay ejercicios de confianza, retiros o historias pesarosas sobre el matoneo que sufrieron de niños. Solo se diseñan dos premisas sencillas para forzar a los miembros del equipo a buscar los dones de los demás y a tener conversaciones al respecto.

Los jugadores pueden ser competitivos unos con otros. Los egos pueden surgir. Las personas pueden volverse escépticas y ciegas a los dones de los demás, lo cual erosiona la confianza aún más. Por eso muchos equipos se estancan en la política y la animosidad. En vez de eso, deben afirmar las fortalezas de unos y otros. Como John le demostró al equipo de Ruby (y a cientos de equipos desde entonces), a veces solo se necesita crear estructura y procesos con respecto a tener conversaciones que demuestren que se valoran mutuamente.

Después de hacer este ejercicio unas cuantas veces más, los miembros del equipo de Ruby fueron capaces de verse bajo una luz diferente. Y, lo que es más importante, comenzaron a ver que sus colegas pensaban que *ellos* eran valiosos. Eso le permitió al equipo tener debates más rigurosos y productivos en vez de estancarse en conflictos continuos. Como resultado, se comprometieron con los planes y se responsabilizaron. Y si alguna vez ha sostenido un iPhone en la mano, sabrá que entregaron resultados excepcionales.

Si en alguna ocasión ha trabajado en un equipo, también sabrá que la clase de disfunción que afectaba al de Ruby es demasiado común. A veces, incluso cuando tenemos la «perspectiva de producto» perfecta y lo que estamos construyendo es realmente visionario y cambiará la industria, nuestra falta de perspectiva sobre nosotros mismos y nuestros equipos puede encaminarnos hacia el fracaso.

Pensando en Ruby y su equipo:

- ¿Cómo ha fracasado a la hora de ver los dones de los demás?

- ¿Cómo están fracasando sus equipos cuando se trata de ver los dones que tienen unos y otros?

- ¿Qué hará para cambiar esta situación? ¿Considerará las citas rápidas de retroalimentación?

El don máximo: ver los dones de otras personas

Jessica Encell Coleman tiene una de esas sonrisas que pueden iluminar todo un salón. No en el sentido egocéntrico de «tómeme una foto», aunque sí que es fotogénica, sino más en el sentido de «la veo y quiero conocerla». Su sonrisa lo hace sentir como que todo va a salir bien.

Conocimos a Jessica en el pueblo de esquí de Eden, en Utah, a medio camino entre Salt Lake City y la frontera con Idaho, en el verano del 2018. Era la tercera o cuarta vez que facilitaba uno de sus clásicos talleres de la Magia de la Conexión Humana en el evento Summit Series, un fin de semana de retiro para emprendedores, artistas, músicos y otros influenciadores de gustos.

Es difícil describir con exactitud cómo es el taller de Jessica sin experimentarlo, pero la mejor aproximación en la que podemos pensar es que es un «acelerador de vulnerabilidad». En una hora, puede tomar a un grupo de extraños y convertirlos en viejos amigos que se abrazan cuando se ven. Jamás hemos visto algo como eso y nosotros hemos facilitado y estado en muchos talleres.

A través de una serie de ejercicios, va abriendo lentamente al grupo… Es como ver un *time lapse* de una flor floreciendo. Existe una invitación para hablar con la gente y hacer contacto visual. Una invitación para tratar a todo el mundo como si fuera un mejor amigo al que aún no ha conocido. Una invitación para detenerse frente a un desconocido y apreciar la «chispa divina» que tiene dentro. Y, si está abierto a eso, una invitación para dar y recibir abrazos transformacionales.

Es una experiencia sublime de principio a fin.

El taller de Jessica culmina con lo que ella llama «la Voz Interior». Un participante se acuesta en el piso o se sienta en una silla y dos personas más lo flanquean, susurrándole observaciones positivas al oído. Después de haberlo hecho unas pocas veces, podemos decir sin dudas que… ¡es todo un viaje!

De alguna manera, Jessica ha creado un lugar seguro para que tres desconocidos se hagan reír, lloren y brillen tras solo una hora de haberse conocido. Hay algo muy especial en escuchar cosas positivas e inesperadas sobre nosotros mismos, más aún si vienen de desconocidos.

Más que especial, en realidad es motivador. Los científicos sociales nos han estado diciendo durante años que los refuerzos positivos son la mejor forma de hacer que otras personas adopten nuevos comportamientos. Un estudio sobre el cumplimiento del lavado de manos en un hospital del estado de Nueva York reveló un aumento del 900% en la frecuencia del lavado de manos de los empleados cuando un tablero electrónico les mostraba un mensaje que decía «¡buen trabajo!» al salir del baño si los sensores del lavamanos confirmaban que, en efecto, se habían lavado las manos.

Sí, de verdad todos estamos esperando a que alguien nos diga «¡buen trabajo!». Incluso un tablero electrónico.

Lo que es mágico del ejercicio de la Voz Interior de Jessica no es solo que unos desconocidos le digan que tiene un gran estilo, buena presencia u otra observación superficial. Es que, con mucha frecuencia, notan características hermosas o dones que quizás usted mismo no vea. O, *si los ve, lo hace fugazmente y no les presta mucha atención. Usted hace que la gente se sienta calmada. Su presencia ilumina la habitación. Su sonrisa de bienvenida me hace querer contarle cosas que son difíciles de decir.*

Es muy común que haga falta que alguien nos deletree los dones que ve en nosotros para que creamos que tenemos esos dones. Al contarnos ese pequeño secreto sobre nosotros mismos, nos dan una razón para aspirar a algo mejor. Como lo dice Phil Rosenzweig, autor y profesor de Administración, «tener una creencia sobre uno mismo que está algo exagerada… a menudo nos ayuda a lograr un mejor rendimiento. Creer que puede correr un poco más rápido de lo que ha corrido antes puede ayudarlo a hacerlo mejor».

Para la mayoría, esa «creencia sobre nosotros mismos que está algo exagerada» debemos obtenerla externamente. Aquí es cuando aparece lo de liderar desde el corazón.

Liderar desde el corazón incluye ayudar a las personas a ver sus propios dones y a expandir su consciencia de aquello de lo que son capaces. Uno de los clientes de John, que ha probado ser uno de los mejores que hemos conocido con respecto a esto, es Tony Xu, fundador y director ejecutivo de DoorDash.

Para contar la historia de Tony, devolvámonos a una soleada tarde de otoño del 2012, cuando Tony, quien entonces era un estudiante de la Facultad de Administración de Stanford, se encontraba en una tienda de macarrones en University Avenue en Palo Alto, entrevistando a la dueña sobre los «puntos difíciles» de administrar un negocio pequeño. Tony quería empezar una compañía para apoyar a las economías locales y no sabía por dónde comenzar.

Además de querer generar el dinero suficiente algún día para poder comprarle una caja de macarrones a su novia, Tony quedó inspirado por cuán duro tienen que trabajar los dueños de los pequeños negocios para llegar a fin de mes. De hecho, lo sabía de primera mano. Su madre había renunciado a su carrera como doctora de medicina familiar en China cuando su familia emigró a los Estados Unidos y Tony tenía cuatro años. Trabajó en restaurantes locales durante la mayor parte de la infancia de Tony y él la acompañaba de vez en cuando para ayudarla a lavar platos.

Cuando sonó de repente el teléfono de la tienda de macarrones, la dueña saltó para contestarlo y Tony la escuchó diciendo cinco palabras que cambiarían el curso de su vida para siempre: «lo siento, no tenemos domicilios».

En ese momento, Tony tuvo una idea simple, pero clave: los dueños de restaurantes debían enfocarse en sus dones, es decir, en preparar comida deliciosa, y él debía construir una compañía para ayudarlos a llevar esa comida a más bocas.

En pocos meses, Tony y tres amigos de Stanford inauguraron PaloAltoDelivery.com, lo que hoy conocemos como DoorDash. Al principio, Tony y sus cofundadores digitaron los menús de los negocios locales en la nueva página web de su compañía, dándoles a muchos de sus clientes su primera presencia en la web. También entregaban las órdenes en persona.

Para el 2021, DoorDash se había convertido en una compañía pública de 50 mil millones de dólares con más de cinco mil empleados. Y aunque DoorDash ha tenido que hacer una cantidad incontable de cosas bien para llegar a ese punto, es una la que Tony Xu hace una y otra vez la que creemos que es el secreto del éxito de la compañía: jamás ha dejado de hacer las preguntas correctas y siempre busca cómo aprovechar los dones de los demás.

Desde el principio, la misión de Tony en DoorDash fue hacer que los negocios pequeños triunfaran más al ayudarlos a entregar su ramen, macarrones, pizza, *wraps* y batidos a las casas de sus potenciales clientes. Hoy en día, como director ejecutivo, su misión sigue siendo esa y centra su atención en que su equipo sea tan exitoso como sea posible.

Como el equipo de Mac que Steve Jobs lideró a principios de los 80, el equipo gerencial de Tony es una constelación increíble de personas dotadas que se complementan unas a otras. A través de nuestro trabajo con el equipo de DoorDash, descubrimos que sin importar cuán difícil sea la decisión o cuán aparentemente imposible sea el obstáculo, la negativa de Tony a aceptar el fracaso fuerza a su equipo a ir más profundo y encontrar soluciones creativas. Tony no va ladrando órdenes por ahí, pero sí responsabiliza a su equipo y lo impulsa para que vayan más allá de lo que piensan que son capaces de hacer.

Eso es lo que hacen los líderes notables. Reconocen la genialidad en otros, los empoderan para que tomen decisiones, los retan para que vayan más allá de sus límites percibidos y tienen estándares increíblemente altos para ellos. También invierten en ayudar a su equipo a desarrollar sus dones. Tony fue muy generoso al ofrecerles sesiones de *coaching* a los miembros de su equipo ejecutivo porque sabía que los dones no son estáticos, sino que deben cultivarse y desarrollarse.

Pensando en los dones de las personas con las que trabaja:

- ¿Quién tiene un don especial del que quizás no es consciente? ¿Podría ayudar a esa persona a que lo viera?

- Si no puede pensar en nadie, ¿qué mentalidad ciega está evitando que note los dones de los demás? ¿Hay algo que no esté valorando?

- ¿Qué podría hacer para ayudar a crear espacios para que más personas expresen sus dones?

- Por otra parte, ¿qué está haciendo que pueda estar evitando que las personas ejerzan por completo sus dones?

Lo que nos hace olvidar nuestros dones

Este es un capítulo especial para nosotros porque de verdad empieza a hacer que todo el libro tenga sentido. Si no tiene sus necesidades satisfechas o si solo ha satisfecho las más básicas, no va a tener los recursos o la inspiración para traer sus dones a la vida. De una forma similar, tendemos a no expresar nuestros dones cuando estamos abrumados por el miedo. Tampoco nos enfocamos mucho en «demostrar nuestros dones» cuando estamos distraídos por un deseo poco sano. Nuestra clienta Ariene Goldman, directora ejecutiva de Hatch, una marca de moda de maternidad, sabe esto muy bien.

Ariane es una de las mentes más brillantes en cuanto a marca y moda de su generación. No solo «entiende» a las madres expectantes porque ella misma es madre de dos hijos, sino que tiene un don verdadero para ver exactamente lo que quieren, qué calidad esperan y cómo quieren sentirse con respecto a ellas mismas durante sus embarazos. De acuerdo con una de sus clientas, «usar productos de Hatch de verdad me hizo olvidar durante un tiempo la incomodidad de estar embarazada».

Pero cuando conocimos a Ariane, estaba perdiendo el contacto con su don. Estaba estancada en el miedo por sus posibles competidores y no tenía el apoyo que necesitaba en la oficina para alzarse por encima de los dramas y las distracciones del día a día. Las condiciones que necesitaba para vivir según su don no se estaban satisfaciendo. Pasaba todo su tiempo apagando las llamas de los miedos y atendiendo las necesidades de bajo nivel de la organización.

En una sesión de *coaching*, Edward le hizo una pregunta simple: «¿cuál es esa cosa que solo usted puede hacer en esta compañía?».

Su respuesta fue directa: «la dirección estratégica y creativa».

«¿Y cómo está usando su tiempo?».

Silencio.

Ariane se estaba pasando el 90% de su tiempo haciendo las «cosas pequeñas» que le robaban toda la energía. No se estaba dando el espacio necesario para ser creativa. También estaba quedando consumida por los miedos al fracaso que la paralizaban y la alejaban aún más de ser esa líder creativa que solo ella podía ser para la compañía.

Después de una serie de sesiones de *coaching* en las que ella y Edward tuvieron conversaciones muy reales, Ariane empezó a sentir que recuperaba su habilidad de acallar sus miedos y advocar por satisfacer sus necesidades. Trabajó para confiarles a sus subordinados más de las tareas del día a día e hizo tiempo en su calendario para el trabajo estratégico y creativo que tanto amaba. Como resultado, la compañía comenzó a repuntar. Firmó un trato con un distribuidor muy grande y los inversionistas se le aproximaron para darle a Hatch el capital que necesitaba para crecer aún más.

Cuando da un paso atrás y examina la perspectiva de Ariane, empieza a ver que las conversaciones de *Liderando desde el corazón* no están aisladas unas de otras, sino que son un sistema integrado. Satisfacer nuestras necesidades y aplacar los miedos y los deseos poco sanos nos da el espacio para expresar nuestros dones. Cuanto más hagamos girar la rueda de nuestros dones, más de nuestras necesidades satisfacemos y así sucesivamente. Es un sistema que se construye sobre sí mismo.

En el siguiente capítulo ahondaremos sobre la cuestión que cierra todo nuestro camino juntos: ¿cuál es nuestro propósito? Y si no lo sabemos, ¿cómo lo encontramos?

CONCLUSIONES DEL CAPÍTULO 4

- Todo el mundo tiene un don especial, pero tendemos a infravalorar nuestros talentos y fortalezas naturales porque no tuvimos que trabajar por ellos como sí lo hicimos por nuestras habilidades aprendidas.

- Usar nuestros dones para solucionar problemas difíciles es una de las maneras en las que podemos entrar en «estado de flujo» y sentir una satisfacción general más profunda. Los líderes tienen que retar a sus equipos con problemas duros para mantenerlos en ese lugar preciso entre el aburrimiento y estar abrumados.

- Para muchas personas, nuestros mejores dones surgen gracias a los períodos dolorosos u oscuros de nuestras vidas. Aceptar esos dones y usarlos bien nos ayuda a sanar esas experiencias difíciles y a encontrar el verdadero significado en ellas.

- Los dones y las fortalezas de los líderes pueden usarse en exceso, a menudo para el detrimento de sus equipos. Cuando la moral está baja o el rendimiento no es el óptimo, es un movimiento inteligente que los líderes sientan curiosidad y tengan conversaciones sobre el rol que están teniendo en la creación de esa dinámica.

- A través de conversaciones sobre qué es lo que valoramos unos de otros, los equipos empiezan a identificar y a desbloquear sus dones naturales y, como resultado, crean más confianza.

- Nuestros dones pueden florecer más cuando trabajan en conjunto con los dones de otras personas. Cuando trabajamos en una constelación de dones, los equipos maximizan su potencial más alto.

IDEAS PARA INICIAR CONVERSACIONES

1. ¿Cuál le han dicho que es su mayor don como líder? ¿De dónde cree que salió ese don? ¿Fue una sorpresa escuchar cuál era su don al principio? ¿Por qué? ¿Cómo puede aprovecharse más de sus dones como líder?

2. ¿Cuáles son los dones de los miembros de su equipo? ¿Quién tiene un don del que quizás no es consciente? ¿Qué evita que usted tenga una conversación con esa persona al respecto?

3. ¿Qué está evitando que exprese sus propios dones de una manera que tenga más impacto? ¿Qué necesidad insatisfecha o qué miedo podrían estar estancándolo?

4. ¿Cómo está usando sus dones para mantenerse en un estado de flujo con respecto a las tareas más retadoras?

5. ¿Qué defectos aparentes suyos o de su equipo en realidad podrían ser dones que solo están mal aplicados en este momento?

6. ¿Quiénes son las personas más dotadas con las que trabaja ahora mismo? ¿Están trabajando juntas para resolver los problemas más importantes de la compañía? Si no es así, ¿por qué?

CAPÍTULO 5

¿CUÁL ES SU PROPÓSITO?

«Los dos días más importantes de su vida son el día en
que nació y el día en que descubra por qué»

—Mark Twain.

Cuando conoce por primera vez a Valerie Ashby, decana del Trinity College de Artes y Ciencias de la Universidad de Duke, es imposible no notar que esa mujer tiene una misión.

Valerie ha escalado para convertirse no solo en una de las mujeres negras más reconocidas de la academia, o de las mujeres en general, sino que, como decana de una de las instituciones más reconocidas del país, es una de las mejores *humanas* en la academia.

A John le presentaron a Valerie hace unos años, cuando él estaba teniendo sesiones de *coaching* con Joe DeSimone, fundador de la empresa Carbon, respaldada por capital de riesgo, un emprendimiento dedicado a reinventar cómo se diseñan, ingenian, manufacturan y entregan los productos de polímeros de cara a un futuro digital y sostenible (le contaremos la historia de Joe más adelante en este capítulo).

Joe es uno de los mentores más confiables de Valerie y su consejero de tesis doctoral de sus días en la Universidad de Carolina del Norte en Chapel Hill. Él pensó que John sería un buen *coach* para Valerie y su equipo, pues estaba comenzando en su camino de liderazgo en la

Universidad de Duke. Cuando John habló recientemente con ella para este libro y para conversar sobre el propósito y liderar desde el corazón, ella afirmó sin dudarlo que su propósito y su misión hoy en día son: *educar, animar, apoyar y desarrollar a la siguiente generación de líderes.*

Valerie se emociona cuando habla de los estudiantes que llegan a Duke y sobre cómo cree que es su trabajo personal ayudarlos a encontrar su lugar en el mundo. Se toma ese rol como pastora de sus estudiantes y de la facultad muy en serio. Su sentido del propósito es claro, firme y estable.

Tener tanta claridad sobre su propósito le da a Valerie otra característica que ha sido el secreto de su éxito: autenticidad. Es tan genuina que es imposible no relajarse en su presencia. Valerie es honesta, interactiva y empática. Uno siempre se siente *visto* cuando está con ella.

Para llevar a cabo su propósito, Valerie usa su autenticidad y su historia como herramientas para ayudar a otras personas a aprender. Ha hablado bastante sobre sus propias dificultades con el síndrome del impostor y los retos a los que se ha enfrentado por eso en la academia. Pero son justo la franqueza, la vulnerabilidad y la valentía las que la hacen la persona perfecta para cumplir su propósito: educar y desarrollar a la siguiente generación de líderes.

Se levanta emocionada por destruir las barreras y crear oportunidades para los demás, pues sabe que hay miles de jóvenes que tienen problemas por un sistema que está diseñado en su contra. Lidiar con su propio discurso negativo la inspira para ir a trabajar.

Valerie les da el crédito a sus padres por su sentido del propósito y su estilo auténtico. Heredó la claridad y la franqueza de su padre y su profundo sentido de la empatía de su madre. También tiene un sentido del humor natural que le permite navegar los problemas difíciles de una manera efectiva. El sentido claro del propósito de Valerie hace que sea posible para ella inspirar a la facultad a mejorar la experiencia de los estudiantes.

¿Cómo se siente usted cuando se despierta por la mañana? ¿Con emoción por hacer un trabajo que está lleno de propósito y significado? ¿O ninguna cantidad de café lo ayuda a empezar su día con vigor y entusiasmo? ¿Se ha preguntado por qué está haciendo lo que está haciendo? ¿Tiene una respuesta clara como la de Valerie cuando le preguntan sobre su misión y su propósito en la vida?

Si esas preguntas solo lo hacen sentir reflexivo o incluso mal con usted mismo, por favor, no se desespere. Muy pocas personas tienen tan claros sus propósitos como Valerie Ashby. De hecho, al trabajar con clientes y compañías por todo Silicon Valley y alrededor del mundo, hemos conocido a docenas de líderes a quienes se les dificulta responder estas preguntas.

Si no tiene claro cuál es su propósito, tiene buena compañía. La mayoría de nosotros solo empezamos trabajando en algo porque estamos interesados, porque alguien nos reclutó o porque sencillamente tenemos que pagar el alquiler. Pero eso no significa que tener conversaciones que lo ayuden a ver su propósito con claridad no sea importante. De hecho, hemos dejado este tema para el final del libro porque es el *más* importante.

Hasta ahora, hemos hablado mucho sobre cómo liderar desde el corazón al tener conversaciones sobre sus necesidades, sus miedos, sus deseos y sus dones, así como los de sus equipos. Pero sin un sentido claro del propósito, no tenemos un lugar en el que poner toda esa claridad y energía. Sin un sentido claro del propósito, es difícil sentirse inspirado personalmente, mucho menos movilizar e inspirar a nuestros equipos y organizaciones.

Este capítulo lo ayudará a entender por qué el propósito es tan importante para la efectividad del liderazgo. ¿Cuál es nuestro propósito y cómo podemos usarlo para tener conversaciones que nos ayuden a definir tanto nuestras vidas como nuestras organizaciones?

El camino personal de John para encontrar un propósito renovado

Hasta ahora no hemos discutido mucho la historia de John. Es un poco más reservado con los detalles de su vida personal. Pero como animamos a nuestros clientes a ser vulnerables, pensamos que los dos deberíamos «caminar y hablar».

Esta es la historia sobre cómo John perdió su sentido del propósito y del significado de su trabajo y luego lo encontró de nuevo.

Escuchémoslo directamente de John:

Todo sucedió hace más de seis años. Me desperté una mañana sintiéndome desanimado, con poca energía para llevar a cabo mis sesiones programadas de coaching. No quería comer ni hacer nada. Solo quería cancelar todo lo que tenía en el calendario. Ese era un comportamiento inusual para mí, pues soy una persona muy positiva y se requiere de mucho para desanimarme. Me dije: «esto se me pasará pronto».

Tres semanas después, el sentimiento seguía allí y yo seguía preguntándome: «¿qué está pasando? ¿Por qué me estoy sintiendo así?». Fue difícil de entender para mí porque, después de quince años, mi socia y yo por fin habíamos creado una de las compañías de coaching más exitosas de Silicon Valley.

Nuestra empresa se estableció con los primeros trabajos que hicimos en Apple y Nike, y ahora éramos los líderes de coaching de algunas de las compañías más icónicas de Silicon Valley. A la empresa le estaba yendo genial financieramente, el trabajo era significativo y yo no podría haber pedido a una mejor socia. Pero algo era diferente. No estaba encontrando la alegría que había experimentado alguna vez en el trabajo.

Seguí avanzando, esperando que las cosas solo mejoraran. Pero, en vez de eso, me volví más irritable y empecé a descargar mi infelicidad con mi esposa al hablarle constantemente de cuán frustrado me sentía. Al final, después de escucharme lo suficiente, me dijo: «¿por qué no hablas con tu socia?». Siempre tiene ideas muy sensatas.

Llamé a mi socia al día siguiente y le hablé con franqueza sobre nuestra compañía y cómo me estaba sintiendo. En retrospectiva, no fui transparente por completo. No le dije cuán desanimado estaba con las cosas en ese momento. En vez de eso, le sugerí que quizás deberíamos encontrar a un consultor para que nos ayudara a revisar a nuestros clientes y reseteara la dirección en la que estaba yendo la compañía.

Aunque todavía no estaba seguro de qué me sucedía en realidad, ella me apoyó de inmediato y le gustó la idea de contratar a un consultor para que nos ayudara a descifrar esto.

Un mes después, mi socia y yo volamos hasta Denver para encontrarnos con un equipo de esposo y esposa que habíamos contratado para ayudarnos con el enfoque y la visión de nuestra compañía. No sabíamos que nos grabarían mientras respondíamos por separado a una serie de preguntas sobre las cosas que le daban alegría a nuestra vida y trabajo.

Las preguntas eran poderosas y examinaban las cosas que nos daban felicidad y alegría y las cosas que nos faltaban en la vida. Yo fui totalmente transparente y la experiencia fue catártica. Sentado allí con un desconocido, se me hizo fácil compartir mis sentimientos sobre mí mismo y la compañía. A medida que hacían más preguntas y llegaban más profundo, fui honesto por completo sobre cómo sentía que había perdido cualquier sentido real del propósito en el trabajo.

En efecto, ese fue un momento importante, pero los consultores no habían acabado con nosotros. Una vez que completamos nuestras entrevistas grabadas, nos juntaron para mostrarnos dichas entrevistas. Me preguntaron si podían empezar con mi video. Estuve de acuerdo, pero me pregunté si sería lo mejor que la mía fuera la primera. Había revelado algunas cosas en la entrevista que jamás le había revelado a mi socia. Sentí pesadez en el estómago cuando los consultores continuaron con el proceso.

Antes de reproducir los videos, los consultores nos presentaron el concepto de «luces prendidas/luces apagadas», que es uno que hoy en día usamos con nuestros clientes.

*Los momentos de **luces prendidas** se dan cuando expresa ideas o habla sobre ciertos temas con emoción, pasión y lenguaje positivo. La voz le suena más fuerte y el lenguaje corporal está animado y tiene muchos gestos de manos. El rostro se le ilumina con alegría y siente como si pudiera hablar y hablar sobre el tema.*

*Los momentos de **luces apagadas**, en contraste, aparecen cuando está hablando sobre cosas con menos ánimo y emoción. Su voz suena más baja y suave y tiende a mirar hacia abajo, a la mesa o al piso. En esos momentos es probable que sonría menos o que haga menos gestos con las manos, además de tener un lenguaje corporal negativo. En general, se nota que tiene menos energía. Cuando está expresando ideas de luces apagadas, también es típico que use menos palabras.*

Una vez que los consultores explicaron el concepto de luces prendidas/luces apagadas, nos pidieron que viéramos nuestras entrevistas y notáramos qué ideas eran de luces prendidas y cuáles de luces apagadas. La experiencia de ver el video de mi entrevista fue transformador para mí. Vi que se me avivaba la pasión y la emoción cuando hablaba de trabajar con emprendimientos. Los consultores señalaron cuán diferente era mi lenguaje comunicativo cuando hablaba sobre la innovación que estaba sucediendo en el mundo de los emprendimientos.

A medida que hablaba del caos de la cultura de los emprendimientos, me volví más animado y apasionado sobre la alegría que sentía al llevarles la cantidad correcta de orden y procesos a esas compañías que apenas iniciaban. En contraste, tenía una actitud más de luces apagadas cuando hablaba sobre cómo mi trabajo continuo con compañías más grandes no me estaba dando la misma satisfacción de antes.

Cuando seguimos viendo mi video, los consultores detuvieron la grabación en un punto. «Sentimos que el próximo segmento es el momento más significativo de su video», dijeron. Empecé a sentirme ansioso. Notaba la adrenalina y sentí curiosidad por saber qué parte de la entrevista habían seleccionado.

Mi socia se inclinó hacia adelante, sintiendo anticipación y curiosidad, cuando los consultores presionaron el botón de play. Cuando el video apareció en la pantalla, los consultores dijeron: «John, este fue su momento más grande de luces prendidas». El video comenzó a reproducirse y me vi a mí mismo respondiendo la pregunta: «John, ¿qué le hace falta a su vida?». Mi respuesta estaba llena de una pasión y una energía que eran diferentes de las de los otros segmentos del video. Estaba animado y mis palabras tenían una claridad y una convicción que aún son memorables para mí hasta hoy.

Dije algo como esto:

«Me falta un sentido real del propósito. No estoy seguro de por qué estoy haciendo lo que estoy haciendo. Sé que les añado valor a los ejecutivos con los que trabajo en las grandes compañías, pero siento que estoy haciendo una diferencia más grande con el trabajo de coaching que hago con los fundadores de los emprendimientos y los líderes a la cabeza de esas compañías, los directores ejecutivos. Adoro la innovación y el caos del mundo de los emprendimientos. La mayoría de los directores ejecutivos y fundadores con los que trabajo en esas nuevas empresas son jóvenes, inexpertos y carecen de las habilidades fundamentales de liderazgo que se necesitan para escalar sus compañías. Siento que a ellos los puedo ayudar de verdad».

En ese punto, los consultores detuvieron el video de nuevo y uno de ellos dijo con emoción: «suena a que le produce mucha alegría trabajar con los directores ejecutivos y los jóvenes emprendedores de ese mundo».

Le respondí rápido y con claridad: «sí, si puedo acceder a esos líderes al inicio de sus carreras, puedo ayudarlos a desarrollar prácticas de buen liderazgo que los ayuden a construir equipos y culturas fuertes. Además, amo la innovación y las ideas que se están generando en esas compañías nunca antes vistas. Me produce mucha alegría y satisfacción pensar que mi trabajo de intervención temprana con estos líderes jóvenes los ayudará a construir prácticas de liderazgo que los mantendrán en sus caminos de liderazgo. Me gustaría tener más clientes como esos».

Como resultado de este proceso, me di cuenta de que era hora de que hiciera un cambio. ¡Ese fue un momento de luces prendidas para mí! Había encontrado un nuevo sentido del propósito al trabajar con los emprendimientos y no podía gastar más tiempo trabajando con algo que no se sentía satisfactorio.

Una vez que volvimos al área de la Bahía, empecé a perseguir mi sueño de iniciar una nueva compañía, una que se enfocara en emprendimientos. Fue poco después de eso que uno de mis antiguos clientes me presentó a la persona que me ayudaría a comenzar con Velocity. Cuando Velocity despegó, Edward se unió como director ejecutivo, prestando su energía y su visión para ayudar a que Velocity escalara hasta lo que es ahora.

Hoy en día veo mi experiencia en Denver como una que realmente me quitó los velos de los ojos y me ayudó a ver lo que me faltaba en la vida. Desde ese momento, siento que he estado haciendo el trabajo más satisfactorio de toda mi carrera.

Todos tenemos momentos de luces prendidas y de luces apagadas en nuestras vidas, pero la mayoría de ellos suceden sin que notemos su importancia. Si no puede experimentar algo como la intervención que tuvo John, puede ser necesario que un amigo, un *coach* o un familiar lo ayude a reflexionar sobre sus posibilidades de luces prendidas. ¿Qué persona de su vida puede darle retroalimentación sobre las cosas que lo hacen brillar? Si no tiene a esa persona en su vida, ¿qué hace falta para que encuentre a alguien así? A veces solo necesita tener la valentía de preguntar.

¿Qué es el propósito?

El propósito es algo curioso. Para muchos de nosotros, es un concepto amorfo que nos cuesta definir, aunque lo reconocemos cuando lo vemos. También se nota cuando las personas no tienen un propósito claro: solo están haciendo su trabajo o están centradas en sí mismas. Pueden estar perdidas, puede que solo se activen con el miedo o que tengan un pensamiento de escasez que les dice que no pueden identificar los dones que podrían usar para un propósito más elevado.

Las siguientes historias nos darán una visión más clara de lo que es y lo que no es el propósito.

LA MISIÓN IMPORTA, PERO EL PROPÓSITO PERSISTE

El edificio de la Central Mundial de Nike en Beaverton, Oregón, es el Taj Mahal de los deportes. Ubicado en su propio lago artificial un poco al oeste de Portland, este campus de 250 acres está lleno de edificios nombrados en honor a los mejores atletas de nuestro tiempo: Michael Jordan, Nolan Ryan, Bo Jackson, Serena Williams y LeBron James.

Al inicio de su carrera de *coaching*, John desarrolló y facilitó un programa de liderazgo para cuarenta líderes de alto potencial de Nike. Entrar a la Central de Nike por primera vez fue una experiencia emocionante. John creció siendo un nadador competitivo y en ese entonces estaba participando en triatlones por toda California. Estar en Nike se sentía como caminar en terreno sagrado.

A lo largo de unos días, John trabajó con estos líderes emergentes para ayudarlos a desarrollar las habilidades para llevar a cabo su misión: aplastar a Adidas. Desde la década del 70, Adidas ha sido la compañía de zapatos deportivos dominante a nivel mundial en todas las categorías. Pero uno a uno, primero en zapatos de atletismo, luego en los de básquetbol y ahora en los tenis, Nike ha ido ganando participación de mercado.

Un día, mientras John estaba en sus sesiones de *coaching* en Nike, Phil Knight, el fundador y director ejecutivo de Nike, se detuvo para compartir un mensaje claro y simple: quería aplastar a Adidas y bajarlos del pedestal, en especial en Europa. Los vítores explotaron en esa pequeña audiencia. La gente aplaudía y chocaba los puños. Esta misión era un grito de guerra que claramente resonaba con ellos.

Sin embargo, a pesar de la energía que eso les dio, fue la historia personal de Phil Knight sobre por qué fundó Nike la que fue incluso más inspiradora para ese grupo. Nike, de acuerdo con Knight, existía para los atletas individuales. Para los corredores solitarios que salían a las 5 de la mañana todos los días. Para la niña pequeña que practicaba sus saltos un día sí y el otro también.

Fue entonces cuando John aprendió que las personas podían tener una obsesión con la misión, pero se enamoraban del propósito. El plan para aplastar a Adidas les daba a todos una energía a corto plazo, pero el propósito general de Nike, como lo presentaba la atractiva narrativa personal de Knight, les daba la energía definitiva para seguir adelante.

La historia de Phil está bien documentada en su libro superventas *Nunca te pares*. Era un corredor decente, pero no rompía récords, del equipo de atletismo de la Universidad de Oregón. Ahí fue en donde conoció al entrenador de atletismo Bill Bowerman. Viendo a Bowerman modificar los zapatos, se dio cuenta de que su verdadero propósito era construir una compañía que manufacturara productos que *aumentaran el rendimiento humano*. El propósito de Knight era ayudar a los niños de todo el mundo a vivir sus sueños. A correr con el corazón. A hacer su mejor esfuerzo.

Aunque su misión puede haber sido aplastar a Adidas, los participantes del programa de liderazgo de John se quedaron mucho más inspirados por la historia de Knight y su sentido del propósito. Si lo único que intentaban hacer era vencer a Adidas, las hordas de empleados de Knight se habrían quedado sin gasolina hace mucho tiempo. Tenían que enamorarse del propósito de ayudar a los atletas emergentes para mantenerse enfocados lo suficiente como para hacer de Nike lo que es hoy.

EL PROPÓSITO SE TRATA DEL SERVICIO

Cuando entrevistamos a los líderes para nuestro libro, nos impresionó cuántos de ellos empezaron sus compañías no por un deseo de ganar mucho dinero, sino porque sintieron *un llamado para hacer la diferencia en las vidas de otras personas*.

Cuando conocimos por primera vez a Matt Oppenheimer, el director ejecutivo de Remitly, un proveedor de servicios financieros digitales que ayuda a los inmigrantes a enviarles dinero a sus familias, de inmediato nos sorprendió el enfoque de luces prendidas que tenía cuando nos compartió la pasión que sentía por las millones de familias inmigrantes que Remitly estaba ayudando. Vivía una vida de servicio y era difícil que hablara de él mismo.

La inspiración para Remitly le llegó a Matt después de que terminó su MBA en la Facultad de Administración de Harvard y tuvo la oportunidad de mudarse a Kenia para trabajar en iniciativas de banca móvil y por internet para el Banco Barclays de Kenia. Fue allí en donde se dio cuenta de cuán difícil era para las familias enviar y recibir dinero desde otros países. Como él también vivía en el extranjero, experimentó retos similares en carne propia. Le estaban pagando en libras esterlinas, vivía con chelines kenianos y al final necesitaba convertir su dinero a dólares. En su entrevista con John, Matt se puso muy emotivo:

«Si eso era tan duro y frustrante para mí, imagínese cuán retador podía ser para la gente de Kenia. O para otras personas alrededor del mundo. Y, lo que es más importante, me familiaricé con los envíos mundiales a través de muchos amigos kenianos y aprendí muy rápido cuán críticos son estos fondos para aquellos que los reciben. Con mucha frecuencia, esos envíos se usan para pagar los gastos básicos de vida».

Matt se apasiona mucho cuando habla sobre los millones de inmigrantes que pierden miles de millones de dólares por las altas tasas de envío de las que tal vez ni siquiera son conscientes.

Matt y sus cofundadores, Josh Hug y Shivaas Gulati, se obsesionaron con el deseo de servir mejor a esas familias al romper la industria tradicional de servicios financieros. Remitly nació por el deseo de servir a otras personas.

En una de las primeras visitas de John a las oficinas de Remitly en Seattle, quedó impresionado por las fotografías enormes y coloridas de familias inmigrantes y de niños que estaban en las paredes. Era como si esas familias estuvieran allí. A medida que caminó por los corredores de la compañía, entendió que todas esas fotografías representaban los valores centrales de la compañía. Estaba claro a quiénes les servía Remitly y por qué.

John tuvo una conversación con una contratación relativamente reciente del equipo financiero. Ella había recibido muchas propuestas de trabajo, pero escogió Remitly porque quería trabajar para una compañía que estuviera haciendo la diferencia para un grupo de personas que la historia no había privilegiado.

Más y más gente, en particular quienes entran a la fuerza laboral ahora, quieren trabajar para compañías que estén marcando la diferencia en el mundo. El poder del propósito de Remitly, basado en un enfoque de servir a otros en comunidades marginales, es un motivador real para atraer y retener al talento. Las historias sobre la diferencia que Remitly está haciendo en las vidas de sus clientes son una parte constante de sus reuniones generales de compañía, pues les recuerdan a los empleados cómo y por qué están haciendo la diferencia.

Este fuerte sentido del servicio y del propósito ha impulsado a Remitly a crecer exponencialmente y a alcanzar un éxito financiero con una valoración aproximada de 7.800 millones de dólares.

En su libro superventas *Empieza con el porqué*, Simon Sinek dice: «las personas no compran lo que hace, compran el PORQUÉ de lo que hace». Nuestra experiencia a la hora de tener sesiones de *coaching* con líderes impulsados por el propósito es que cuando les preguntamos por su propósito, casi siempre empiezan con una historia sobre *por qué* están haciendo lo que están haciendo y a *quién* le están sirviendo, no *qué* están haciendo. Son los clientes que están demasiado satisfechos de sí mismos y su innovación, en lugar de estar enfocados en las comunidades a las que sirven, los que parecen fracasar en el mercado.

En los primeros días en los que John trabajó con los líderes de Apple, cuando el iPhone estaba alistándose para lanzarse al mercado, el *porqué* jamás estuvo en duda. No estaba escrito en ninguna pared, pero lo sabían todos los que trabajaban para Steve Jobs. El *porqué* siempre se trataba del cliente. El propósito de Apple era crear productos que los clientes amaran y que ni siquiera supieran que necesitaban.

«Vamos a cambiar el mundo», decía Jobs con frecuencia en sus discursos. Era un grito de guerra que conectaba con sus variados constituyentes. Motivaba a los empleados de Apple a aparecer cada día y a hacer su mejor esfuerzo e inspiraba a los consumidores a hacer filas de horas para comprar el primer iPhone.

Tan grande como es Apple hoy en día, estamos sorprendidos por cómo el propósito original de Steve sigue siendo parte de la cultura de Apple a medida que sus empleados continúan cambiando el mercado al introducir productos innovadores y soluciones de servicio. El *porqué* de Steve está vivo y vigente en Apple.

EL PROPÓSITO CONECTA CON LOS VALORES Y LOS REFUERZA

Conocimos por primera vez a Dave Heath, el director ejecutivo de Bombas, en nuestro retiro anual de fundadores al norte del estado de Nueva York. Cuando nos presentamos el primer día, nos quedó claro que Dave era mucho más que solo un fundador y que Bombas era mucho más que una compañía de medias.

Cuando Dave habló de su historia, se hizo evidente que estaba estructurando a Bombas sobre una base de valores que era central para su propósito general. Dave hablaba sobre una experiencia en la que aprendió que las medias (más que los abrigos, más que los zapatos, más que las camisetas) eran el artículo de ropa más pedido de los refugios para personas sin hogar. Reflexionó sobre la profunda empatía que desarrolló cuando se tomó un tiempo lejos de la oficina para entender las dificultades de las personas que vivían sin hogares. Esas experiencias lo hicieron confrontar sus propios valores y darse cuenta de que su motivación real no era ganar dinero, sino ayudar a otros. Venderles medias a personas con hogares y donarlas a las personas sin hogar le pareció a Dave una manera bastante elegante de ganarse la vida actuando según sus valores.

Dave está orgulloso de que por cada par de medias, ropa interior o camiseta que vende, donan un artículo a las personas que lo necesitan. A medida que aumenta la población de personas sin hogar, la necesidad es aún mayor. Nosotros nos hemos vuelto clientes ávidos de Bombas y amamos que nuestros dólares estén ayudando a alguien más.

Estos valores son una parte integral de la cultura de Bombas. Tras las dos primeras semanas de haber sido contratados, a los empleados nuevos se les pide que les entreguen medias a las personas sin hogar que se encuentren en las calles de Nueva York y que escuchen sus historias. Eso hace que creen una conexión visceral y personal con el propósito y los valores de la compañía.

A medida que Bombas ha ido creciendo para convertirse en una de las mejores compañías de su categoría, ha surgido una necesidad continua de reforzar su enfoque en el propósito y los valores. Durante el Covid, Bombas se aseguró de que los empleados y los consumidores supieran sobre la extensa red de socios de la compañía por todo el país y ayudó a que esos socios distribuyeran artículos de limpieza, ropa de cama y otros artículos que se necesitaban. Bombas vive y actúa según sus valores cada día.

EL PROPÓSITO IMPULSA EL RENDIMIENTO

Al leer todos estos ejemplos de la importancia del propósito en el liderazgo efectivo, quizás se haya preguntado: «¿algo de esto se correlaciona con construir equipos y organizaciones de alto rendimiento? ¿De verdad los líderes impulsados por el propósito crean compañías exitosas?».

Y la respuesta, sin temor a equivocarnos, es: ¡SÍ!

Una letanía de estudios ha descubierto que los líderes que le dan prioridad al propósito crean equipos y organizaciones de más alto rendimiento que sus contrapartes impulsadas por las ganancias. De acuerdo con una investigación realizada en PwC, el 79% de los líderes de negocios cree que el propósito es vital para su éxito. El estudio *Insights 2020*, patrocinado por la Fundación de Investigación Publicitaria, descubrió que la mayoría de las compañías a las que les va mejor que a sus pares atan todo lo que hacen al propósito. En su libro *Grow*[1], Jim Stengel reveló un estudio de diez años que él y sus colegas realizaron y que demostraba que una inversión en un grupo de las mejores 50 compañías impulsadas por el propósito le ganaría a una del S&P 500 por un 400% muy impresionante.

Y de acuerdo con Kevin Murray en su libro *People with Purpose: How Great Leaders Use Purpose to Build Thriving Organizations*[2], «los líderes que consideran el propósito como el corazón de sus organizaciones crean empleados más involucrados, clientes más comprometidos e inversionistas más solidarios».

Un líder con el que trabajamos y que ha hecho del propósito el corazón latiente de su compañía es Jonathan Neman, director ejecutivo y cofundador de la cadena casual de ensaladas rápidas Sweetgreen. Hablando con Jonathan, uno puede percibir su sentido del propósito y de la integridad en cada una de sus palabras. Y comiendo en Sweetgreen, uno ve y prueba el propósito en todo: desde los productos frescos y orgánicos conseguidos en las granjas locales hasta los apasionados miembros del equipo que están inspirados por su misión de crear comunidades más sanas al conectar a la gente con comida real.

---

1 El libro no está en español, pero el título sería *Crecer*.
2 El libro no está en español, pero el título sería *Personas con propósito: cómo los mejores líderes usan el propósito para construir organizaciones que prosperan*.

Para escucharlo de Jonathan, dice que el secreto del éxito de Sweetgreen ha sido siempre su propósito y la gente: «¡conozca su 'porqué' y su 'quién'! Estamos orgullosos de la cultura que hemos construido en Sweetgreen y siempre hemos puesto a nuestra gente en el corazón de la organización. El 'porqué' y el 'quién' son el producto. Las dos cosas son muy importantes, pero el 'porqué' viene primero y después va el 'quién'».

El compromiso de Sweetgreen con el propósito también se ha convertido en ganancias, como lo puede demostrar su entrada en el 2021 a la Bolsa de Nueva York.

Las investigaciones y nuestra experiencia apoyan la noción de que cuando los líderes hacen su trabajo con propósito, ven un incremento muy real en el rendimiento general. Pero liderar con propósito no siempre es fácil. Liderar con propósito primero requiere de tener claridad sobre cuál es realmente su propósito.

Cómo tener claridad sobre su propósito

A pesar de los hallazgos que apoyan la importancia del liderazgo con propósito para el éxito individual, de equipo y organizacional, los datos de encuestas de participación indican que menos de la mitad de los empleados sabe qué promulga su compañía y por qué. Cierto porcentaje de esa falta de conocimiento se debe con toda probabilidad a la mala comunicación del propósito. Pero tanto o más se debe al hecho de que muchos líderes no se han tomado el tiempo de entender con claridad su propio *porqué*.

Veamos los casos de algunos líderes con los que hemos trabajado y aprendamos cómo se conectaron y se inspiraron con su sentido del propósito.

INSPIRADA POR UN LEGADO

Cuando John conoció a Betsy Nabel, presidenta de Brigham Health en Boston, quedó impresionado de inmediato por su tenacidad y versatilidad. Su carrera la había llevado de ser una profesora en la Universidad de Míchigan y en Harvard a ser una consultora para la NFL. Y ahora, después de once años liderando Brigham, estaba entrando a la recta final de su carrera.

Mientras estaban sentados en su oficina, que daba al patio del hospital, Betsy miraba por la ventana y reflexionaba sobre los retos a los que se había enfrentado en el último año. Fue un año como ninguno, con múltiples crisis: el atentado a la Maratón de Boston, dos tiroteos en campus y negociaciones de los contratos de las enfermeras. Ella mantuvo la calma y la compostura cuando describió cómo su equipo se había apoyado en medio de todo ese caos y había salido más fuerte del otro lado.

Betsy estaba determinada a que los últimos años de su liderazgo fueran los que crearan un gran impacto, un impacto que durara. Después de que John la escuchara hablar sobre sus retos, le preguntó con gentileza: «entonces, Betsy, digamos que ya han pasado tres años. Si mirara hacia atrás, ¿qué le gustaría que la gente dijera sobre su liderazgo y el legado que está dejando en Brigham?».

No perdió nada de tiempo y respondió: «quiero dejar un legado sobre el cuidado de los pacientes que dure para siempre».

Esa era la primera vez que John había tenido sesiones de *coaching* con una cliente cuyo propósito claro fuera «dejar un legado». Hay libros escritos sobre el liderazgo según el legado, pero esa era una respuesta inesperada. Cuanto más exploraron Betsy y John ese tema a través de las sesiones, él llegó a entender cada vez más que su legado y su propósito eran servir a los pacientes, los socios, los miembros de la junta, los donantes, los doctores y al personal del hospital.

Cuando desarrollaron su plan para dejar un legado, quedó claro que eso iba a implicar una transformación cultural en Brigham que estuviera impulsada por los valores de la integridad, el propósito, la familia y la comunidad. Aunque Brigham tenía una historia fuerte de cuidados del paciente, Betsy estaba determinada a llevar la experiencia general del paciente a un nuevo nivel. Este modelo centrado en los pacientes se volvió el pilar central de su transformación.

Los valores de Brigham estuvieron en el centro de la transformación:

- Cuidamos (sin discusión).

- Somos más fuertes juntos (todos tenemos un rol).

- Hacemos avances (está en nuestro ADN).

- Buscamos la excelencia (porque nuestros pacientes se merecen lo mejor).

La transformación y el legado de Betsy quedaron consignados en un plan estratégico muy claro que involucraba un trabajo de liderazgo en muchos niveles diferentes. Como líder, se pasó un tiempo dedicada a que la familia Brigham aceptara su plan. Usó múltiples momentos de crisis como una forma de hacer que la organización aprobara sus ideas. Invirtió en su equipo, dándoles a los líderes entrenamiento con el Curso de Liderazgo Ejecutivo de Sperling, creado en colaboración con la Facultad de Administración de Harvard.

También era una maestra para recolectar fondos, pues desarrolló una junta consejera presidencial que fue crítica en el éxito de una de las campañas hospitalarias más grandes de la historia de Boston, con lo que consiguió 1.750 millones de dólares. Aumentó el equipo de desarrollo hasta que llegó a tener 150 personas y expandió la recolección de fondos a las redes sociales y las colaboraciones colectivas. Estuvo a la cabeza de la creación del Instituto de Investigación Brigham, pavimentando el camino para que el Centro de Innovación invirtiera en nuevos avances médicos y científicos, uno de sus valores centrales. Finalmente, Betsy estableció setenta y seis nuevas cátedras dotadas de Brigham a Harvard como parte de su legado.

Cuando reflexionamos sobre el increíble éxito del liderazgo transformativo de Betsy, es fácil decir por qué escogió «dejar un legado» como su mantra y su propósito. Estaba interesada en crear cambios sistémicos que duraran más allá de su período de liderazgo. Crear estructuras para la innovación, abrir cátedras, establecer una junta consejera presidencial… todos estos cambios son los que asegurarán que su legado de cuidado centrado en el paciente perdure.

INSPIRADO POR LA INNOVACIÓN

John conoció a Joe DeSimone a través de un antiguo ejecutivo de Apple, que entonces era un miembro del equipo gerencial de Joe. Joe es un exprofesor de química de la Universidad de Carolina del Norte que luego se convirtió en emprendedor. Después de pasar veinticinco años enseñando y haciendo investigaciones, recibió financiación para una cantidad de proyectos prometedores de investigación antes de fundar Carbon en el 2013.

Joe tomó un gran riesgo dejando su exitosa carrera académica por Silicon Valley, pero el riesgo valió la pena. Estableció una de las compañías líderes de manufactura digital del mundo, obteniendo 680 millones de dólares y avaluando la compañía en 2.500 millones de dólares. Su tecnología revolucionaria Digital Light Synthesis ha cambiado por completo el mercado de las impresiones en 3D.

Cuando Joe y John empezaron a trabajar juntos, Joe dejó claro que quería construir un equipo con un propósito inspirado en la motivación. Joe estaba en modo luces prendidas cuando hablaba sobre la innovación y las posibilidades de que su nueva tecnología mejorara la salud y el bienestar humano y que también transformara el mundo de la manufactura de maneras enormes. La pasión en su voz era contagiosa, tal como la describían sus nuevas contrataciones. Quería asegurarse de que su nuevo equipo quedara preparado para mantener de una forma exitosa el propósito de la innovación por encima de todo.

Joe era un líder natural con habilidades para enseñar, apoyar e involucrar a su equipo en el proceso de establecer sus principios de trabajo. Con el deseo de definir con claridad los comportamientos y prácticas que insertarían la innovación en la cultura, comenzamos a desarrollar una serie de sesiones de equipo. John tenía ideas claras sobre algunas de las reglas y prácticas que se necesitaban, pero era lo suficientemente sabio como para entender que su equipo tenía que creer en aquello antes de poder implementarlo.

Uno de los primeros ejercicios que hicimos se desarrolló alrededor de la pregunta: «¿qué es lo que se debe y no se debe hacer con respecto a crear una cultura de innovación?». De esa discusión salió un conjunto de principios y prácticas que, a día de hoy, hace parte de la cultura de Carbon.

Una herramienta que ha quedado imbuida en la cultura es el uso de la «columna de la izquierda», una herramienta sencilla de John que anima a los miembros del equipo a decir lo que están pensando y no están diciendo. La idea es que la columna de la derecha contiene todas las cosas que son fáciles de decir: todas las ideas y los comentarios que no desbalancean el bote. La columna de la izquierda es donde viven los conflictos potenciales. Son las objeciones, las preguntas incisivas, las dudas agudas que no se plantean. En las reuniones con muchos de nuestros clientes actuales, un ejecutivo dirá «tengo un comentario de la columna de la izquierda» y todos en la sala prestarán atención, pues saben que el ejecutivo está a punto de decir algo duro de comunicar, pero que vale la pena verbalizar.

Joe quería promover los debates abiertos y la transparencia para empujar a las personas a retarse sin miedo a los reproches y con la seguridad de que sus diferencias de opinión serían respetadas. En la mente de Joe, la innovación requiere de rupturas intencionales. Eso solo puede ocurrir en un ambiente de respeto, diálogo transparente y debate.

Desde el comienzo, Joe estaba convencido de que su propósito como líder era asegurarse de que la innovación se convirtiera en el propósito central de la compañía. En las reuniones de equipo, se esforzaba por crear un entorno en el que se promovieran las ideas innovadoras. Intencionalmente creó un ambiente de confianza y seguridad en donde las personas pudieran retar y ser retadas. Hoy en día, Carbon les permite a compañías como Adidas, Riddell, Ford y Johnson & Johnson crear productos de última generación para mejorar las vidas de sus clientes.

INSPIRADO POR LOS VIAJES

Cuando John era un profesor en la Universidad Estatal de San José, se pasó casi un año como profesor visitante en la Universidad de Bath en el Reino Unido. Ese año estuvo lleno de viajes y le dio tiempo para reflexionar sobre su vida y su carrera. Estaba feliz con su rol de enseñanza en la universidad, pero anhelada empezar algo nuevo. En ese momento, estaba haciendo una investigación emocionante sobre el rol y la eficacia del *coaching* para desarrollar a los líderes en las compañías. Cuando entrevistó a gerentes y ejecutivos de diversas corporaciones del mundo para su investigación, se dio cuenta de que existía una necesidad significativa de guiar y desarrollar a esos líderes ambiciosos que eran expertos dominantes en sus campos, pero que básicamente no estaban listos para los retos de gerenciar a sus compañías.

Poco después de que volvió a casa, John renunció a su posición en la universidad y lanzó su primera compañía de *coaching*, ExecutivEdge de Silicon Valley. John considera que sus viajes al extranjero y su experiencia de luces prendidas de Denver fueron factores significativos en su decisión de iniciar esta nueva compañía. Habiendo tenido tiempo para pensar, investigar y escribir, volvió a casa con un sentido claro del propósito y de la dirección sobre lo que quería hacer a continuación.

Los viajes no tienen que involucrar estadías largas en lugares lejanos. Puede ser una semana o un puente, cualquier cosa que rompa con su rutina y le permita dar un paso atrás, reflexionar y encontrar nuevas perspectivas. John está teniendo sesiones de *coaching* con un director ejecutivo que se toma un fin de semana de tres días una vez al mes. Estas escapadas están planeadas y estructuradas en el calendario. Los empleados saben que no deben molestar al director ejecutivo durante esos fines de semana largos. «Estos fines de semana largos me ayudan a pensar en las grandes decisiones estratégicas que debo tomar y para las que tengo poco tiempo en el día a día de la semana», dice el director ejecutivo. «Vuelvo refrescado y soy mucho más capaz de lidiar con el estrés de mi trabajo. El tiempo que paso lejos me ayuda a hacer una pausa y a dar un paso atrás para tener una perspectiva más clara de los problemas que tengo enfrente».

¿Cómo han impactado su vida los viajes? ¿Puede recordar alguna vez en la que un viaje haya resultado en un cambio significativo o dándole una nueva perspectiva de la vida? ¿Qué elemento de los viajes lo ayuda a encontrar la claridad sobre su propósito?

INSPIRADO POR LAS DIFICULTADES

Jeff Hubber, el fundador de Grail, una compañía para la detección temprana del cáncer, encontró su sentido del propósito gracias al dolor de una pérdida.

Jeff se pasó la mayor parte de su carrera en Google, en donde lideró el desarrollo y el escalamiento de Google Ads, Google Apps, Google Maps y Google X. Cuando todo estuvo dicho y hecho, fue responsable de muchos aspectos de la construcción y el escalamiento de los productos para el consumidor que hoy en día usan más de mil millones de personas en el mundo.

Por si esos logros no fueran suficientes, empezó a interesarse por el campo de la biología y las aplicaciones no exploradas de la transición de lo análogo a lo digital.

Jeff habla de ese período de su vida con emoción. Amó su tiempo desarrollando Google Apps y Google Maps. Pero se encontraba en un cruce de caminos de su carrera. Estaba fascinado con los grandes cambios en el campo de la biología a medida que transicionaba de lo análogo a lo digital, haciendo que cantidades enormes de datos estuvieran disponibles para el avance de nuestro entendimiento de sistemas biológicos complejos, como la cadena de ADN. Ya hacía parte de la junta directiva de Illumina, una compañía líder de secuenciación genética, y disfrutaba de esa transición hacia el espacio de las ciencias biológicas y las posibilidades que eso le daba en términos de repensar su propia carrera.

Luego todo cambió. De la nada, diagnosticaron a su esposa, que era saludable y activa, con un tumor colorrectal de dos centímetros. Al principio el pronóstico parecía favorable y daba la sensación de que la quimioterapia haría su trabajo, pero, después de meses de más pruebas, descubrieron que el cáncer se había expandido a otros órganos de su cuerpo. Para entonces, ya era demasiado tarde para alguna cirugía. En menos de un año murió y Jeff quedó atrás como un padre viudo con dos niños pequeños.

Abrumado por el dolor, Jeff hizo lo que muchos de nosotros haríamos: se refugió en un lugar en donde pudiera encontrar alivio. Su trabajo. Dedicó toda su energía a aprender todo lo que pudiera sobre las máquinas de secuenciación de ADN que Illumina estaba desarrollando. Decidió en ese momento que crearía una tecnología de detección temprana del cáncer para que menos personas tuvieran que morir y menos familias tuvieran que perder a sus seres amados.

Fue de su claro sentido del propósito que nació Grail, la compañía de Jeff. Él considera que su compañía es un monumento permanente para su fallecida esposa. Cada paciente que se beneficia de los exámenes de detección temprana desarrollados por Grail le da al menos *algo* de sentido a su muerte prematura.

Hoy en día, Grail es una compañía muy exitosa que está financiada por inversores de alto perfil como Jeff Bezos y Bill Gates. Tiene un valor de mercado de más de 5.000 millones de dólares. Pero para Jeff nunca fue una cuestión de dinero.

Cuando John tuvo sesiones de *coaching* con Jeff, muchos de los empleados con los que habló durante el proceso de retroalimentación le contaron que la historia personal de Jeff y su sentido del propósito fueron las razones por las que se unieron a la compañía. Todas las personas, desde sus inversionistas hasta sus empleados, quedaron conmovidas e inspiradas por su historia y su experiencia, por su sentido claro del propósito. En su trabajo de *coaching*, John animó a Jeff a que siguiera contando su historia personal en las reuniones generales y cuando les hiciera la inducción a los empleados nuevos para inspirarlos con el verdadero propósito de la compañía.

Incluso años después, Jeff dice que piensa todo el tiempo en su esposa. Le da mucha satisfacción saber que fue capaz de canalizar el dolor de su pérdida al desarrollo de una tecnología que salvará vidas. Aunque no somos terapeutas, ayudar a nuestros clientes a reflexionar sobre algunos de los eventos que han cambiado sus vidas puede ser una gran manera de permitirles entender nuevas perspectivas sobre qué les da su sentido del propósito.

¿Qué dificultades ha soportado? ¿Qué ha aprendido de usted mismo al pasar por experiencias dolorosas? ¿De qué manera sus peores momentos lo han convertido en quien es hoy en día? ¿Cómo han moldeado su sentido del propósito?

INSPIRADO POR UNA NECESIDAD PERSONAL

Dicen que la necesidad es la madre de la invención y en el 2011, como estudiante de la Facultad de Administración de Harvard, Justin McLeod necesitaba superar una ruptura. Él y su amor de la universidad se separaron después de la graduación, así que él hizo lo que cualquier estudiante de Administración que quisiera sanar un corazón roto haría: lanzó una aplicación de citas.

De acuerdo con Paul Graham, gurú del emprendimiento y fundador de Y Combinator, «la manera de tener ideas de emprendimientos es tratar de no pensar en ideas de emprendimientos. Hay que buscar problemas, preferiblemente problemas que tenga usted mismo». Muchos de los mejores negocios del mundo fueron fundados para resolver un problema que aquejaba a su propio fundador. Facebook, Uber, Spanx, Netflix, Rent the Runway… todos fueron fundados por personas que tenían una necesidad personal que las soluciones ya existentes en el mercado no estaban satisfaciendo.

Justin vio los servicios de citas en línea que existían en ese momento y se sintió poco inspirado. Eran compañías anticuadas de la Web 1.0

que estaban pensadas para ayudar a las personas a encontrar relaciones o compañías modernas con aplicaciones móviles primerizas que estaban diseñadas para tener encuentros casuales. Justin quería ayudar a las personas a encontrar al hombre Correcto y a la mujer Correcta, no solo al hombre Correcto Por Ahora y a la mujer Correcta Por Ahora. Además, quería hacerlo con una experiencia móvil que fuera hermosa.

Pero después de ganar algo de impulso con un modelo de conocer a los amigos de los amigos, Justin se dio cuenta de que no había logrado ninguna de las cosas que se había propuesto y que la aplicación, si era franco, no era buena. Muchos fundadores se habrían quedado con eso. «No hagamos que lo perfecto sea enemigo de lo bueno», dirían. «Quizás nuestros clientes nos están diciendo con su comportamiento qué quieren… y eso es tener encuentros casuales. Quizás tener una experiencia móvil hermosa es secundario a tener tracción».

Pero eso no le sentaba bien a Justin. Él era claro con respecto a su propósito central: ayudar a las personas a encontrar relaciones satisfactorias y a largo plazo, lo mismo que él quería, pero que hallaba difícil de obtener en el mundo de las citas de hoy en día. Entonces hizo lo impensable: cerró la compañía y empezó de nuevo.

Y así, en noviembre del 2015, Justin se sentó con un equipo reorganizado para hacer una pregunta muy simple: «¿qué aplicación construiríamos si nuestro único propósito fuera ayudar a que las personas encontraran el amor rápido y luego borraran la aplicación?».

Justin y su equipo decidieron que querían poner el propósito primero y construir una aplicación que ayudara a la gente a encontrar a su persona sin importar los números de interacción. Se propusieron desacelerar todo el proceso de citas en línea (nada de deslizar ni de clasificaciones demográficas) con la esperanza de que los usuarios encontraran el amor y luego borraran la aplicación. Eso incluso se convirtió en su eslogan: «diseñada para ser borrada».

La estrategia de Justin de poner su propósito como prioridad parece estar funcionando. Hoy en día, Hinge es la plataforma de citas de más rápido crecimiento dentro de la familia de aplicaciones de relaciones del Match Group. Y, a día de hoy, la única estadística que miden para saber si están triunfando es ver si los usuarios de verdad van a las citas y se enamoran. Justin les da el crédito a su sentido claro del propósito y a su compromiso de perpetuar los valores por ayudarlo a superar los días más oscuros de su viaje de emprendimiento.

INSPIRADO POR AMIGOS

Julia Oberottman es una pequeña agitadora que aconseja a compañías de todo el mundo con respecto a la innovación, abrir nuevos mercados y, en general, dejar una marca en el universo. Es rápida, perspicaz y conecta bien con otras personas. Edward conoció a Julia hace años cuando eran estudiantes de MBA en la Wharton School. Wharton tiene un campus en San Francisco para estudiantes de MBA que estén en medio de sus carreras y Edward y Julia tenían más de la mitad de sus clases juntos.

Un día, a la hora de almuerzo, Edward les estaba contando a los de la mesa historias de guerra sobre sus días como consultor político. Como la vez en la que unos antiguos agentes de la KGB lo sacaron de un accidente automovilístico en Kiev (no se preocupe, no era el conductor y no salió herido… Lo que pasa es que no querían que hablara con la policía local corrupta). O la vez en la que el presidente de Honduras lo confrontó en un bar después de que Edward y su equipo, que lideraban la campaña de la oposición, hicieran un anuncio muy dañino para él. Esas fueron las historias, así como otras menos emocionantes que tenían que ver con ayudar a sus clientes a desarrollar mejores habilidades de liderazgo.

Después de escuchar estas historias y de ver cómo Edward interactuaba con sus compañeros y profesores, Julia tuvo una idea. Vio a Edward de una forma diferente. Y, sin pensar, se inclinó por encima de la mesa y le hizo una propuesta simple: «Edward, si ha ayudado a que líderes del mundo ganen unas elecciones, probablemente pueda ayudarme a obtener un ascenso. ¿Se convertiría en mi *coach* ejecutivo? Piénselo. La mayoría de sus clientes de hoy en día solo quieren hablarle de liderazgo. No quieren planes elegantes ni consejos de estrategia. Quieren aprender cómo ser mejores líderes. ¡Ese es su ingrediente secreto!».

Julia tenía razón. Edward estaba gerenciando una empresa de estrategia en ese momento y la mayoría de sus clientes realmente solo querían hablar sobre liderazgo. Sus palabras le despertaron algo, una consciencia de que quizás no estaba en contacto por completo con su propósito, pero necesitaba tiempo para pensarlo. En esos días, él tenía a su propio *coach* y discutió el asunto con él. Sin parpadear, su *coach* le dijo:

«¿sabe? A veces, cuando las personas lo llaman para que haga algo, esa es la definición de su llamado. Para serle franco, ya es hora de que empiece a vivir en servicio de su don».

Como podrá haberlo adivinado, Edward aceptó ser el *coach* de Julia. Cuando ella insistió en pagarle, él se sintió algo incómodo, pero aceptó que la mujer quería sentir como que lo estaba dando todo. Ella pronto les contó a sus compañeros de clase que estaba trabajando con Edward y le pidieron que tuviera sesiones de *coaching* con ellos también. Después de varios meses, estaba teniendo sesiones de *coaching* con cinco ejecutivos de varias compañías conocidas del área de la Bahía y el resto es historia.

Incluimos esta pequeña historia porque a veces otras personas ven mejor que nosotros mismos cuál es nuestro propósito. Edward encontró su verdadero propósito como *coach* gracias a Julia y estará siempre agradecido con ella por eso. A veces la clave es permanecer abiertos a la idea de que otras personas pueden ver cosas en nosotros que quizás no somos capaces de ver nosotros mismos.

Lo que evita que encontremos nuestro propósito

Aunque nos consideramos *coaches* ejecutivos que ayudan a que los líderes construyan y escalen negocios que creen un impacto en el mundo, de vez en cuando nos encontramos con un cliente que solo quiere ayuda encontrando su propósito personal. Ya hemos detallado antes unas pocas maneras en las que los líderes con los que hemos trabajado han encontrado su propósito, pero todos sus mejores esfuerzos serán en vano si se están involucrando en alguna forma de autosabotaje. Dado que este capítulo sobre el propósito llega después de los capítulos sobre necesidades, miedos, deseos y dones, quizás no se sorprenda cuando se entere de que creemos que uno necesita vivir siendo completamente consciente de las respuestas a esas primeras cuatro cuestiones antes de ser capaz de responder la quinta.

NECESIDADES

A menudo, alguien que está viviendo sin satisfacer sus necesidades críticas no es capaz de hacer espacio en su vida para servir a otras personas, que es de lo que se trata encontrar su propósito. Cuando alguien no se siente 100% satisfecho, es difícil que sienta que le queda algo por dar.

A veces, la gente intenta hacer lo que Edward denomina un «desvío de las necesidades» y empieza a trabajar en su «propósito de vida» cuando ni siquiera puede pagar las facturas. Así es como terminan con *coaches*, gurús y sanadores con buenas intenciones, pero altamente ineficientes. No es que tenga que ser rico para ser un *coach* o un sanador efectivo, pero en definitiva sí tiene que estar satisfecho por completo en términos de necesidades físicas, emocionales y del entorno.

MIEDOS

Cuando vivimos con miedo, estamos casi siempre dentro de una mentalidad reactiva. Cuando percibimos amenazas en el mundo, es menos probable que tengamos la capacidad emocional para enfocarnos en las oportunidades que nos ayudarán a encontrar nuestro propósito. Podemos empezar a creer falsamente que nuestro propósito es controlar a quienes están en nuestro entorno para sentirnos seguros. Esto está sucediendo en la dinámica política actual, en la que unos individuos impulsados, en su mayoría, por el miedo han determinado que su «misión» es callar, desprestigiar o menospreciar a sus adversarios.

DESEOS

Tal como los deseos pueden desviarnos hacia un comportamiento inescrupuloso, también pueden vendernos la falsa narrativa de lo que es nuestro propósito en realidad. Muchas personas que desean poder y prestigio por ego se dicen a sí mismas que su propósito es que las elijan para un cargo público. Otros que quieren sentirse exitosos hacen que amasar una fortuna sea su propósito, a menudo a costa de sus valores y sus relaciones personales. Cuando dejamos que nuestros deseos de poder, riqueza o fama nos desvíen, podemos vendernos la historia de que satisfacer esos deseos *es* nuestro propósito.

Adicional a eso, nuestro deseo por hacer un gran impacto en el mundo puede engañarnos para pensar que si nuestro propósito no es erradicar la pobreza o reversar el cambio climático, no estamos pensando lo suficientemente en grande. El viejo adagio de «piense de manera global, actúe de manera local» se nos viene a la mente aquí. Un sentido del propósito del tamaño correcto empieza mirando a nuestro alrededor y buscando los lugares en los que podemos hacer la diferencia.

DONES

Como lo describimos en el capítulo 4, *¿Cuáles son sus mejores dones?*, la mayor expresión de nuestros dones es usarlos para un propósito más elevado. De manera similar, nuestro propósito más verdadero es, por lo general, la aplicación de nuestro mejor don. Hemos descubierto que, con mucha frecuencia, la gente que más se siente perdida en la vida es aquella que tiene menos consciencia de sus dones. Sin saber cuál es su don único, van por la vida tambaleándose de un lado a otro. Un esfuerzo concentrado por descubrir ese don especial sería un mejor uso de la energía que años enteros de pruebas y errores sin sentido.

Todos hemos conocido a la persona que tiene una claridad exquisita sobre su propósito de ser actriz, cantante, autora, artista o lo que quiera, pero, tristemente, no es consciente de que no tiene un don en esa área. Cuando vivimos con la mentalidad ciega de la fantasía sobre lo que son nuestros dones, podemos desperdiciar años persiguiendo un propósito que jamás estuvo destinado a ser. Tener claridad sobre cuáles son nuestros dones es una parte crucial del descubrimiento de nuestro verdadero propósito.

La última de las cinco conversaciones de *Liderando desde el corazón* se trata del propósito porque allí es cuando todo se une de verdad. Para encontrar su propósito, tiene que ser completamente consciente de sus dones. Y, como lo hemos discutido, para ver sus dones, debe lograr tener las perspectivas necesarias sobre sus necesidades, miedos y deseos. Ser capaz de ver su propósito con enfoque es el resultado de tener claridad sobre todas las otras preguntas de *Liderando desde el corazón*.

En este capítulo hemos aprendido que el propósito se trata más de dar que de recibir. Cuando los clientes hablan sobre el propósito, usan palabras de acción que están dirigidas hacia personas o lugares externos. Para ellos, el propósito puede significar:

- Guiar a los jóvenes en el camino de sus carreras.
- Construir una forma para que los inmigrantes les envíen dinero a sus familias.
- Proteger el bosque tropical o luchar contra el cambio climático.
- Ayudar a otras personas a encontrar sus dones y a que sepan cómo usarlos para un propósito más elevado.

Hay una miríada de formas en las que usted y sus equipos pueden encontrar su propósito. Quizás piense en el legado que quiere dejar, en las personas a las que quiere servir o en la adversidad a la que se ha enfrentado en su propia vida, una adversidad de la que quiere proteger a otros. A menudo somos capaces de ver nuestro propósito con claridad por primera vez cuando nos alejamos de nuestras rutinas normales gracias a los viajes, a hablar con mentores o incluso a llamar a un amigo.

A medida que empiece a ver su propósito con más claridad, esperamos que sea amable con usted mismo y que no permita que el ego (o sus padres) le diga que debería estar haciendo algo más. Darle la espalda a nuestro propósito es un error que sale caro. Podemos lograr mejores resultados financieros a corto plazo al hacer algo que no es nuestro llamado, pero el dinero no puede comprar la autoestima ni la satisfacción a la larga. Eso solo puede lograrlo si vive de acuerdo con su propósito.

CONCLUSIONES DEL CAPÍTULO 5

- Cuando nos sentimos atascados, quizás sea el momento de revisar con seriedad si estamos viviendo de acuerdo con nuestro propósito.

- Es difícil para una organización tener un sentido del propósito si el líder no lo tiene.

- No nacemos con un propósito, sino que lo obtenemos gracias a las experiencias de vida.

- Tenemos que resetear o renovar nuestro sentido del propósito a intervalos regulares a lo largo de nuestras vidas.

- Las organizaciones y los equipos con un sentido claro del propósito rinden más que aquellas que carecen de propósito.

- Cambiar su rutina con viajes o incluso caminando puede ayudarlo a encontrar momentos en los que obtendrá claridad sobre su propósito.

- Si no está teniendo conversaciones que lo ayuden a ser consciente de sus necesidades, miedos, deseos y dones, encontrar su sentido del propósito puede ser difícil.

IDEAS PARA INICIAR CONVERSACIONES

1. En promedio, ¿cuánto tiempo al mes se pasa conectado con su sentido más alto del propósito?

2. ¿Puede describir un momento de «luces prendidas» que haya vivido y que le haya dado un sentido renovado de su propósito?

3. Describa una experiencia de su vida (buena, mala o de cualquier estilo) que haya definido su sentido del propósito.

4. ¿De qué maneras su sentido del propósito lo impulsa a alcanzar sus metas tanto profesionales como personales?

5. Examinando su compañía, ¿qué tan bueno es el trabajo que está haciendo a la hora de conectar a toda la organización con un sentido más elevado del propósito? ¿Qué más podría hacer para asegurarse de que su equipo esté aún más conectado?

CAPÍTULO 6

AYUDÁNDOLE A SU COMPAÑÍA A LIDERAR DESDE EL CORAZÓN

«La cultura hace que las personas se entiendan mejor unas a otras. Y si se entienden mejor unas a otras, es más fácil superar las barreras»
—Paulo Coelho.

Cierre los ojos e imagínese una compañía mítica. Esa es una compañía que lidera desde el corazón. Considera todas las preguntas que hemos planteado hasta ahora en el libro y convierte lo que aprende de las conversaciones poderosas que desencadenan normas culturales.

Esta compañía tiene en cuenta las necesidades de las personas y crea un ambiente en el que los empleados se sienten seguros para ser creativos, recursivos y osados. En lugar de aprovecharse de los miedos de las personas y de aumentar sus ansiedades, esta compañía le da a la gente una sensación de seguridad al invertir en ellos a medida que crecen, lo que incluye ofrecerles oportunidades de trabajar con un *coach* para expandir su potencial de liderazgo.

¿Qué pasaría si esa misma compañía les diera a las personas un pequeño impulso saludable de competitividad y las hiciera sentir como que pertenecen allí y están aprendiendo, pero evitara los comportamientos antiéticos y de tomar atajos? ¿Y qué pasaría si esta compañía hiciera su mejor esfuerzo por construirse sobre los dones naturales de las personas y las animara a aprovecharse de ellos en cada aspecto de sus trabajos, desde lo más mundano hasta lo más impactante? Y, para terminar, ¿qué diría si esta compañía uniera a todo el mundo alrededor de un sentido común del propósito, ya sea servir para un bien social, traer nueva tecnología al mundo o ayudarles a los demás a alcanzar todo su potencial?

¿Es esta su compañía? ¿Podría ser esta su compañía? ¿Cómo le va a su compañía en términos de tener las cinco conversaciones que hemos explorado en este libro? En pocas palabras, ¿su compañía lidera desde el corazón?

El profesor John Kotter de la Facultad de Administración de Harvard define la cultura corporativa como las actitudes compartidas, los patrones de comportamiento y los valores de los empleados que persisten con el tiempo.

Algunas compañías tienen culturas de alto rendimiento en las que las personas se sienten creativas y comprometidas para largo. Otras tienen culturas de bajo rendimiento en las que la gente se siente poco inspirada y desapegada. Creemos que la diferencia entre esas dos clases de compañías se reduce a cuán dispuestas están a hacer que las conversaciones de *Liderando desde el corazón* sean parte de la dinámica de cómo trabajan juntas las personas, parte de su cultura.

La cultura es la conversación

La cultura no se crea al pegar una lista de valores a la pared. No es tener un dispensador de kombucha u ofrecer retiros de verano. La cultura se compone de las conversaciones que *de verdad* están sucediendo entre las personas a las que su compañía emplea. Es la manifestación de cómo usted, como organización, ayuda a que la gente vea y entienda las necesidades, miedos, deseos, dones y propósitos mutuos. Está imbuida en cómo se tratan unos a otros. Cómo se hacen sentir. Cómo se *ven*. Cómo se apoyan y cómo colaboran.

Para impactar la cultura de una compañía se debe empezar con tener claridad sobre las conversaciones y comportamientos específicos que quiere promover y premiar. Como la cultura es, literalmente, el resultado de docenas o cientos de hábitos conversacionales y comportamentales unidos, nuestra mejor alternativa para darle forma a la cultura es influenciar esos hábitos a través de unos principios y valores guía.

Si tomamos las cinco conversaciones de *Liderando desde el corazón* y las convertimos en afirmaciones, empezamos a ver que toma forma un grupo de principios centrales que pueden guiar el comportamiento en las compañías que aspiran a liderar desde el corazón.

Las compañías que lideran desde el corazón son las que:

1. Son incluyentes y tienen en cuenta que las **necesidades** son diversas.

2. Son seguras, confiables y reconocen los **miedos** de las personas.

3. Se aprovechan de los **deseos** fundamentales de las personas sin permitir que estos mismos las desvíen.

4. Se aseguran de que la gente exprese sus **dones** y no permiten que se marchiten en la mediocridad.

5. Priorizan los valores y el **propósito** por encima de todo lo demás, incluyendo las ganancias.

Para este último capítulo, exploraremos las historias de varios clientes que han configurado los comportamientos y los valores de sus equipos y compañías de acuerdo con cada uno de los principios de *Liderando desde el corazón*. También describiremos en detalle una cantidad de ejercicios simples que usted puede usar con su compañía para ayudar a las personas a tener conversaciones más profundas sobre sus necesidades, miedos, deseos, dones y propósito. De esa manera tendrá las herramientas prácticas para desarrollar el hábito cultural de liderar desde el corazón.

Sea incluyente y tenga en cuenta la diversidad de necesidades

Las compañías que son incluyentes y tienen en cuenta que las necesidades son diversas crean un ambiente provechoso en el que las personas creativas y sus ideas pueden florecer. Esto contrasta con la idea anticuada de intentar crear uniformidad en el lugar de trabajo, cosa a la que parece que aún aspiran muchas compañías. Exploremos las historias de un par de empresas que tienen propósito y que son proactivas a la hora de crear una cultura incluyente.

LOS BENEFICIOS CULTURALES SON LOS ÚNICOS QUE IMPORTAN

Café de calidad por la mañana. Almuerzos saludables preparados por un chef de la casa. Clases de yoga lideradas por un miembro del equipo por las tardes. Buses gratis para que no tenga que manejar usted mismo.

Suena como un gran lugar para trabajar, ¿verdad?

Si dijo que sí, es probable que tenga un estilo de vida saludable, pero quizás se esté enfocando en las cosas equivocadas con respecto a los beneficios de la oficina. Muchas compañías que dan beneficios increíbles tienen, en realidad, unas culturas horribles. A menudo, los beneficios lujosos son un intento pobre de compensar el hecho de que la gente ya no ve a sus familias, vive con miedo de sus gerentes o no recibe ánimos o felicitaciones. Es triste, pero cierto.

Los mejores beneficios son los culturales. Lo ayudan a satisfacer el espectro completo de sus necesidades, no solo las culinarias. Se encuentran en la manera en la que la gente se trata, se apoya y se impulsa a crecer. Una compañía que ha construido un sistema efectivo de beneficios culturales para satisfacer la diversidad de necesidades de su equipo es Noom, la compañía de cambio comportamental y salud digital que tiene su base en Nueva York.

Como muchas personas, escuchamos por primera vez sobre Noom en la Radio Pública Nacional. Sus cuñas bien ubicadas (quizás, si somos técnicos, se llaman «patrocinios») en *Morning Edition* o *All Things Considered* crean la imagen de una compañía modesta que ayuda a la gente a perder peso. Pero cuando Saeju Jeong, el director ejecutivo de Noom, nos contactó para hablar sobre *coaching*, nos dimos cuenta de que su compañía de aparentemente bajo perfil era, en realidad, un peso pesado. Con más de 650 millones de dólares de inversión y unos pocos miles de empleados, Noom es un emprendimiento increíble de pérdida de peso y cambios de comportamiento. Millones de usuarios confían en los principios de psicología comportamental de Noom para ayudarlos a perder peso y tener vidas más saludables.

Después de las vacaciones de Navidad del 2020, las ganancias de Noom subieron a más de 200 millones de dólares, cuatro veces más que el año anterior. Aunque la mayoría de las resoluciones de Año Nuevo para perder peso se olvidan en febrero, Noom obtiene usuarios a una velocidad impresionante durante todo el año. Han existido docenas de emprendimientos de pérdida de peso a lo largo de los años, pero parece que Noom está liderando ese campo en la actualidad.

En su primera reunión con Saeju, John se dio cuenta de que el director ejecutivo ve el éxito increíble que la compañía ha tenido a la hora de adquirir usuarios como un resultado de la cultura cuidadosa y de apoyo que ha construido con minuciosidad con los años. Entre las muchas razones por las que los clientes de Noom dicen que usan la aplicación, el hecho de que puedan «empezar en donde están» y «no sentirse juzgados» son las dos más importantes. Los empleados de Noom dicen exactamente lo mismo. Como producto y como cultura organizacional, Noom es incluyente.

Saeju incluyó estos principios en la cultura de la compañía a través de valores que no solo se repiten, sino que de verdad guían los comportamientos. Como compañía, su misión es ayudar a las personas a vivir vidas más saludables a través de un cambio de comportamiento. Usan el mismo principio para guiar cómo piensan en la cultura corporativa. Cada valor que describiremos a continuación contribuye a que Noom sea un lugar incluyente que acomoda la diversidad de las necesidades individuales.

VALOR 1: SER TRANSPARENTE, PERO AMABLE

La aplicación de Noom no le mentirá ni le suavizará las cosas. Le dirá cuándo está cumpliendo sus metas y cuándo no. Sin embargo, también es amable y no lo avergüenza a la hora de compartir esa información. El mismo principio también aplica para los empleados. Noom se enorgullece por ser un lugar en el que los pensamientos divergentes son bienvenidos. Saeju valora las conversaciones abiertas y honestas, y trabaja para escuchar todas las voces. Aunque la toma de decisiones puede tardarse más, el proceso incluyente crea más aceptación de los empleados que tienen que implementar las soluciones. Con el enfoque de hacer que las personas *no estén de acuerdo y se comprometan*, los líderes de Noom toman decisiones que impulsan acciones al tiempo que no pasan por encima de la gente.

VALOR 2: IDENTIFICAR CON CLARIDAD LA META, HACER LOS CÁLCULOS Y PRIORIZAR SIN PIEDAD

Para los clientes de Noom, la modificación del comportamiento se trata de tener metas claras y de crear cambios a través de la repetición y la validación. Y el progreso se rastrea con datos en la aplicación. La aproximación para los empleados es similar: Saeju le pide a cada empleado que establezca, revise y monitoree las métricas de éxito relacionadas con su propio rendimiento. Los indicadores clave del rendimiento son monitoreados y ajustados según los roles cambiantes y las necesidades particulares de los empleados.

En Noom, todo el mundo tiene metas medibles. Sin mediciones, no existe responsabilidad, la cual es crítica para ayudar a los empleados de Noom a progresar hacia sus metas, tal como ayuda a los usuarios a alcanzar las suyas. Pero cuando un empleado de Noom no logra un objetivo, la primera pregunta no es «¿por qué no lo logró?», sino «¿qué necesita para hacerlo mejor?».

La diferencia entre esas palabras puede parecer semántica, pero la diferencia que se ve en el resultado es monumental. Hacer que la norma cultural de *preguntarles a los empleados qué necesitan para triunfar* debería ser obligatoria para los gerentes de todas las compañías. Pero, tristemente, la mayoría de los gerentes recurren a un lenguaje que avergüenza y menosprecia a los empleados. «¿Y usted por qué no…?». Eso tiene un tono de acusación. Implica que el problema es la persona y no el contexto emocional o el entorno en el que está trabajando. Sentir curiosidad por más tiempo crea más seguridad psicológica.

VALOR 3: INVERTIR EN SU CRECIMIENTO Y PERMITIR QUE NOOM INVIERTA EN USTED

La gente usa la aplicación de Noom para mejorar sus vidas. Es una inversión que hacen de cara a un futuro mejor y más saludable para ellos. Si trabaja en Noom, se espera que usted invierta en su propio crecimiento también. Animan a cada empleado a enfocarse en aprender nuevas habilidades y a crecer como personas. Pero la compañía deja a discreción de los empleados que descifren cuáles son sus necesidades de crecimiento. Algunas personas quieren aprender a hablar en público, mientras que otras quieren inscribirse a clases de cocina.

Al no forzar a los empleados a un aprendizaje rígido y a cierto programa de desarrollo, el liderazgo de Noom ha creado un ambiente incluyente en el que una amplia variedad de necesidades puede satisfacerse al tiempo. Tal como animan a los clientes de Noom a empezar en donde estén y a aceptar los retos y los nuevos comportamientos que encajen con ellos, a los empleados de Noom les dan una libertad similar para crecer de una manera que les funcione a ellos como individuos.

VALOR 4: PREOCUPARSE UNOS POR OTROS

Saeju se enorgullece por haber creado una cultura muy orientada hacia la familia en la que las personas pueden sentirse aceptadas. Como cree que las personas necesitan experimentar una sensación de que pertenecen al lugar para hacer su mejor trabajo, ha hecho que «preocuparse unos por otros» sea uno de sus cuatro valores corporativos. Pocas cosas nos hacen sentir más seguros que saber que les importamos genuinamente a otras personas.

Las reuniones sociales y las salidas de Noom están diseñadas para juntar a las personas y crear una sensación de unidad. Saeju es reconocido por hacer que la audiencia llore por sus historias personales emotivas, ya sea que se traten de sus propias experiencias creciendo en Corea o de relatos de clientes. A menudo nos decimos que solo se permiten las emociones positivas en la oficina, pero, en la realidad, intentar «poner una cara feliz» cuando nos estamos sintiendo mal solo empeora las cosas. En Noom, todas las emociones son bienvenidas. Al crear una conexión sana entre sus propias emociones y necesidades, Saeju anima a su equipo a aceptar las de ellos. Eso hace que todo el mundo se sienta más seguro y conectado consigo mismo y los demás.

Gracias a su defensa de la transparencia, la amabilidad, el crecimiento personal y la empatía, todo por encima de una base de seguimiento cercano y responsabilidad, Noom ha desarrollado una cultura de alto rendimiento en la que las personas sienten que sus necesidades únicas quedan satisfechas a diario. A los usuarios de la aplicación Noom los impresionaría saber que los mismos principios comportamentales que están aplicando a sus metas de salud también están siendo implementados internamente por los empleados de Noom.

PONGA EN MARCHA ACCIONES DECISIVAS CUANDO LAS NECESIDADES NO SE ESTÉN SATISFACIENDO

La voz le temblaba a Robert mientras describía cómo habían sido los últimos dos meses para él. Fechas de entrega absurdas. Trabajo hasta muy tarde por la noche… e incluso noches enteras sin dormir. Comidas omitidas. Nada de tiempo para hacer ejercicio. Tiempo insuficiente con su familia.

Como gerente de producto de cualquier emprendimiento, Robert esperaba tener momentos estresantes. Semanas, o incluso un par de meses, de trabajo muy intenso son típicas en Silicon Valley. Casi todos los productos renombrados de tecnología que damos por sentados hoy en día, desde artículos como el iPhone y el Tesla Modelo X hasta plataformas de *software* como DoorDash y MasterClass, fueron construidos gracias a un compromiso extremo y horas periódicas de trabajo poco sano por parte de sus equipos centrales.

Pero esos períodos de intensidad no están diseñados para durar para siempre. Muchas compañías les piden a sus equipos que trabajen hasta tarde y también los fines de semana de vez en cuando si se acerca el momento de lanzar un producto o tienen una fecha de entrega específica. Sin embargo, en la compañía de Robert, parecía que la cultura de trabajo insostenible se había convertido en la nueva norma.

Eso nos sorprendió a ambos, pues, gracias a nuestro trabajo de *coaching* con los altos ejecutivos de la empresa, creímos que era una compañía que ponía valores como el del balance entre el trabajo y la vida en el centro de su cultura. Los miembros sénior del equipo estaban obligados a tomarse vacaciones para dar ejemplo al resto de la organización y comunicar que irse de vacaciones estaba bien. Ofrecían algunos de los mejores beneficios que el dinero podía comprar con respecto a la salud mental y el desarrollo de la carrera. Incluso habían contratado recientemente a un «jefe de cultura» que le reportaba al director ejecutivo.

Sin embargo, como parte del estudio que estábamos haciendo de un alto ejecutivo, Robert describió una organización tóxica que estaba llevando a su equipo al borde de la fatiga laboral. Cuando le informamos al director ejecutivo de esto, pareció sorprendido de verdad. Sí, tenían una cultura basada en la alta responsabilidad y el rendimiento, pero no quería dirigir a una compañía que evitara que sus empleados pasaran tiempo con sus hijos. Eso no se alineaba con sus valores personales.

Por desgracia, vemos eso todo el tiempo. Dependiendo del jefe de su organización, usted puede sentir que tiene una relación sana con el trabajo o una completamente tóxica. Los empleados fatigados que no están satisfaciendo ninguna de sus necesidades básicas están trabajando a menudo para gerentes sénior mal entrenados que presionan demasiado a sus equipos, buscando su propio avance en la compañía. De lo que no se dan cuenta esos gerentes intensos es que incluso si obtienen mejores resultados a corto plazo, es probable que con el tiempo el rendimiento sea cada vez peor.

Lo que es más sorprendente es con cuánta frecuencia el director ejecutivo no es consciente de esta dinámica. Aunque los directores ejecutivos bienintencionados puedan tener políticas que actúan para crear una cultura saludable, a menudo, y sin saberlo, están incentivando el mal comportamiento al premiar solo los resultados y no monitorear los indicadores de salud organizacional, como la retención de los empleados, la moral y el compromiso. Casi siempre, los gerentes sénior que ven que entregar resultados es la única manera de avanzar presionan demasiado y por mucho tiempo a su gente con tal de obtener beneficios.

Los directores ejecutivos que lideran desde el corazón evitan esta situación al pasar más tiempo con los pies en la tierra, en la organización, y viendo cómo están sus equipos. Se involucran de una forma muy profunda con los datos de las encuestas a los empleados. Y se toman muy en serio las quejas de las fechas de entrega innecesariamente agresivas o de las tácticas gerenciales abusivas. En donde hay una queja, por lo general hay muchos más empleados fatigados que están demasiado asustados como para hablar.

Después de ser consciente de estos problemas, el director ejecutivo de Robert hizo que la salud de los empleados fuera un tema en la agenda de la siguiente reunión del equipo ejecutivo. No iba a tolerar las fechas de entrega absurdas ni que los empleados estuvieran al borde de la fatiga laboral. Decidieron que la satisfacción general y la salud mental de los subordinados fueran dos de las métricas clave bajo las que los gerentes serían juzgados en sus reportes de rendimiento. El equipo ejecutivo también destinó recursos para apoyar el entrenamiento y los beneficios de la salud mental en toda la organización.

En situaciones como esta, lo que se requiere para encauzar de nuevo el barco es, a menudo, el liderazgo ejecutivo. Cuando la cultura de una compañía empieza a decaer, los líderes deben actuar rápido e implementar acciones decisivas. Los líderes construyen culturas que satisfagan una diversidad de necesidades al tener conversaciones por toda la organización, hablar con sus empleados, monitorear los datos de las encuestas de participación y asegurarse de que están optimizando la salud organizacional a largo plazo y no solo para los resultados empresariales a corto plazo.

EJERCICIO DE EQUIPO: LEVÁNTESE POR SUS NECESIDADES

Un ejercicio que siempre podemos hacer con los equipos para que las personas se sientan seguras nombrando sus necesidades es: 'Levántese por sus Necesidades'. Es tan simple que parece tonto, pero funciona.

Primero, le pedimos a todo el mundo que tome tres notas adhesivas de tres colores diferentes, quedando con nueve en total. Luego designamos un color para cada categoría de necesidad: física, emocional y del entorno. Les damos unos pocos ejemplos de cada categoría si no están familiarizados con el concepto. Después le pedimos a todo el mundo que escriba *una* necesidad importante o peculiar que tengan de cada categoría en una nota adhesiva.

Entonces el facilitador recolecta las notas y las pega por categoría en un tablero o pared. Intentan categorizarlas lo mejor que pueden, pero siempre hay algunas que son divertidas y no encajan.

Más adelante, el grupo se sienta en círculo y el facilitador pasa por cada una de las necesidades de las tres categorías y dice: «levántense si necesitan _____ para sentirse creativos, productivos o seguros». Pueden ser nueve horas de sueño. Cuatro comidas al día. Mucho apoyo emocional. Luz del sol directo en la cara. Cualquiera que sea la necesidad, se la comunica a su equipo tan solo levantándose. Y lo que pasa sin falta es que las personas empezarán a levantarse por necesidades que ni siquiera habían escrito. Pronto, lo que a alguien antes le parecía que era peculiar o raro, ahora tiene un pequeño grupo de partidarios. Una vez que se identifican esos temas, el facilitador anima a cada individuo a escoger una meta (o varias) en la que quiera trabajar en cada categoría. Se le recomienda al equipo de liderazgo que les preste atención a las necesidades populares que no se están satisfaciendo en la compañía en general. En las reuniones de equipo del futuro, las personas podrán reportar sobre su progreso en cuanto a satisfacer sus necesidades y el equipo de liderazgo podrá reportar sobre qué esfuerzos están haciendo por satisfacer las necesidades de la gente.

Lo que hace este ejercicio es crear una sensación de seguridad y comunidad en torno a las necesidades compartidas. Vemos que no estamos solos o equivocados por tener necesidades y, tan solo haciendo el ejercicio, aprendemos que ese es un lugar seguro para tener una conversación sobre ellas.

Haga que la gente se sienta segura al reconocer sus miedos

CANALIZANDO EL MIEDO PARA OBTENER RESULTADOS

El miedo es un poco como el vapor. Si intenta contenerlo, puede hacer que la tapa estalle. Entonces, tiene sentido que las compañías que no poseen normas sanas sobre hablar de los miedos terminen con una cantidad desmedida de estallidos.

El director ejecutivo de una compañía que tenía una cultura tóxica que solo iba a peor nos llamó para ver si podíamos ayudarlo a diagnosticar qué estaba sucediendo. Tenían una propiedad intelectual increíble y clientes muy leales, pero la compañía no había llegado a las cifras de ventas esperadas y estaba experimentando problemas con la segunda ronda de financiamiento. Como resultado, todo el mundo se estaba volviendo loco. Estaban atrapados en una espiral de muerte y el director ejecutivo sabía que se encontraban solo a meses de una caída libre irreversible. Si tan solo pudieran organizarse y enfocar su energía en una meta común, podrían reversar esa tendencia, obtener el financiamiento y vivir para luchar un día más.

En nuestra experiencia, cuando las cosas están *realmente* mal en una compañía, el miedo casi siempre es el culpable. El miedo a lo desconocido. El miedo al fracaso. El miedo a soltar algo. El miedo a no obtener un bono.

El problema del miedo es que se multiplica en las organizaciones. Nos sentimos más temerosos cuando percibimos el miedo en los demás. Y es incluso peor si es el jefe quien tiene miedo. Sin embargo, por alguna razón, nadie habla al respecto. Todos intentan esconder sus miedos y activan sus respuestas tóxicas ante este, como lo discutimos en el capítulo 2. Algunos se pelean. Otros se retiran. Otros huyen y se van a encontrar otros trabajos. Este director ejecutivo contaba con la mala suerte de tener una oficina llena de luchadores. Mercadeo estaba peleando con ventas. Producto estaba luchando con ingeniería. Y casi todos estaban batallando contra Recursos Humanos.

Cuando nos sentamos y nombramos el hecho de que su equipo estaba plagado de miedo debido a la incertidumbre del futuro de la compañía, él asintió. «Desearía poder decirles algo que aplacara la situación, pero no puedo mentirles. Nos quedaremos sin dinero en seis semanas. Tienen todas las razones para sentirse asustados».

Como líderes lidiando con el miedo, a menudo cometemos el error de pensar que nuestro trabajo es hacer que el miedo desaparezca, que la gente se sienta a salvo. Aunque eso puede ser verdad cuando el miedo es imaginario, como un niño que le teme al monstruo que está debajo de la cama, cuando el miedo está justificado, nuestro trabajo es ayudar a las personas a lidiar con él o, incluso mejor, a canalizar ese miedo para actuar.

Como quizás lo recuerde por el capítulo 2, un poco de miedo en un sistema es útil. Crea energía y urgencia. Puede impulsar debates animados. Pero demasiado miedo puede desencadenar respuestas negativas ante el mismo, como aquellas que demostraban los paladines de esta compañía.

Chip Conley, quien fue el fundador de Joie de Vivre Hotels y el jefe de hospitalidad de Airbnb y que ahora dirige la Modern Elder Academy, dice: «en especial durante los momentos difíciles, es esencial que los líderes sean transparentes y casi que comuniquen demasiado. Tienen que ayudar a su gente a saber qué está dentro de su esfera de influencia». De acuerdo con el consejo de Chip, Edward y el director ejecutivo diseñaron un plan para convocar una reunión general con todos los empleados para que este último pudiera referirse a la situación e intentar unificar al equipo alrededor de lo único que tenían en común en ese momento: el miedo. Era el momento de involucrar a la organización en una conversación que nombrara al miedo con transparencia e involucrara a todos en un esfuerzo coordinado para resolver los problemas de la compañía.

Primero, el director ejecutivo tuvo que construir un «contenedor» con su propia vulnerabilidad auténtica. Un contenedor es una sensación unificadora que viene de reconocer nuestras experiencias y responsabilidades compartidas. El contenedor deja a la gente con una sensación de que «sí, estamos en un momento jodido, pero estamos aquí juntos». El miedo que está oculto nos divide; el miedo que se comparte abiertamente nos une.

En la reunión, el director ejecutivo empezó compartiendo un poco sobre su camino personal en la compañía, desde que la fundó en el apartamento de Brooklyn que compartía con tres amigos durante sus veintes hasta la obtención de su primer cliente y la primera ronda de financiación. Contar esa historia ayudó a que todos se conectaran con el tiempo, la energía y el compromiso que él había demostrado a lo largo de diferentes períodos de profunda incertidumbre que los habían llevado tan lejos.

Luego reveló cuán asustado estaba de que todo eso fuera por nada. Que su madre y su novia estarían decepcionadas. Que su padre le diría: «le dije que no renunciara a ese trabajo en el banco». Que todas las personas que conocía lo verían fallar públicamente. Pero, sobre todo, que le fallaría a su equipo increíble, a las personas que le habían confiado a él su fe y su futuro.

Luego se quedó en silencio y miró alrededor del salón. Cada par de ojos lo miraba y muchos de ellos estaban llenos de lágrimas. Lo había dejado salir todo y ellos podían sentir cuán osado y vulnerable había sido. Había construido el contenedor.

Luego, en vez de lanzarse a decir un discurso inspirador, como todo el mundo lo esperaba, pasó a la segunda parte del plan, la cual involucraba pedirles a todos que caminaran por el salón y nombraran aquello a lo que más le tuvieran miedo. La reunión duró más de dos horas y casi toda la gente del salón contó su propia historia de compromiso y miedo. Una vez que hubieron puesto sus miedos sobre la mesa, estos ya no los dividían. En realidad, ahora eran esos miedos los que más los unían. Su miedo de no ser capaces de pagarse la maestría. Su miedo de decirles a sus hijos que no podían ir a Disney World. Su miedo de no poder pagar la cuota de la casa de retiro de sus madres. Cada persona de ese salón tenía una razón para sentirse asustada, lo que significaba que también tenía una razón para *luchar*.

Fue en ese punto que el director ejecutivo hizo una de las cosas a las que más le temía: pidió ayuda. «No los convoqué aquí para contarles que tengo una bola mágica y que he resuelto todos nuestros problemas. Los llamé aquí solo para decirles que no tengo todas las respuestas y que necesito su ayuda. Porque creo que hay una respuesta y que la respuesta está en este salón. Si vamos a superar esto, lo superaremos juntos».

En Hollywood, el coraje se ve con frecuencia como un soldado marchando hacia una batalla en contra de todos los pronósticos. En la vida real, a veces se ve como un fundador flaco, vestido con un *hoodie*, diciéndole a su equipo de ochenta personas que no tiene ni idea de qué hacer.

Aunque las intervenciones culturales como esas pueden fallar si se hacen mal, el impacto de esta intervención fue milagroso. Unidos por un miedo común y, por lo tanto, contra un enemigo común, el equipo se puso a trabajar para resolver el problema de ventas que el director ejecutivo había estado empeñado en resolver él mismo. Aunque no pueden decir que alcanzaron unos números impresionantes y lograron una heroica segunda ronda de financiamiento en cuestión de semanas, el equipo fue capaz de demostrar suficiente progreso en el mes siguiente como para crear un puente que les diera el tiempo necesario para resolver el problema definitivamente.

El miedo es taimado. Sabe que si usted decide ser vulnerable y habla al respecto, se disipa. Entonces lo convence de luchar, cerrarse o irse. Mata la comunicación y cría la desconfianza. Las compañías que incluyen el nombrar y discutir los miedos en su trabajo desde el principio no requieren de intervenciones dramáticas como la que acabamos de describir.

EJERCICIO DE EQUIPO: NOMBRAR SUS MIEDOS

Usamos varios ejercicios con equipos cuando el miedo está impactando el funcionamiento del equipo y de la organización. Usualmente empezamos enmarcando el miedo y los comportamientos resultantes que se están dando en la organización. A veces el *coach* o el facilitador puede identificar comportamientos disfuncionales gracias a entrevistas confidenciales. Las notas adhesivas se usan para pedirle a la gente que identifique los miedos que está experimentando y que están causando dinámicas de equipo disfuncionales. Una vez que los miembros del equipo hayan nombrado sus miedos, se recogen las notas adhesivas y se separan por tema usando las categorías de luchar, huir y congelarse que presentamos en el capítulo 2. Después de que las notas han sido divididas por categorías, los miembros del equipo empiezan a ver sus miedos comunes y pueden iniciar conversaciones con las personas con las que comparten miedos.

Después de nombrar y reconocer con honestidad los miedos que tienen en común, el grupo puede pasar a la resolución de problemas. Entonces agrupamos a las personas según las categorías de respuesta al miedo (luchar, huir, congelarse) y les pedimos que generen posibles soluciones. Luego esas soluciones se presentan ante el equipo más grande y se discuten los posibles siguientes pasos o los cambios que deben ocurrir en las interacciones de los equipos.

Aunque algunos de estos miedos son personales para los individuos, muchos de ellos vienen de acciones o inacciones del equipo de liderazgo. Con frecuencia se genera un nuevo conjunto de reglas de grupo o reglas de interacción para responsabilizar al grupo por sus nuevos comportamientos. Este es un ejercicio poderoso que puede resultar en un cambio radical para el equipo. Nombrar los miedos se vuelve un proceso catártico, pues impulsa a las personas a canalizar esos miedos y convertirlos en energía positiva que puede incrementar la efectividad del equipo.

YA NI SIQUIERA LO INTENTAMOS

Crear una cultura de confianza que tenga en cuenta la diversidad de los miedos es la base para construir una cultura como la que proponemos en *Liderando desde el corazón*. Cada equipo de liderazgo al que hemos entrenado ha tenido que lidiar con los problemas de confianza y miedo. Sabemos que los equipos que se caracterizan por tener altos niveles de confianza, y en los que se expresan abiertamente los miedos, tienen más probabilidades de rendir bien.

Lograr que los miembros del equipo se abran frente a sus colegas puede ser difícil, en especial cuando no hay una gran sensación de seguridad psicológica. *¿Y qué pasa si me juzgan? ¿Qué pasa si nadie más se abre? ¿Qué pasa si soy el único que se siente así?* Intentamos crear espacios seguros para estas conversaciones presentando el barómetro emocional con nuestras propias historias de vulnerabilidad y compartiendo retroalimentación anónima que nos ha dado el grupo antes de tiempo, pero de todas maneras es duro.

En el trabajo de John con María, la directora ejecutiva de una compañía de *software* de seguridad, él experimentó esta vulnerabilidad en acción. Había realizado entrevistas que trajeron a la superficie problemas con el equipo y el rendimiento de la compañía. Durante una reunión en la que él estaba discutiendo su resumen de las entrevistas con el equipo ejecutivo, Jenna, la vicepresidenta de Mercadeo, dejó caer una bomba de verdad: «mi equipo ya ni siquiera lo intenta porque sabemos que ustedes van a destrozar cualquier cosa que propongamos».

Lo que dijo cayó como una piedra, pero no se habían pronunciado palabras más audaces ni ciertas dentro de ese grupo en todo el día. Otras llegaron pronto. «¡Sí!». «Me sumo a eso». «Así nos sentimos nosotros también…». Jenna había estado preocupada por ser la única que afirmara eso, pero en realidad nombró aquella cosa importante que los demás estaban pensando, pero que nadie tenía la valentía de decir. Parecía que la compañía había caído en lo que llamamos «la cultura de la minuciosidad». A menudo, eso puede desembocar en sentimientos de desesperanza como los que Jenna estaba expresando.

Los estudios de lo que se conoce como desesperanza aprendida han demostrado que los animales que se someten a pequeños choques eléctricos aleatorios intentarán descifrar cómo evitar los choques al principio, pero eventualmente se rendirán y aceptarán su destino (para que quede claro, nos parece que los estudios como estos son antiéticos y perturbadores y no apoyamos ninguna forma de abuso animal con el fin de entender cómo funciona el cerebro). De alguna forma, nuestra revisión minuciosa constante de los empleados es similar a esos choques eléctricos aleatorios. Al principio, la falta de retroalimentación positiva y las revisiones minuciosas crearán un rendimiento más alto y mejores niveles de esfuerzo. «¡Les probaré que puedo hacerlo!» es la reacción prevalente. Pero cuando incluso después de un gran esfuerzo no hay ninguna felicitación, los empleados se rendirán con el tiempo. Su miedo a fracasar se convierte en apatía y el rendimiento cae en picada.

¿Cuántos gerentes de cargo medio, inteligentes y dedicados, han caído en este ciclo? Como lo aprendimos en el capítulo 2, cuando los empleados solo reciben retroalimentación negativa, pueden desencadenárseles las reacciones de miedo y lucha. Al principio lucharán más duro para probar que son buenos, pero solo recibirán más retroalimentación negativa y más revisiones minuciosas. Poco a poco se rendirán y los ejecutivos se mirarán unos a otros y dirán: «¿lo ven? Por eso es que tenemos que hacerlo todo nosotros. No podemos confiar en que nuestros vicepresidentes y directores hagan un trabajo de calidad».

Y ese es justo el *quid* de la cuestión. La cultura de miedo que crea mal rendimiento surge, a menudo, desde lo más alto. Los líderes que tienen miedo de fracasar se vuelven perfeccionistas, lo que los hace ser muy minuciosos en las revisiones del trabajo de sus subordinados. Este escrutinio constante desencadena el miedo en los subordinados, lo que al principio crea una respuesta de luchar para sobrevivir, pero luego hace que se rindan.

El miedo al fracaso es uno de los miedos más prominentes que vemos en los emprendimientos. Se siente que todo está en juego todos los días. Los fundadores piensan que un mal movimiento puede quebrar a la compañía, así que se pasan todo el tiempo apagando incendios.

¿Qué pasaría si, en lugar de pasarse todo el tiempo buscando qué está mal, los líderes invirtieran más tiempo buscando qué está bien? ¿Qué pasaría si notaran las pequeñas áreas del negocio que vale la pena tener como ejemplos de excelencia y éxito? ¿Qué pasaría si celebraran el fracaso como una oportunidad de aprendizaje?

La afirmación osada de Jenna frente a sus colegas desató una cascada de cambios. Desde entonces, los fundadores se han comprometido a hacer más preguntas y a dar menos órdenes. Todos los altos ejecutivos estuvieron de acuerdo con celebrar los pequeños triunfos y dar más retroalimentación positiva en general. Y el equipo de Jenna acordó que no se rendirían y que empezarían a hacer su mejor esfuerzo de nuevo.

Alejar la cultura del miedo y enfocarla en celebrar los éxitos y sentir curiosidad sobre los miedos requiere, por lo general, de que cada persona de la organización tenga ciertas conversaciones abiertas y duras y acepte nuevos compromisos para cambiar el curso. Estos cambios pueden ser dolorosos, pero valen mucho, mucho la pena.

EJERCICIO DE EQUIPO: MEDIR LA TEMPERATURA

Una manera más ligera y menos amenazadora de reconocer los miedos de las personas de su equipo es haciendo el ejercicio de Medir la Temperatura. Los equipos que crean el hábito de nombrar sus miedos casi nunca se ven paralizados o divididos por el temor. Una de las maneras más simples de desarrollar el hábito de nombrar los miedos es incluirlo en otros ejercicios: lo mismo que hacen los dueños de mascotas cuando les meten las medicinas dentro de la comida.

El ejercicio de Medir la Temperatura nos lo robamos de un retiro de hombres al que fue Edward en Gavilán, Nuevo México, hace más de veinte años. Nosotros hacemos una versión adaptada.

Al principio de cualquier reunión, el líder les hace a los participantes tres preguntas simples:

- ¿Por qué o por quién están agradecidos hoy?

- ¿Qué los preocupa?

- ¿Cuáles son sus esperanzas o deseos con respecto a esta reunión?

La pregunta 1 prepara a quienes atienden para que se sientan satisfechos y abundantes. La pregunta 2 les pide que nombren sus miedos y preocupaciones. Y la pregunta 3 les pide que fijen una intención. Es muy simple, pero muy efectivo. Solo toma de cinco a diez minutos y muchos de nuestros clientes usan este formato de forma religiosa y con muy buenos resultados.

Aprovechar los deseos fundamentales de las personas sin desviarlas

SURFEAR Y RESOLVER PROBLEMAS MATEMÁTICOS DIFÍCILES

En un día ventoso en Rincon Beach, un lugar legendario para surfear al sur de Santa Barbara, John observa el océano y capta un vistazo de Pete Muller, su cliente, que está impulsándose hacia una ola particularmente hermosa. Pete admite que no es ningún Kelly Slater, pero, considerando que es un ejecutivo financiero de más de cincuenta años, no lo hace nada mal.

Pete atrapa una ola más hasta la playa y se encuentra con John en su bungaló. Como parte de su *coaching*, John recibe con frecuencia a sus clientes en su casa de playa en Santa Cruz o los visita en sus hogares. Pasar unos cuantos días juntos, caminando por la playa y bebiéndose unos cuantos *gin & tonics* en el balcón, les permite tener conversaciones aún más profundas. Esta visita de fin de semana con Pete no será diferente.

«Wow, Pete, ¡eso fue genial! ¡No sabía que surfeaba tan bien! Es director ejecutivo de una compañía exitosa, cantante, esposo y padre de dos… y ahora, aparentemente, ¡también un buen surfista! ¿Cómo tiene energía para hacerlo todo?».

Pete es el director ejecutivo y fundador de PDT, uno de los fondos de cobertura cuantitativos más reconocidos. Aunque PDT no es un nombre conocido en las casas como el de Bridgewater, Pete lo prefiere así. La empresa le da resultados y tiene el respeto de aquellos que la conocen, así que eso es todo lo que le importa a Pete.

Pete sonríe mientras piensa en la pregunta de John. «Tener la libertad de hacerlo todo es justo lo que me da la energía para hacerlo todo», dice tras un instante. John asiente, pues sabe a qué se refiere.

Cuando cierra los ojos y piensa en un típico fondo de cobertura, quizás visualiza algo parecido al programa de televisión *Billions*. Mucho estrés. Horas interminables de trabajo. Traiciones. Ética cuestionable. Pero si entra a las oficinas de PDT, unas cuantas calles al sur de Columbus Circle, en Manhattan, se sentirá curiosamente relajado. Hay silencio. Colaboración. Contemplación. Ética intachable.

Trabajar en PDT es un sueño hecho realidad para cualquiera con un doctorado en matemáticas o física. Los empleados pueden trabajar en problemas duros, que son difíciles de resolver y en un ambiente que premia su curiosidad. No es sorprendente que la empresa reciba miles de aplicaciones para cada vacante que abre. Pete es un aprendiz ávido que se enfoca sin cansancio en el mejoramiento personal y uno puede ver esa actitud en la cultura de la empresa.

Al describir qué diferencia a PDT de otras compañías, Pete responde sin ninguna duda: «es la cultura, John. En PDT, dejamos que las personas más inteligentes del mundo trabajen en problemas que les interesan en un ambiente que los hace sentir seguros a la hora de arriesgarse».

Como lo exploramos en «el Laboratorio» del capítulo 3, la curiosidad y el aprendizaje son motivadores enormes para mucha gente. Si quiere aprovecharse de la potencia intelectual de algunas personas brillantes, manténgalas enganchadas a retos con problemas interesantes de resolver.

Pete se dio cuenta de esto muy pronto gracias a su propia experiencia. Se sentía más feliz cuando estaba aprendiendo algo nuevo sobre sus pasiones, ya fuera surfeando, escribiendo canciones o invirtiendo. Fundó PDT Partners en 1993 como parte de la división de inversiones de Morgan Stanley y la compañía se hizo independiente en el 2013. Desde entonces ha escalado PDT al contratar a personas brillantes y curiosas con trasfondos académicos de ciencia cuantitativa.

Cuando uno habla con Pete, queda claro que quiere asegurarse de que las personas estén en los roles donde puedan estar motivadas por las cosas en las que son naturalmente buenas y en donde puedan encontrar satisfacción. Pete cumple con lo que dice. Sus momentos más creativos suceden cuando está balanceando todas las cosas que ama hacer: resolver problemas, escribir y cantar música, surfear y ser un padre y un esposo.

Se puede ver la cultura de PDT en acción cuando Pete habla sobre lo que motiva a la gente en la organización: «aman resolver problemas difíciles y todos sienten curiosidad por aprender. Oh, y también se ganan unos salarios decentes en el proceso». Pete está en su zona cuando está conectándose con los deseos y las necesidades de sus empleados.

Pete se ilumina cuando habla sobre la importancia de apoyar el crecimiento, el aprendizaje y el desarrollo de su equipo. Una de las cosas que busca en las personas es un deseo por resolver problemas de formas diferentes. Dice: «aprendo mucho de las personas por las preguntas que hacen y por las suposiciones que retan».

A medida que pasa el tiempo y que las personas han estado en sus roles durante un periodo, Pete vuelve a la pregunta de: «¿qué está motivando a esta persona *ahora*?». Cree que uno no puede asumir que las motivaciones y los deseos sean estáticos, pues las personas y las circunstancias cambian.

Cuando los empleados demuestran cambios notables de comportamiento y el rendimiento baja, Pete adopta su rol de *coach* y tiene una conversación que llega hasta el problema motivacional de base. Para Pete, estas conversaciones son una oportunidad para resetear las expectativas y para descifrar en dónde se encuentran las personas ahora, ya que no le gusta asumir que lo que motivaba a la gente antes es lo que aún es vital para ellos.

PDT ha construido una cultura que refleja los deseos motivacionales de su director ejecutivo. Pete está en su mejor momento cuando está haciendo las cosas que ama hacer. Aplica esto a sus empleados y gestiona el rendimiento basándose en la suposición de que si la gente está haciendo lo que ama, la organización prosperará.

Y sí que prospera.

EJERCICIO DE EQUIPO: ¿QUÉ ES LO QUE *REALMENTE* QUIERE?

Tony Robbins, el gurú de la autoayuda, es reconocido por animar a las personas a responder la pregunta: «¿qué es lo que *realmente* quiere?». Es bastante provocativa, si piensa en ella, porque a menudo no nos damos permiso de pensar en grande o de explorar nuestros deseos. Y lo que es cierto es que no nos permitimos expresar esos deseos en un escenario público. Crear una cultura en la que la gente se sienta cómoda hablando sobre lo que quiere en realidad requiere de coraje y paciencia.

Nuestro ejercicio para hacer que las personas piensen y hablen sobre sus deseos más profundos es bastante simple: ¿cuáles eran sus sueños de la infancia? De niños, nuestros sueños y deseos no conocían límites y tenían poco que ver con el ego. Eran, al mismo tiempo, extraordinarios e inocentes.

En reuniones externas, cuando sentamos a los ejecutivos en un círculo y les pedimos que hablen sobre sus sueños de la infancia, comparten una parte brillante y optimista de ellos mismos que la racionalidad de la adultez puede haber aplacado.

- ¿Querían ser famosos o reconocidos? ¿Por qué?

- ¿Querían ayudar a la gente? ¿A quiénes?

- ¿Querían ganarse premios o competencias? ¿Cuáles?

- ¿Querían estar «en el club»? ¿De quién?

- ¿Querían aprender o viajar? ¿Qué cosa y a dónde?

- ¿Querían aprender más? ¿Sobre qué?

Conocernos unos a otros a ese nivel desbloquea un entendimiento único de lo que realmente nos impulsa, lo que nos obliga a hacer lo que hacemos y en qué nos hemos rendido ya.

Asegurarse de que las demás personas expresan sus dones y no se marchitan

TRABAJAR EN NUESTRA ZONA DE GENIALIDAD

Como lo hablamos en el capítulo 4, todos tenemos dones especiales. Todos tenemos una habilidad natural que nació gracias a algún interés o experiencia temprana, ya fuera positiva o negativa. Y cuando estamos haciendo esa cosa, se siente fácil para nosotros, mientras que a otros puede parecerles extraordinario. Esto es lo que la gente llama «su zona de genialidad». En nuestra experiencia, las compañías que logran grandes resultados han diseñado sus culturas para que se centren en ayudar a que tantas personas como sea posible operen en su zona de genialidad. Sin embargo, a menudo es una meta difícil de alcanzar porque muy pocas personas están conscientes de sus dones o, si lo están, no los expresan.

Una compañía con la que tenemos una larga relación de *coaching* acudió a nosotros hace poco, pidiéndonos que le ayudáramos a su equipo a desbloquear más de los dones de las personas. Su propósito como compañía es ayudar a todos alrededor del mundo a acceder a su verdadero potencial, así que es lógico que quieran que todos dentro de la empresa estén trabajando también dentro de la «zona de genialidad».

El problema es que es muy difícil hacerlo a esa escala. Existen revisiones personales que pueden ayudar a las personas a descubrir sus fortalezas al responder un grupo de preguntas, pero esas pueden sentirse un poco como tareas de «¿qué trabajo debería conseguir después de graduarse?» (a Edward le dijeron que debería ser un bombero).

Preferimos los ejercicios que ayuden a las personas a verse a sí mismas a través de los ojos y las experiencias de sus colegas, amigos y pares. En esta compañía y en muchas otras empresas con las que trabajamos, esto se ve como un 360 formal con todos los ejecutivos. En este proceso, recolectamos retroalimentación sobre cada ejecutivo de seis u ocho colegas y comparamos la retroalimentación general con su propia autoevaluación. Con frecuencia encontramos que los ejecutivos se juzgan a sí mismos con dureza en áreas clave en las que la retroalimentación dice que son bastante fuertes. A estas las llamamos fortalezas no expresadas y casi siempre apuntan hacia donde están los verdaderos dones de los líderes.

Es una cosa empezar a ser consciente de sus dones y otra diferente es sentir que esos dones se valoran. Mucho de nuestro trabajo en esta compañía se ha centrado en ayudar a facilitar conversaciones entre el equipo ejecutivo y sus subordinados directos, vicepresidentes y directores. Como lo hemos mencionado bastante en el libro, esta es una interfaz crítica que acaba con muchas compañías. Los equipos ejecutivos que no reconocen y honran los dones del siguiente nivel de líderes crean una cultura en la que esos líderes no honran los dones de sus subordinados y así sucesivamente en todas las capas de la empresa.

Por lo general, el proceso de 360 es uno privado. Las personas reciben su retroalimentación y trabajan en sus áreas de desarrollo con un *coach* o de la mano de su supervisor. Con esta compañía, decidimos pedirles que fueran un poco vulnerables y que compartieran la retroalimentación de sus 360 en reuniones con todos los ejecutivos y vicepresidentes presentes. Pero en lugar de concentrarse en compartir toda la retroalimentación constructiva, les indicamos que compartieran solo la retroalimentación *positiva*. Pararse frente a un salón de colegas y compartir una estrategia que usted ha desarrollado puede ser terrorífico. Pero pararse frente a ellos y hablar de cuán genial es usted es algo completamente diferente.

La buena noticia es que de verdad funciona. Después de pasar toda una tarde escuchando la retroalimentación que cada miembro del equipo recibió sobre sus dones y fortalezas, el equipo empezó a verse bajo una nueva luz. Tenían una mejor idea de a quién podían acudir con ciertos tipos de peticiones. Comenzaron a verse unos a otros como *recursos* y no solo como colegas.

A cada persona del salón se le indicó que hiciera el mismo ejercicio con sus equipos y el programa empezó a escalar. En pocos meses, casi todos los de la compañía habían tenido la posibilidad de «reclamar sus dones» frente a sus equipos. Recibimos reportes de que la experiencia fue energizante y capaz de crear lazos fuertes. Unas pocas personas incluso cambiaron de rol cuando les quedó claro que tenían dones que no estaban utilizando al máximo.

EJERCICIO DE EQUIPO: EL CÍRCULO DEL RECONOCIMIENTO

El ejercicio que describimos antes requiere de bastante compromiso y de mucho tiempo para poder hacerse bien. Necesita hacer 360, consolidar la retroalimentación, etc. Un ejercicio mucho más simple que hemos hecho docenas de veces se llama el Círculo del Reconocimiento. En esencia, escoge a una persona de un equipo y la pone en medio de un círculo de colegas. Durante unos dos minutos, todos los del círculo comparten felicitaciones o halagos para esa persona. «Es muy valiente. Es resiliente. Es graciosa. Tiene muy buenas ideas».

La persona que está en medio mira a quien esté hablando y acepta aquello viéndolo a los ojos. Si tiene más tiempo, las personas pueden compartir pequeñas historias de momentos específicos en los que ese individuo hizo algo espectacular. Es importante recordar que esto no se trata de halagos vacíos o de jactarse. El reconocimiento que se comparte debe ser sobre perspectivas clave de la persona, no sobre la manera en la que se viste. Y no es una competencia de quién cuenta la historia más graciosa.

Si quiere elevar el nivel, después de darles reconocimiento, regálele a cada persona que esté en el medio una ovación de pie de treinta segundos también. No hay nada como ser reconocido y halagado de una manera tan espectacular.

Priorizar los valores y el propósito por encima de todo lo demás

NOS ALEJAMOS DEMASIADO DE LAS MEDIAS

Una característica fundamental de las culturas que describimos en *Liderando desde el corazón* es que ubican el propósito y los valores por encima de todo lo demás, incluyendo las ganancias y la política interna. Esto es difícil de sostener para un líder, pues demasiado a menudo sienten presión por comprometer los valores para mejorar las ganancias a corto plazo… solo para arrepentirse después.

En nuestro trabajo con Dave Heath, el director ejecutivo de Bombas (¿recuerda al «jardinero» que conoció en la introducción?), las conversaciones volvían con frecuencia a este balance entre el propósito y las ganancias. Quizás recuerde que Bombas es una compañía de ropa que por cada par de medias, ropa interior o camiseta que vende, dona un artículo similar a refugios de personas sin hogar. Muchos empleados de Bombas llevan medias y camisetas extra en sus mochilas para regalárselas a personas sin hogar que puedan encontrarse en las calles de Nueva York.

En una charla de *coaching* con Edward alrededor de Union Square en Nueva York, Dave le compartió que Bombas había experimentado un crecimiento tremendo, con cientos de millones de dólares anuales de ganancias. «Las cosas han estado saliendo genial, como lo sabe, pero para continuar creciendo, debemos diversificar nuestra oferta de productos. Siempre estaremos centrados en el negocio de las medias, pero qué haremos a continuación es la pregunta del millón de dólares... literalmente. Y estamos teniendo muchas dificultades para tomar esa decisión».

Edward lo escuchó con atención, pues jamás había visto a Dave tan desesperado. Dave procedió a discutir cómo le había pedido al equipo de diseño, en los últimos seis meses, que diseñara una colección de productos nuevos. Introducir productos nuevos que los clientes puedan comprar como adición a su colección central de medias ha sido una meta estratégica desde hace mucho tiempo para Bombas.

Dave acababa de salir de una reunión en la que su equipo de producto le había enseñado por primera vez los diseños para algunas nuevas categorías y estaba muy emocionado. «Estos nuevos productos son fantásticos... los colores son increíbles. El equipo ha hecho un muy buen trabajo hasta este punto. Estoy muy orgulloso de ellos», dijo con ese entusiasmo contagioso típico de él. Pero luego se distrajo, mirando hacia arriba y examinando los árboles. Después de unos segundos perdido en sus pensamientos, se frotó el rostro y suspiró. «Pero ¿acaso deberíamos introducir esos nuevos productos? No estoy seguro de que sea lo correcto para la compañía».

Dave sabía que el crecimiento a largo plazo solo sucedería con el lanzamiento de esos productos. Es algo básico que se aprende sobre cómo construir y escalar una compañía. Pero luego Dave procedió a contar la historia de una conversación que había tenido con algunos de sus empleados, quienes lo hicieron reflexionar sobre el hecho de que desarrollar todos esos productos nuevos no estaba alineado con los valores y el propósito fundamental de Bombas. Sus empleados le señalaron que ciertos artículos no eran los que las personas sin hogar necesitaban o pedían. «Introducir algunos de esos productos nuevos nos alejaría de nuestros valores básicos y de la razón por la que inicialmente creamos la compañía», le dijeron.

Esta retroalimentación de sus empleados tuvo un impacto real en él. Estaba dividido porque ya había invertido más de un millón de dólares desarrollando esa nueva línea de productos. Habían contratado a nuevos diseñadores para llevar más experiencia al proceso. ¿Cómo podía quedarles mal? Un millón de dólares era mucho dinero que desperdiciar.

El estrés que sentía por lidiar con este asunto lo estaba haciendo perder horas de sueño. Como director ejecutivo de la compañía, usted siempre tendrá prioridades y obligaciones que compitan entre ellas. Hay varias partes que se merecen su lealtad y su dedicación: su equipo, sus inversionistas, sus cofundadores, sus clientes y, en el caso de una corporación de bien social como Bombas (son una Corporación B certificada), la comunidad a la que le sirve.

A menudo, las soluciones obvias nos hacen sentir como que nos están forzando a escoger entre nuestros diversos constituyentes. «A veces tenemos que hacer elecciones difíciles», decimos nosotros. Y aunque las decisiones difíciles son parte de la vida, las soluciones menos obvias pueden ser, con frecuencia, soluciones en las que se gana en todos los sentidos. Casi siempre hay un camino que es bueno para las ganancias *y* para el propósito.

Los instintos de Dave le decían que eso era verdad y que avanzar con el plan de los productos nuevos, tal como estaba concebido en ese momento, era poner las ganancias por encima del propósito. También tenía la sensación de que enfocarse en ganar en pocas categorías de producto era un negocio igual de bueno.

A medida que siguieron caminando entre los árboles primaverales de Union Square, Dave rememoró por qué fundó la compañía en primer lugar y se recordó a sí mismo la importancia de ayudar a las personas sin hogar. Como un recordatorio, las medias son el artículo de ropa más pedido por los refugios para personas sin hogar. La ropa interior y la camisetas son el número dos y tres, respectivamente. Los otros productos que estaba considerando no se encontraban ni entre los primeros diez.

Recordándose estos hechos, Dave vio con claridad que las medias, la ropa interior y las camisetas encajaban con la misión y el propósito de la organización y también los ayudarían a tener un mayor enfoque operativo. Era una decisión con la que se ganaba en cualquier escenario.

Edward continuó guiando a Dave sobre el mensaje que se necesitaba para comunicar el cambio en la estrategia. Con todo el tiempo y el esfuerzo que se habían invertido los equipos de diseño y mercadeo, esta decisión iba a ser difícil de comunicar. Aunque los diseñadores se molestaron y al principio retaron la decisión, Dave se mantuvo firme y después de que explicó el *porqué* de esa decisión, las personas empezaron a comprenderla.

Construir una compañía con una cultura impulsada por el propósito es difícil. Como Dave lo entendió, quedarse estancado en el miedo de perder participación de mercado o desviarse por el deseo de ganar a toda costa puede hacer complicado que el propósito se mantenga en el centro. Cuando sucumbimos a esos miedos y deseos, podremos tener ganancias a corto plazo, pero perdemos de vista las consecuencias a largo plazo.

Aunque esta decisión fue difícil de tomar para Dave, a la larga, tanto los clientes como los empleados la respetaron. La decisión hizo que Dave y el equipo de liderazgo repensaran su proceso de innovación de producto para asegurarse de que desarrollaran productos que encajaran con sus valores fundamentales como organización y que les sirvieran a su comunidad de beneficiarios.

Cuando las compañías se desvían de sus principios centrales, eso puede impactar la lealtad tanto de los clientes como de los empleados. Nosotros, sus coautores, compramos medias de Bombas y se las regalamos a todos nuestros *coaches* y clientes no solo porque son muy buenas medias, sino porque Bombas es una compañía que pone primero el propósito y ayuda a aquellos que lo necesitan.

Amamos este ejemplo de Bombas porque Dave y sus ejecutivos tomaron decisiones que se sentían arriesgadas en el momento y mantuvieron su propósito y sus valores como pilares centrales de su trabajo. Nos alegra reportar que, dieciocho meses después, están recolectando las recompensas tanto en sus ganancias como en su cultura.

EJERCICIO DE EQUIPO: ESCRIBA SU OBITUARIO

Crear una organización enfocada en el propósito requiere que todo el mundo en la compañía esté en contacto con su propio sentido del propósito. Como lo discutimos en el capítulo 5, existen varias maneras en las que podemos ir más profundo para sacar ese sentido del propósito no expresado que tenemos dentro. Una forma sencilla que puede haber visto antes es la de pedirles a todos que escriban sus propios obituarios y que los compartan en una reunión de la compañía.

Este ejercicio simple logra dos cosas al mismo tiempo:

1. Ayuda a la gente a ponerse en contacto con sus prioridades. ¿Qué valores tienen? ¿Qué relaciones son más importantes? ¿A qué comunidades quieren servir?

2. Les ayuda a los equipos a aprender cosas unos de otros, cosas que de otra manera no tendrían la oportunidad de explorar. Cuando escuchamos cómo quiere ser recordado un colega, lo vemos a través de un lente de propósito y de servicio y no solo como el tipo molesto que jamás responde a nuestros mensajes de Slack a tiempo.

Si su compañía es demasiado grande o si sencillamente es poco práctico que todo el mundo le lea su obituario a los demás, divida a la compañía en equipos de diez o doce personas. Todo el ejercicio les tomará alrededor de una hora y es muy iluminador.

CONCLUSIONES DEL CAPÍTULO 6

- Las compañías que tienen una cultura como la que describimos en *Liderando desde el corazón* toman decisiones intencionales para integrar las necesidades, miedos, deseos, dones y sentido del propósito de los empleados con la forma en la que trabajan.

- Los líderes son los modelos de comportamientos positivos y negativos que se traspasan día a día hacia la organización y crean las normas culturales.

- El miedo al cambio puede envenenar la cultura y evitar que las compañías acepten los tipos exactos de dones que necesitan para transformarse y prosperar de nuevo.

- Las compañías que olvidan su propósito o no logran ver cómo su propósito ha evolucionado corren el riesgo de estar fuera de sintonía con sus empleados y clientes.

IDEAS PARA INICIAR CONVERSACIONES

1. ¿Qué pasos con propósito está dando dentro de su compañía para impulsar la curiosidad y las conversaciones de las que hablamos en *Liderando desde el corazón* dentro de su cultura?

2. ¿Qué sería diferente en su cultura si todos en la compañía estuvieran monitoreando constantemente qué tan bien se están satisfaciendo las necesidades de sus colegas, qué tan activados están por los temores y qué tanto los están desviando sus deseos?

3. ¿De qué manera está afectando el miedo la forma en la que su compañía acepta los dones de las nuevas personas que pueden ayudar a que la empresa prospere?

4. ¿Qué sería diferente para nosotros como compañía si todos estuviéramos usando nuestros dones y operando desde la zona de genialidad? ¿Cómo podemos ayudar a la gente para que llegue allí?

5. ¿Cómo sabría si su compañía estuviera confundida con respecto a su propósito? ¿Quién es la persona que mantiene firme el propósito en la empresa? ¿Todos están de acuerdo con el propósito, incluyendo a sus clientes?

CONCLUSIÓN

EL RETO DE LIDERAR DESDE EL CORAZÓN

Con este libro, esperamos que haya aprendido lo que se necesita para liderar desde el corazón. Empezamos con la noción controversial de que el liderazgo excepcional se trata menos de fórmulas baratas, listas de trucos o ideas anticuadas de presencia y más sobre tener conversaciones poderosas que creen relaciones resilientes con las personas a las que lideramos.

Intentamos ayudarlo a ver que aprender a liderar desde el corazón comienza por desarrollar su propia consciencia sobre usted mismo: *sus* necesidades, *sus* miedos, *sus* deseos, etc. Los líderes que no tienen un entendimiento exquisito y una buena relación con ellos mismos jamás pueden aspirar a tener conversaciones que desbloqueen la creatividad, el propósito y los resultados con sus equipos. La empatía empieza desde la consciencia. Entonces, si pasó rápido por las preguntas de discusión de cada capítulo, es momento de devolverse para contestarlas. Lo retamos a que lo haga ahora mismo. Después de todo, liderar desde el corazón es un proceso, no una fórmula.

Una vez que haya respondido las preguntas de *Liderando desde el corazón*, lo retamos a que dé el siguiente paso y les proponga a sus equipos conversaciones basadas en esas preguntas. Incluimos ejercicios de equipo a lo largo del último capítulo, pero es probable que usted se invente formas incluso mejores de propiciar esas conversaciones. Lo importante no es hacer los ejercicios de una manera precisa y correcta, sino tener las conversaciones.

El líder que construye una gran compañía está adaptándose todo el tiempo a cambios tanto externos como internos. La pandemia nos planteó retos de liderazgo que la mayoría de nosotros jamás habíamos visto antes. ¿Cómo trabajamos remotamente de una manera efectiva? ¿Cómo fomentamos la interacción entre los empleados si no están juntos? ¿Como usaremos el espacio de la oficina en el futuro? ¿Cómo lidiamos con las diferencias políticas que ahora se expresan de una forma más abierta?

Esas conversaciones que planteamos en *Liderando desde el corazón* les dan a los líderes el marco necesario para examinarse a ellos mismos, a sus equipos y a sus culturas de una manera permanente mientras aprenden a adaptarse a las nuevas realidades, contextos y paisajes competitivos. Cada una de esas conversaciones puede darle la base necesaria para llegar a unas perspectivas, reflexiones y cambios significativos. Dave Heath aprendió a incorporar las conversaciones en su proceso diario de gerencia y liderazgo. El jardinero atento siempre está pendiente de todo. Recuerde: la rosa damascena puede necesitar más agua, la rosa de Julieta puede necesitar más luz y el grupo de bellezas negras un poco más de fertilizante.

Las organizaciones prósperas se retan a sí mismas todo el tiempo para ser mejores. El marco de *Liderando desde el corazón* sugiere una interacción constante entre la consciencia del líder y su habilidad para mantenerse abierto y curioso con respecto a sus equipos. Esta curiosidad y la voluntad constante de aprender propician descubrimientos que mejoran los equipos y las culturas organizacionales.

Nuestro reto para usted es que profundice con las preguntas y empiece a andar por el camino del autodescubrimiento. Puede sorprenderse por cómo tener un conocimiento perspicaz sobre sí mismo le abre el corazón y los ojos a la bondad, los dones y el potencial inherentes que hay dentro de las demás personas.

AGRADECIMIENTOS

Este libro no habría sido posible sin la paciencia infinita, el ánimo amoroso, las perspectivas penetrantes y la honestidad brutal de algunos individuos.

Antes de que siquiera nos centráramos en un concepto, Tom Chavez nos presentó muy amablemente a Jim Levine, el mejor agente de libros de negocios que existe en el mercado, quien, para nuestra sorpresa, nos aceptó como clientes. Poco después, la dinámica de madre-hijo de Sam y Andrew Horn nos ayudó a recortar una tremenda pila de ideas y a convertirlas en un concepto coherente y en una propuesta de libro.

Entrando a la fase de investigación y redacción del proyecto, una cantidad de individuos generosos nos guiaron sobre cómo aproximarnos a la escritura del libro, nos dieron ideas valiosas sobre el marco y nos presentaron a otras personas muy inteligentes: Safi Bahcall, Erik Dane, Adam Grant, Esther Perel y Thomas Wedell-Wedellsborg.

Una legión de clientes y amigos se tomaron el tiempo de sentarse con nosotros para hablar sobre sus compañías y darnos sus perspectivas sobre el liderazgo: Valerie Ashby, Michele Bolton, Tom Chavez, Chip Conley, Erik Dance, Sumbul Desai, Joe DeSimone, Didier Elzinga, Jessica Encell Coleman, David Goldberg, Ariane Goldman, Dave Heath, Lee Hnetinka, Jeff Huber, Saeju Jeong, John Kotter, Mike Maples, Trevor Martin, Justin McLeod, Fazal Merchant, Pete Muller, Betsy Nabel, Jonathan Neman, Matt Oppenheimer, David Rogier, Jon Rubinstein, Tomi Ryba, John Whitmore, Melody Wilding, Mark Williamson y Tony Xu.

Varios amigos, familiares y colegas nos han ayudado con la edición, ideación, inspiración, apoyo moral, cafés y vinos a lo largo de los años: Priscilla Babb, Stephanie Bagley, Andy Ellwood, Phil Eichenauer, Keith Ferrazzi, Daniele Ferreira da Silva, Jonathan Gass, Susan Hwang, Colleen Jansen, Amy Jin, Elizabeth Kurfess, Sharon Loeschen, Ryan Mullins,

Jorge y Yolanda Rueda, Ginger Sledge, Peter Smith y la doctora Ann Williams. A John le gustaría agradecerle en particular a su esposa, Susan, y a sus hijos, Ryann, Josh y Julie, por su amor y apoyo continuos.

Nos gustaría hacerle una mención especial a nuestro equipo de Velocity Group (Maggie Adams, Kremi Arabadjieva y Lana Le Joe) por ayudarnos a tener tiempo para sentarnos y escribir este libro mientras liderábamos un negocio de *coaching* que crecía explosivamente. Y a Sherry Spangler por su manejo de proyecto, coordinación y atención meticulosa a los detalles en la edición y etapas finales de este manuscrito.

Y, para terminar, nos gustaría agradecerles a dos personas sin cuyo *coaching* audaz y esclarecedor y sin cuya edición este libro jamás habría visto la luz del día: las mejores editoras del mundo, Trish Hall, quien nos ayudó a encontrar nuestra voz, y Hollis Heimbouch, quien básicamente nos enseñó cómo escribir un libro y nos impulsó a que alcanzáramos la excelencia y escribiéramos desde el corazón en cada paso del camino.

NOTAS

Introducción:

- Jim Harter, *U.S. Employee Engagement Holds Steady in First Half of 2021*, Gallup Workplace, julio 29, 2021, https://www.gallup.com/workplace/352949/employee-engagement-holds-steady-first-half-2021.aspx.
- *Survey: 84 Percent of U.S. Workers Blame Bad Managers for Creating Unnecessary Stress*, Society for Human Resource Management, agosto 12, 2020, https://www.shrm.org/about-shrm/press-room/press-releases/pages/survey-84-percent-of-us-workers-blame-bad-managers-for-creating-unnecessary-stress-.aspx.
- Phil Rosenzweig, *The Halo Effect* (Nueva York: Simon & Schuster, 2007).

Capítulo 1: ¿qué necesita para estar en su máximo potencial?

- Douglas T. Kenrick *et al.*, *Renovating the Pyramid of Needs: Contemporary Extensions Built on Ancient Foundations*, Perspectives on Psychological Science 5, N3 (mayo, 2010): 292–314, https://www.ncbi.nlm.nih.gov/pmc/articles/PMC3161123/.
- Michael Babyak *et al.*, *Exercise Treatment for Major Depression: Maintenance of Therapeutic Benefit at 10 Months*, Psychosomatic Medicine 62 (2000): 633–38, https://www.madinamerica.com/wp-content/uploads/2011/12/Exercise%20treatment%20for%20major%20depression.pdf.
- Jon Kabat-Zinn *et al.*, *Effectiveness of a Meditation- based Stress Reduction Program in the Treatment of Anxiety Disorders*, American Psychiatry Journal 149, N7 (julio, 1992): 936–43, https://pubmed.ncbi.nlm.nih.gov/1609875/.
- Britta K. Hölzel *et al.*, *How Does Mindfulness Meditation Work? Proposing Mechanisms of Action From a Conceptual and Neural Perspective*, Perspectives on Psychological Science 6, N6 (2011): 537–59, https://uihc.org/sites/default/files/documents/how_does_mindfulness_meditation_work_-_proposing_mechanisms_of_action_from_a_conceptual_and_neural_perspective.pdf.
- Melissa Myers, *Improving Military Resilience through Mindfulness Training*, USAMRMC Public Relations, junio 1, 2015, https://hypnosishealthinfo.com/wp-content/uploads/2016/08/U.S.-Army-Medical-Research-and-Materiel-Command-June-2015.pdf.
- Michael A. Freeman *et al.*, *Are Entrepreneurs 'Touched with Fire'?*, abril 17, 2015, https://michaelafreemanmd.com/Research_files/Are%20Entrepreneurs%20Touched%20with%20Fire%20(pre-pub%20n)%204-17-15.pdf.
- Robert Kegan y Lisa Laskow Lahey, *Immunity to Change: How to Overcome It and Unlock the Potential in Yourself and Your Organization* (Boston: Harvard Business Review Press, 2009).
- Safi Bahcall, entrevistada por Edward Sullivan, octubre 7, 2020.
- Aaron De Smet *et al.*, *Psychological Safety and the Critical Role of Leadership Development*, McKinsey & Company, febrero 11, 2021, https://www.mckinsey.com/business-functions/organization/our-insights/psychological-safety-and-the-critical-role-of-leadership-development.
- Amy C. Edmondson, *The Fearless Organization* (Nueva York: John Wiley & Sons, 2018).

- Amy C. Edmondson, *The Competitive Imperative of Learning*, Harvard Business Review 86, N7/8 (julio-agosto, 2008): 60–67, https://hbr.org/2008/07/the-competitive-imperative-of-learning.
- Paul J. Zak, *The Neuroscience of Trust*, Harvard Business Review, enero-febrero, 2017, https://hbr.org/2017/01/the-neuroscience-of-trust.
- Robert Cialdini, *Influence: The Psychology of Persuasion* (Nueva York: HarperCollins, 2007).
- Amna Riaz, Umar Shoaib y Muhammad Shahzad Sarfraz, *Workplace Design and Employee's Performance and Health in Software Industry of Pakistan,* International Journal of Advanced Computer Science and Applications 8, N5 (2017), 542–48, https://thesai.org/Downloads/Volume8No5/Paper_67-Workplace_Design_and_Employee's_Performance.pdf.
- Kathryn E. Schertz y Marc G. Berman, *Understanding Nature and Its Cognitive Benefits*, Current Directions in Psychological Science 28, N5 (octubre, 2019): 496–502, https://journals.sagepub.com/doi/full/10.1177/0963721419854100.
- Kate E. Lee et al., *40-Second Green Roof Views Sustain Attention: The Role of Micro-breaks in Attention Restoration*, Journal of Environmental Psychology 42 (junio, 2015): 182–89, https://www.sciencedirect.com/science/article/abs/pii/S0272494415000328.
- John M. Zelenski, Raelyne L. Dopko y Colin A. Capaldi, *Cooperation Is in Our Nature: Nature Exposure May Promote Cooperative and Environmentally Sustainable Behavior*, Journal of Environmental Psychology 42 (junio, 2015): 24–31, https://www.sciencedirect.com/science/article/pii/S0272494415000195.
- Jeanne C. Meister, *The #1 Office Perk? Natural Light*, Harvard Business Review, septiembre 3, 2018, https://hbr.org/2018/09/the-1-office-perk-natural-light.
- Jeanne C. Meister, *Survey: What Employees Want Most from Their Workspaces*, Harvard Business Review, agosto 26, 2019, https://hbr.org/2019/08/survey-what-employees-want-most-from-their-workspaces.
- Thomas Allen y Gunter Henn, *The Organization and Architecture of Innovation* (Nueva York: Routledge, 2007). Ben Waber, Jennifer Magnolfi y Greg Lindsay, *Workspaces That Move People*, Harvard Business Review, octubre, 2014, https://hbr.org/2014/10/workspaces-that-move-people.
- *First Look: Google's New HQ Is Engineered for Creative Collisions,* Building Design & Construction, febrero 25, 2013, https://www.bdcnetwork.com/first-look-googles-new-hq-engineered-creative-collisions.
- Stephen C. Van Hedger *et al., Of Cricket Chirps and Car Horns: The Effect of Nature Sounds on Cognitive Performance*, Psychonomic Bulletin & Review, 26 (octubre, 2018): 522–30, https://link.springer.com/article/10.3758/s13423-018-1539-1.
- Megan Cerullo, *Most Americans Check In at Work Even While on Vacation, LinkedIn Survey Shows*, julio 10, 2019, https://www.cbsnews.com/news/most-americans-check-work-email-while-on-vacation-linkedin-survey.
- Shawn Achor, *Are the People Who Take Vacations the Ones Who Get Promoted?*, Harvard Business Review, junio 12, 2015, https://hbr.org/2015/06/are-the-people-who-take-vacations-the-ones-who-get-promoted.
- Susan S. Lang, *When Workers Heed Computer's Reminder to Take a Break, Their Productivity Jumps, Cornell Study Finds*, Cornell Chronicle, septiembre 23, 1999, https://news.cornell.edu/stories/1999/09/onscreen-break-reminder-boosts-productivity.
- Jeffrey Borenstein, *The Importance of Taking Vacation Time to Destress and Recharge*, Brain & Behavior Research Foundation, julio 27, 2019, https://www.bbrfoundation.org/blog/importance-taking-vacation-time-de-stress-and-recharge.

- Angus Campbell, *The Sense of Well-Being in America* (Nueva York: McGraw-Hill, 1981).
- Rachel Feintzeig, *Flexibility at Work: Worth Skipping a Raise?*, Wall Street Journal, octubre 31, 2014, https://www.wsj.com/articles/BL-ATWORKB-2141.

Capítulo 2: ¿qué miedos lo están estancando?

- Andrew Colin Beck, *EuFear: Embracing Our Fears' Positivity*, Issuu, agosto 11, 2013, https://issuu.com/andrewcolinbeck/docs/eufear.
- Hans Selye, *Stress without Distress* (Nueva York: New American Library, 1974).
- Amy Shipley, *Michael Phelps has mastered the psychology of speed*, Washington Post, junio 14, 2012.
- John Kotter, entrevista con Edward Sullivan, octubre 26, 2021.
- Patrick Lencioni, *The Five Dysfunctions of a Team: A Leadership Fable* (Chicago: Jossey-Bass, 2002).
- Robert M. Yerkes y John D. Dodson, *The Relation of Strength of Stimulus to Rapidity of Habit-Formation*, Journal of Comparative Neurology and Psychology 18, N5 (1908): 459–82, doi:10.1002/cne.920180503.
- Roger Jones, *What CEOs Are Afraid Of*, Harvard Business Review, febrero 24, 2015, https://hbr.org/2015/02/what-ceos-are-afraid-of.
- D. M. Bravata *et al.*, *Prevalence, Predictors, and Treatment of Impostor Syndrome: a Systematic Review*, Journal of Internal Medicine 35, N4 (abril, 2020): 1252–75, doi: 10.1007/s11606-019–05364-1.
- Tonya Jackman Hampton, *Know Fear: How Leaders Respond and Relate to Their Fears*, tesis de PhD., Universidad de St. Thomas, Minnesota, 2013, https://ir.stthomas.edu/caps_ed_orgdev_docdiss/21/.
- Alison Wood Brooks, Francesca Gino y Maurice E. Schweitzer, *Smart People Ask for (My) Advice: Seeking Advice Boost Perceptions of Competence*, Management Science 61, N6 (junio, 2015): 1197–1471, https://pubsonline.informs.org/doi/10.1287/mnsc.2014.2054.

Capítulo 3: ¿qué deseos lo impulsan y cuáles podrían desviarlo?

- Steven Reiss, *Multifaceted Nature of Intrinsic Motivation: The Theory of 16 Basic Desires*, Review of General Psychology 8, N3 (septiembre, 2004): 179–93, https://www.researchgate.net/publication/232454071_Multifaceted_Nature_of_Intrinsic_Motivation_The_Theory_of_16_Basic_Desires.
- Josh Bersin, *Why Diversity and Inclusion Has Become a Business Priority*, Josh Bersin Company, marzo 16, 2019, https://joshbersin.com/2015/12/why-diversity-and-inclusion-will-be-a-top-priority-for-2016/.
- John Kostoulas, Melanie Lougee y Jason Cerrato, *How HCM Technologies Can Scale Inclusion in the Workplace*, Gartner Research, enero 22, 2020, https://www.gartner.com/en/documents/3979855/how-hcm-technologies-can-scale-inclusion-in-the-workplace.
- Rocfo Lorenczo *et al.*, *How Diverse Leadership Teams Boost Innovation*, Boston Consulting Group, enero 23, 2018, https://www.bcg.com/en-us/publications/2018/how-diverse-leadership-teams-boost-innovation.
- Esther Perel, entrevista con Edward Sullivan, noviembre 29, 2021.
- Gary Hamel y Michele Zanini, *The End of Bureaucracy*, Harvard Business Review, noviembre-diciembre, 2018, https://hbr.org/2018/11/the-end-of-bureaucracy.
- Gavin J. Kilduff *et al.*, *Whatever It Takes to Win: Rivalry Increases Unethical Behavior*, Academy of Management Journal, http://people.stern.nyu.edu/sworthen/kilduffpublications/amjwhateverittakes.pdf.

- Simon Sinek, *The Infinite Game* (Nueva York: Portfolio, 2019).
- James P. Carse, *Finite and Infinite Games* (Nueva York: Free Press, 1986).
- Anna Steinhage, Dan Cable y Ducan Wardley, *The Pros and Cons of Competition among Employees*, Harvard Business Review, marzo 20, 2017, https://hbr.org/2017/03/the-pros-and-cons-of-competition-among-employees.
- Kari Bruursema, Stacey R. Kessler y Paul E. Spector, *Bored Employees Misbehaving: The Relationship Between Boredom and Counterproductive Work Behaviour*, Work & Stress 25, N2 (abril, 2011): 93–107, doi:10.1080/02678373.2011.596670.
- Ian H. Robertson, *How Power Affects the Brain*, Psychologist (British Psychological Society) 26 (marzo, 2013): 186–89, https://thepsychologist.bps.org.uk/volume-26/edition-3/how-power-affectsbrain.
- Christopher Shea, *Why Power Corrupts*, Smithsonian, octubre, 2012, https://www.smithsonianmag.com/science-nature/why-power-corrupts-37165345/.
- Katherine A. Decelles, D. Scott LaRue, Joshua D. Margolis y Tara L. Ceranic, *Does Power Corrupt or Enable? When and Why Power Facilitates Self-Interested Behavior*, Journal of Applied Psychology 97, N3 (enero, 2012): 681–89.
- David A. Garvin, *How Google Sold Its Engineers on Management*, Harvard Business Review, diciembre, 2013, https://hbr.org/2013/12/how-google-sold-its-engineers-on-management.
- Merriam-Webster's Collegiate Dictionary, *Empower*, https://www.merriam-webster.com/dictionary/empower.
- Mike Maples, entrevista con Edward Sullivan, septiembre 15, 2020.
- Kyle McCarthy, *67% of Techies Think They Are Changing the World*, Blind Blog—Workplace Insights, octubre 23, 2018, https://www.teamblind.com/blog/index.php/2018/10/23/67-of-techies-think-they-are-changing-the-world/.

Capítulo 4: ¿cuáles son sus mejores dones?

- Hilke Plassmann *et al.*, *Marketing Actions Can Modulate Neural Representations of Experienced Pleasantness*, Proceedings of the National Academy of Sciences of the United States of America, enero 22, 2008, https://www.pnas.org/content/105/3/1050.abstract.
- Jonah Lehrer, *Should We Buy Expensive Wine?*, Wired, abril 26, 2011, https://www.wired.com/2011/04/should-we-buy-expensive-wine/.
- Elliot Aronson, Ben Willerman y Joanne Floyd, *The Effect of a Pratfall on Increasing Interpersonal Attractiveness*, Psyconomic Science 4 (junio, 1966): 227–28, https://doi.org/10.3758/BF03342263.
- Alison Wood Brooks, Francesca Gino y Maurice E. Schweitzer, *Smart People Ask for (My) Advice: Seeking Advice Boosts Perceptions of Competence*, Management Science 61, N6 (junio, 2015): 1421–35, http://citeseerx.ist.psu.edu/viewdoc/download?doi=10.1.1.721.7786&rep=rep1&type=pdf.
- Liz Wiseman, *Multipliers: How the Best Leaders Make Everyone Smart* (Nueva York: HarperBusiness, 2010).
- Kathy Holub, *Losing Battle at Age 32, Deborah Coleman Proved She Could Manage a Fortune 200 Company. But Managing Her Weight Was Almost Too Much For Her*, Buffalo News, noviembre 19, 1989, https://buffalonews.com/news/losing-battle-at-age-32-deborah-coleman-proved-she-could-manage-a-fortune-200-company/article_4fe9e548-4ccd-5a69-923d-08ff95646b3d.html.
- Chelsea Ritschel, *The Non-Negotiable Quality Steve Jobs Looked for When Hiring Top Employees*, Independent, diciembre 12, 2017, https://www.independent.co.uk/life-style/jobs-what-look-steve-jobs-hiring-top-employees-a8106641.html.

- Jordan Etem, *Steve Jobs on Hiring Truly Gifted People*, https://www.youtube.com/watch?v=a7mS9ZdU6k4.
- Tali Sharot, *What Motivates Employees More: Rewards or Punishments?*, Harvard Business Review, septiembre 26, 2017, https://hbr.org/2017/09/what-motivates-employees-more-rewards-or-punishments.
- *Peter Thiel on the Right Way to Think About Talent, Optimism, and Luck*, Inc., octubre 17, 2014, https://www.inc.com/250-words/peter-thiel-on-the-right-way-to-think-about-talent-optimism-and-luck.html.

Capítulo 5: ¿cuál es su propósito?

- Simon Sinek, *Start With Why: How Great Leaders Inspire Everyone to Take Action* (Nueva York: Penguin, 2011).
- Shannon Schuyler, *Putting Purpose to Work: A Study of Purpose in the Workplace*, PwC, noviembre 6, 2017, https://www.pwc.com/us/en/purpose-workplace-study.html.
- *Insights 2020 Survey*, Advertising Research Foundation, https://thearf.org/insights-2020/.
- Jim Stengel, *Grow: How Ideals Power Growth and Profit at the World's Greatest Companies* (Nueva York: Crown Business, 2011).
- Kevin Murray, *People with Purpose: How Great Leaders Use Purpose to Build Thriving Organizations* (Nueva York: Kogan Page, 2017).
- *How to Get Startup Ideas*, página web de Paul Graham, noviembre 2012, http://paulgraham.com/startupideas.html.

Capítulo 6: ayudándole a su compañía a liderar desde el corazón

- John P. Kotter y James L. Heskett, *Corporate Culture and Performance* (Nueva York: Free Press, 2011).

SOBRE LOS AUTORES

John Baird es uno de los mejores *coaches* ejecutivos de Silicon Valley y, a lo largo de los últimos veinticinco años, ha trabajado con líderes de primer orden en emprendimientos, así como en empresas Fortune 500 como Apple, Nike y Twitter. Fundó varias compañías, incluyendo ExecutivEdge, Edgeman Coaching y el Velocity Group, en donde es actualmente el presidente, y actúa como socio en Sapphire Ventures y en varias juntas directivas nacionales y locales sin ánimo de lucro. Baird tiene un doctorado en Comunicación Organizacional y Liderazgo de la Universidad de Purdue.

Edward Sullivan es el director ejecutivo y gerente asociado del Velocity Group. Su carrera de veinticinco años como *coach* ejecutivo y consultor político lo ha llevado alrededor del mundo para tener sesiones de *coaching* y darles consejos a fundadores de emprendimientos, ejecutivos de empresas Fortune 500 y jefes de Estado de diferentes países. Su trabajo ha sido publicado en The New York Times, el Washington Post, Forbes, Fast Company, USA Today y Nasdaq, entre otros. Tiene un MBA de la Wharton School y un MPA de la Harvard Kennedy School.

Con su compañía, Velocity Group, una firma de *coaching* ejecutivo líder a nivel mundial, Baird y Sullivan trabajan con ejecutivos de alto nivel en compañías como Apple, DoorDash, Geico y MasterClass.